· 刘教授经典导读 ·

《论语》引导

进入孔子的精神世界

刘莘 著

广西师范大学出版社
· 桂林 ·

献给问问

祝你健康成长

在音乐中聆听爱与世界

经典阅读 思维促进

（总序）

我们生活在一个急剧变化的时代，一个充满不确定性的时代。这个时代，信息过载是常态，越浅的东西传播越快。各种终端涌来的信息，就像一场迫不得已的集体狂欢。

这个时代，人工智能加速演化，机器算法峥嵘初露。人类正被自己的创造物，带向一个难以预料的未来，一个被期待也被诅咒的美丽新世界。

这个时代的孩子是不幸的。他们被巨量的信息噪声包围，扰乱了成长的宁静。很多孩子被大人世界过强的竞争意识带向了输不起的起跑线。放飞心灵的世界尚未打开，就因输赢、分数、攀比和焦虑变成了心灵的囚徒。越来越多的孩子成了丧失好奇心的小大人。

这个时代的孩子是幸运的。他们成长于一个崭新的文明地平线，有机会目睹人类的生物智能与机器的非生物智能的有机融合。一种新的文明或将在不远的将来诞生，这个时代的孩子很可能会成为那个文明的见证者和催生者。

在这样的时代，必须重新思考孩子的成长，寻找引领成长的有效办法。而成长，特别是有趣味和有创造性的成长，离不开阅读。

为什么阅读？不能把阅读等同为吸收信息或获取知识，更不能将阅读仅仅理解成语文学科的事情。阅读，是人类利用文字符号理解自我和建构世界的不二路径。阅读，以及由阅读激发的生命经验的涌动与丰富，是阻止机器算法破坏人类尊严的天然屏障。人是思想的芦苇，以阅读促进思维，是阅读的关键目的。

阅读什么？信息过载的时代，必须为孩子的阅读做"有思想的减法"。减去非优质读物，减少机械呆板的程式化阅读。阅读经典，是阅读的最佳选择。每一本经典都是一个精彩的世界，那里有美，有知识，有思想的光辉。阅读经典，让孩子沉浸其中，遇见富有想象力的人或事，遇见未来更好的自己。

怎样阅读？浅阅读导致人的浅薄，深阅读成就人的思想。深入阅读一本经典，胜过浏览十本图书。深阅读是一次探险：读者、文本与作者，将构成一道情感共鸣和思想交织的独特风景；深阅读是一场对话：一个心灵与另一个心灵在冲突或和解中，认识他者也认识自己；深阅读是一种自由：阅读者抛弃功利拒绝说教，让精神在无拘无束中达到应有的高度和深度。

这套丛书挑选有益于思维促进和建构积极价值观的经典名著进行引导和阐释。这些名著之所以堪称经典，是因为语言优美，内容有趣，思想丰富。被选中的名著特别适合中小学生阅读，也益于成人阅读。经典之所以是经典，是因为它们不仅具有跨年代的阅读价值，也具有跨年龄的吸引力。这套丛书对这些经典名著的解读也适合不同年龄段的人阅读，只不过，年龄稍长或更有生活阅历的人，感受会更深，看到的风景也会更多。

《爱与思：儿童文学经典解读》特别适合中高年级的小学生和中学生阅读。该书挑选了十部脍炙人口的儿童文学名著和一部儿童哲学名著进行解读，每个解读都包含一篇"读前引导"和两篇或多篇"读后引导"。"读前引导"为尚未阅读过原著的读者而创作，目的是以尽可能少的剧透去调动读者阅读原著的兴趣。经典名著的深入阅读会使人产生意犹未尽的感觉，并催生进一步交流的愿望，"读后引导"就是为了满足这种需求。每一篇"读后引导"都有明确的主题，非常有助于读者结合已有的生活经验去拓展自己的思维和建构积极的价值观。这本书也可独立阅读，读者可在最短的时间内了解那些名著并感受它们的魅力。有机会阅读原著之后，再重新阅读本书，也会有相应的收获和启发。亲近经典的方法是多样的，正如思想成长的道路是自由的。

《归去来兮：安徒生的童话世界》是集安徒生童话诠释、安徒生童话新译和安徒生成长传记为一体的深度解读安徒生的书。安徒生是人们熟悉度很高但又很容易以"熟悉"或"阅读过"的名义被错过的伟大作家。小学低年级的孩子因为阅读过安徒生童话改编的语文课文，他们长大后容易对安徒生童话形成一个"幼稚"的印象。然而，安徒生童话的特点却是意象开阔、行文优美、思想深刻。在成长的过程中深入阅读和真正理解安徒生童话，特别有助于发展对于美好事物的鉴赏力和抵御丑恶事物的免疫力。毫无疑问，这样的能力涉及思维、情感和价值关怀，帮助未成年人发展这样的能力，对于在信息爆炸和垃圾信息无所不在的时代形成健康人格极为重要。当然，这本著作也适合童心尚存的成年人阅读，他们更易明白，为何童年故乡对于所有人都有深远的意义。

《宇宙的真理：刘慈欣科幻文学解读》挑选了刘慈欣重要的科幻小说进行了诠释和思想上的拓展，包括最著名也最复杂的《三体》三部曲。有人说，刘慈欣以单枪匹马之力将中国科幻小说提升到了世界级的水平。更恰当的说法也许是，刘慈欣拓宽了世界科幻文学的视野，创造了崭新的叙事母题和叙述方式。阅读杰出的科幻文学作品，对于青少年放飞想象，从与日常生活很不一样的视野来理解世界和自己，具有不可替代的意义。科幻文学虽然是文学的一个子类，但杰出的科幻作品往往融文学虚构、科学知识和哲学思想于一体，能够在宏大且复杂得多的时空框架中，展开传统文学无力涉及的话题。这部以诠释为主的作品，有助于读者理解刘慈欣科幻小说蕴涵的深刻思想，也有助于读者点亮对于宇宙的惊奇，以及对于人生在世的意义的思考。

《〈论语〉引导：进入孔子的精神世界》旨在帮助青少年切己地理解《论语》以及孔子师徒的言行思想。尽管孔子堪称中国人的精神之父，而且《论语》具有怎样夸赞也不过分的文化意义，但绝大多数青少年阅读《论语》时仍然有隔靴搔痒的感觉。时代的差异，年代的久远，语言的变迁，文本的简约，普通语文课的刻板印象，国学传播者习以为常的崇拜式讲解，都构成了理解障碍。然而切己却是至关重要的，否则，在成人世界的教育文化的压力之下，青少年只好无意识地学习迎合，要么有意识地进行叛逆。可是，前者助长伪的心性，后者加深真的无知。本书挑选《论语》中的重要段落予以解读，将它们植入由波澜壮阔的宏观历史与生动真实的个体生命共同架构起来的背景画卷之中，带领青少年"穿越"回孔子的时代，使他们与古人产生真正的共鸣。在阅读该书的过程中，读者能够自己去探寻《论语》中那些伟大箴言的意义，从而推动人格和思维的健康发展。

以上四部作品，主题各异，风格不同，但都旨在培养青少年深度阅读的素养和习惯，并以此为契机促进他们理解世界和自己的思维能力。在创作这四部作品的过程中，作者有意识地应用了推进深度阅读和促进思维发展的理念与方法。从事青少年阅读事业的教师，以及愿意通过阅读与孩子一起成长的家长，在阅读一些篇章后，当能有所体会。总之，这套丛书是作者自己阅读这些经典并受其感染之后的再创作，希望这些文字能够致敬经典，以及承载于其中的思想。

经典永存，思想不朽。

是为序。

刘莘

2020 年 12 月

目　录

前　言

　　本书专为中学生而作，也适合大学生和成年人阅读，生活阅历、思考能力和文化水准不同的读者会读出不同的思想风景。甚至对于《论语》的专业研究者，本书的写作方式和创作内容也有一定的参考价值。下面列出本书的一些特点和阅读建议，以帮助读者判断这是不是一本适合自己的书。

　　本书的目的是要引导读者进入《论语》及孔子的精神世界。为此，本书拒绝将一些流行观念作为大前提灌输给读者。譬如，本书不假设孔子是完美无瑕的圣人，仿佛是从天上掉下来的。孔子是否伟大或因何伟大，孔子是否值得我们爱戴，他经历过什么，他的思想有何特点或不足，需要读者通过阅读本书自己去发现。

　　本书带领读者穿越回孔子的时代，帮助读者真实地感知孔子的喜怒哀乐和所思所想。本书帮助读者暂时清空或悬置以前形成的关于孔子和《论语》的碎片知识，努力创造条件让生活在现代社会中的读者与孔子发生精神上的遭遇和共振。在这场充满不确定性和惊喜的精神之旅中，曾经在教科书上看到的那些抽象的人物、背景和观念，会变成一幅随读者的心意摇曳而不断展开的彩色画卷。

本书将孔子的生平、重要历史背景和《论语》原文紧密结合在了一起。《论语》的篇章和段落之间缺乏有机关联，即使是通读过《论语》全文的人，也难以把握人物、事件、思想之间的千丝万缕的联系。因为《论语》本身的松散结构以及不易系统理解的特点，就为"心灵鸡汤"式的《论语》解读打开了方便之门。有些"心灵鸡汤"对推广和普及《论语》不乏贡献，但这类作品的通病是缺乏严谨性，看似丰富的联想和阐释恰好掩盖了思想的贫瘠。

本书试图将孔子的生平和思想还原成一首自然亲切而又包含紧张冲突的生命之歌。要听懂这歌声，就需要读者展开自己的想象力，大胆迎接两千五百年前的古人的思想文化对我们习以为常的现代观念的冲击。敢于迎接这种冲击才可能有自我理解和自我发现上的突破，很多时候，这种冲击带给我们的是遥远故乡的精神的芬芳。

本书以解读孔子和《论语》为契机，引导读者理解事关中华文明或文化的一些大问题，并试图以安徒生童话中那位揭穿"皇帝新装"的孩子的视野，去探询孔子继承并发扬的文化传统在现代文明转型中的痛与悟、得与失。唯有真诚洞悉传统文化的美与丑、厚重与局限，我们才能理解，孔子本人其实很像安徒生笔下那个纯真的孩子，但历史长河中太多神化孔子的人却将那颗童心弄丢了。

本书的所有写实内容皆有历史文献的根据，所有虚构内容皆不违背历史事实。创作这本书有点像画一幅融写实与写意风格于一体的画，画布上早已存在的线条和色块构成了一个无法改变却又有相当弹性的意义空间。然而这个意义空间是如此模糊，需要画师在既有的限制条件下发挥自己的想象力，在历史逻辑与人性逻辑的双重约束下完成这幅作品。因为古代文献的记述真假混合，现代学者的研究互有矛盾，本书对历史事实的叙述选择只好做到尽可能采纳学者们的共识。在没有共识的地方，作者采用自己的判断。

本书的建议阅读顺序是先读《孔子的精神世界》的第一章至第十八章，再读《〈论语〉的主题思想》。特别对于《孔子的精神世界》的内容，不要跳跃式阅读，那样会失去内在的展开节奏，仿佛交响乐的顺序被打乱了。我们阅读此书的目的是要真正遭遇和理解孔子的精神，而精神总是在特定的时间结构中才能展开自身。为了避免学究气，本书只在非常必要的地方才提供注解，以减少影响阅读流畅性的因素。

本书为读者推荐了阅读《论语》的策略和进一步阅读的著作，也将《论语》原文两万余字附于全书最后，便于读者查找。读者可根据《论语》原文，对应查找哪些段落或语句在本书中得到了解读或阐释。《论语》中的很多语句离开了相应的语境难以理解其真实含义，所以本书的情节和内容为不少重要的语句重构了历史或生活语境。希望这种努力能够帮助读者读懂《论语》，也希望这本书有助于读者理解我们的民族文化在现代文明条件下的局限、韧劲与希望。

孔子的精神世界

第一章

里仁为美

　　这本书带着读者穿越回孔子生活的时代，并帮助大家进入孔子的精神世界。在这个基础上，为什么读《论语》，如何读《论语》，从《论语》中能够读到什么——这些问题才会呈现出真实的意义，我们也才能找到属于自己的答案。

　　《论语》是孔子及弟子们的言行记录，里面涉及的是两千五百年前的人和事。两千五百年，是一段相当漫长的岁月。我们生活的时代，已经根本不同于孔子的时代了。我们的时代科技高度发达，相对论、量子力学、宇宙起源、生命演化、基因技术、互联网、大数据、人工智能、探索外星文明……这些关键词共同构造了人类世界的边界。

　　可是，随便翻阅一下《论语》，里面的关键词居然是仁、义、忠、信、礼、乐、文、德、天、命这样的字眼。翻开《论语》，我们看不到任何具有科技含量的东西，也看不到孔子及其弟子们有什么科学头脑。我们禁不住会感慨，孔子的世界与我们的世界简直就是两个世界！既然如此，我们不得不追问一个根本问题：为什么要读《论语》？关于这个问题，可以有各种各样的回答。让我们测试一下，看看下面哪个回答能够击中你的内心，使你真正有愿望打开《论语》并进入孔子的世界。

我们很可能听到过这样的说法：孔子是一位圣人。按一般的理解，圣人是具有大智慧的人。想要了解孔子是不是传说中的圣人，以及孔圣人有什么样的言行，当然必须阅读《论语》。可是，你也许会想，在孔子的时代，科技水平那样低下，怎么可能有大智慧呢？这其实是一个很好的问题。如果你阅读了《论语》，发现孔子有大智慧而他又确实不懂现代意义上的科学，这就意味着，人生在世的智慧并不能与科技知识的多少画等号。

两千五百年来，人们都称颂孔子的智慧，而且其中有很多才华卓绝的杰出人物。仅凭这一点，就可能激发我们阅读《论语》的兴趣。但这个理由也许并不具有说服力。你可能会想，孔子有大智慧与自己有什么关系呢？我们每天生活在学习和考试的压力下，难道阅读《论语》并了解孔子的智慧，就能够使考试分数得到大的长进吗？确实，孔子没有学过现代意义上的数学、物理、化学、生物、计算机科学，更没学过英语、德语等外语，他甚至连地球是圆的都不知道。这些都是不争的事实。

但据说孔圣人有很高的道德修养，这难道没有吸引力吗？看看我们生活的世界吧，科学技术虽然发达了，人类的问题却似乎越来越多。人与人之间争名夺利，国与国之间争权夺域，引发了各种冲突和战争。不止如此，人类还大肆破坏大自然，大量杀死野生动物以满足口腹之欲，或满足想要穿戴得更漂亮的虚荣心。相比孔子的时代，地球上的动物灭绝速度提高了上百倍，大量物种灭绝，这既拜人类的贪婪所赐，也因为近几个世纪以来科学技术的迅猛发展。

科学技术发展使现代人可以生产出古代人闻所未闻的新鲜玩意儿。现代人的攀比之风和争强好胜的习气，刺激着更多更有趣的新鲜玩意儿的产生。可这一切都要消耗自然资源，人类的工业污染已经对脆弱的大自然构成了灾难，没有谁能担保，人类引发的自然灾难不会反过来降临到人类自己身上。你也许有些不耐烦，心里难免会想，难道孔圣人穿越到今天能够解决这些问题？就算很多人声称孔子是道德上的完人，但也许你根本不相信有道德上的完人。你说不定还吃过亏，曾经试图做好人好事，但却反而被别人误解、嘲笑或伤害。所以，谁唱道德调调，谁就会令你反感。尽管两千五百年来，人们不断传颂着孔圣人高尚的道德，你仍然不觉得有足够的理由要去读《论语》。

好吧，既然前两个理由都没有说服你，那就再说一个更大的理由。孔子是中华文化最重要的传承者和发扬者，要是没有孔子，就难以想象中华文化会是怎样的。要是没有孔子，说不定我们的文明样态都会有根本的不同。但文化或文明这样的字眼对你来说似乎太大了，也太遥远了。你说不定会想，自己哪有闲工夫去管那些大事情。中华文化是少数人说得很热闹的事，他们说，应该学习国学，应该继承传统文化，但你却觉得，自己并没有这样的需求。能够坚持自己观点的人，往往是坦率而勇敢的，不愿意随波逐流。确实，在社会各界都说传统文化重要的时候，愿意表达不同的看法，是很了不起的。可是，内心的坦率和勇敢固然重要，但却不足以支撑一个人的成长。

孔子有一个著名的学生名叫子路，就以坦率和勇敢而著称。孔子虽然很喜欢子路，但在《论语》中批评子路的时候也最多。孔子在周游列国期间，卫国的国君想要孔子去辅佐他，而孔子一直想要实现自己的社会理想。有一天，子路问了孔子一个问题。他问孔子，如果卫国国君请您去从政，老师您要怎样去治理国家呢？孔子说，那就首先要做"正名"这件事。所谓正名，就是要让不同的社会角色各安其位，使处于不同社会阶层的人都要做好自己的本职工作。

举例来讲，在学校里，老师有老师的名分，学生有学生的名分。老师应该做老师这个角色该做的事情，而学生也应该做学生这个角色该做的事情。如果你到另一个学校去游学，发现那里的老师不好好教书育人，学生也不好好学习，你发现那个学校的秩序混乱，老师干了老师不该干的事情，学生干了学生不该干的事情，但大家都觉得无所谓。你是从一个正常的学校走出来的学生，你知道一个好的学校该是什么样子的，如果你实在看不过去了，凭着你的坦率和勇敢，你肯定会去找那个学校的校长，告诉他："看看你们的学校变成什么样子了，老师不像老师，学生不像学生！"如果你真是这样看问题的，那就非常值得恭喜，因为这正是孔子的"正名"思想。可是，当孔子将他的"正名"想法说给子路听了之后，子路却对孔子说：

孔老师，你真是迂腐啊，这名该从何正啊？

通读《论语》，我们就会知道，子路是一个很有个性的人。据司马迁的《史记》记载，子路只比孔子小九岁，打猎出身，有一身蛮力，还曾经欺负过孔子。孔子知道子路虽然粗率野蛮，但心地不坏，而且还有他人不具备的优点，譬如率真和勇敢。毕竟孔子的本领很大，他决定要收子路为徒弟，于是就给子路挖了坑，让他自己往里面跳。《史记》里没有讲孔子挖坑的细节，只说"孔子设礼稍诱子路"。不过，我们可以想象，子路本来是个粗鲁汉子，他之所以曾经欺凌孔子，肯定是因为看不懂孔子的一些言行。因为坦率而执着于自己的"三观"，看不懂的事情往往也会看不惯，这是人之常情。但孔子是什么人啊，他当然知道这个道理，他"报复"子路的方式就是征服子路。孔子是能够深度解读人性的心理学大师，要征服子路根本不算什么难事。所以《史记》才用了一个"稍"字，意思是孔子只使了一点力气，就让子路心悦诚服了。

那个时候，孔子还年轻，生活很贫穷，勉强跻身于"士"的行列，算是低级的贵族。春秋时期，是所谓"礼崩乐坏"的时候。以周天子为中心的天下秩序大乱，曾经臣服于周天子的诸侯各行其是，相互征伐，导致生灵涂炭，人心不古。尽管如此，人们的身份和社会等级还是有明确的区别。在鲁国，子路属于"野人"，而孔子属于"国人"，前者多是文盲，既没有资格也没有能力关心国家大事，后者知书达礼，既有资格也有能力关心国家大事。拿今天的话讲，因为子路看不惯孔子的言行，他们又生活在两个社会阶层，自然会有"羡慕嫉妒恨"的复杂情绪。

当然，作为"士"的孔子，属于"国人"中的较低阶级，与子路这样的"野人"有所接触和摩擦是可以理解的。而作为"野人"的子路呢，当然只有机会欺凌像孔子这样的士人，而不可能接触和欺凌更高级的贵族。虽然《史记》没有说，但我们不难想象，孔子一定通过"设礼"而击中了子路既自卑又好强的心理。在那个时候，礼是很讲究的，往往与音乐和舞蹈联系在一起，那是高级文化人才可能懂得的东西。至于孔子是如何征服子路的，这个内容可以展开你的想象去填充。

后来当子路跟随孔子周游列国到达卫国的时候，孔子已经五十五岁，而子路也已经四十六岁了。照理说，这么多年跟随孔子学习诗书礼乐，子路的粗鄙习气已经大有改观了。但这次遇到自己不懂的事情，子路老毛病又犯了，才会那样挖苦孔子，说自己的老师太迂腐了。据《论语》记载，孔老师毫不客气地批评了子路。孔老师严肃地对子路说，你啊，真是太粗野了！然后，孔子说了这么一句话："君子于其所不知，盖阙如也。"（13.3）这句话的意思是，君子对于他所不知道的事情，应该在存疑中保持谦虚。

"君子"是《论语》中的一个重要概念，常常与"小人"相对。简单地讲，君子就是修养高而博学的人，小人就是见识浅且没有教养的人。毫无疑问，没有人愿意被当作小人。即使是一个小人，你要骂他没有教养，他也会跟你急眼的。我们读《论语》，不时能够看到孔子批评子路的话语。但仔细读，就会发现，孔子对自己的学生真是关怀备至，他针对不同类型和天赋的学生，会想尽办法因人施教，帮助他们认识到自己的不足，促使他们进步，以实现有教无类的理想。我们将要看到，孔子是中国民众教育的开创者，被尊奉为万世师表。孔子不仅有一套成熟的教育理论，还有了不起的教育成就。孔子一生招收了三千多名弟子，特别杰出的有七十二人。出身"野人"的子路，能够成为七十二贤中的一员而名垂青史，本身就是教育的奇迹。

我们在这里插播一段子路的故事，就是为了说明：仅仅凭借内心的坦率和勇敢，是不足以支撑成长的。我们前面谈到了阅读《论语》的三个理由，这里小结一下。第一个理由是，了解孔子的智慧，从而增长自己的智慧。第二个理由是，认识孔子的道德境界，从而提高自己的修养。如果这两个理由对于你都还不充分，第三个理由就是，通过阅读《论语》，去丰富自己的文化视野，并扩展自己的精神世界。

你很可能此前一直没有这种需求，就像子路在成为孔子的学生之前，也没有自我提升和学习礼乐的需求。但是，通过子路的故事，我们看到，当下的需求以及性格中的坦率和勇敢，都不是鉴别事物价值的完备标准。有的时候，局限于当下的需求，固守一些好的品质，会妨碍一个人的成长。这是因为，太执着于自己并不成熟的"三观"，很可能会错过一些特别有价值的事物。请暂时相信，《论语》确实是一本特别有价值的书，里面有精彩的人物和故事，有机智的妙语和成语，有人生的启迪，也包含历史文化的大量信息。

孔子曾抛出这么一个问题："里仁为美，择不处仁，焉得知？"（4.1）其中的"知"通"智"，孔子的意思是，与仁者为邻才能通向美丽人生，不懂得这样的选择，就是没有智慧的。仁是什么，为什么要里仁处仁？什么是礼，礼崩乐坏是怎么回事？类似的问题将会随着本书的阅读而被展开。我们现在宁愿选择相信，孔子是一位仁者，《论语》是充满着仁和智的一本书。通过阅读《论语》，进入孔子的精神世界，对于认识我们自己，认识由人构成的世界，都会有意想不到的惊喜。

第二章
圣人身世

　　孔子一生坎坷，满怀理想而又颠沛流离。孔子是后人对他的尊称，大名是孔丘。古人除了名，还有字，孔子的字是仲尼。孔子出生于鲁国，他的父亲是孔纥，字叔梁。尽管当时的人习惯称孔子的父亲为叔梁纥，我们还是称他为孔纥吧。

　　孔纥是一位闻名的大力士。有一次，孔纥跟随鲁国的军队进攻敌国，先头部队攻入了城门，却不料这是对方的诱敌深入之计，敌军按照预定的瓮中捉鳖战术，有意让一部分鲁国将士冲入城门，再放下沉重的闸门。这个计策一旦成功，率先攻入城内的鲁国将士就面临被全歼的危险。孔纥眼睁睁看着敌军将沉重的闸门一点点放下，情急之中，他冲到闸门之下，大吼一声，硬生生用自己的双臂将重达千斤的闸门托了起来。正是因为孔纥不顾生死的举动，才为先头部队赢得了撤退的宝贵时间。还有一次，孔纥驻守的城池被大批敌军包围，鲁国有一位重要的大臣也在其中。眼看援军不到，孔纥当天夜里组织了三百名敢死队员，趁敌军松懈之际，杀出一条血路，将那位大臣送到了安全的地方。但孔纥决心与城池共存亡，他又带着将士们再次突破敌军重围，杀回城里，一直坚持到敌军退军。这样看来，孔子的父亲绝对是一位猛人。孔子有临事不惧的特点，一定是身上有这种勇猛的基因在起作用。

可是，孔子三岁的时候，他的父亲孔纥就去世了。母亲一个人把孔子拉扯大，大约到孔子十六岁时，母亲也因劳累过度而去世。事实上，孔子虽保留有"士"的头衔，但自父亲去世后，他整个童年时代的生活都非常贫困、艰苦。

若干年后，孔子有了盛名，一位大人物对孔子的多才多艺感到好奇。这位大人物找到子贡，问他："你们老师是一个圣人吗，为何什么都懂呢？"子贡是孔子的另一位得意门生，特别善于表达，他说，我们孔老师啊，他真是了不起，肯定是上天要他成为圣人，他才那么多才多艺的。但孔子是个特别实诚的人，他说，"吾少也贱，故多能鄙事"（9.6），意思是，因为自己年少时家里贫穷，所以什么粗活累活都做过。孔子实际上是在强调，他的多才多艺是通过各种途径学出来的。《论语》的第一句就是："学而时习之，不亦说乎？"（1.1），可见"学"在孔子及其弟子中有多么重要的地位。其中的"说"通"悦"，是内心愉悦充实的意思。其实我们每个人都是这样，学到了东西，发现自己获得了成长，内心就会充实而愉悦。《论语》的第一句话，将人世间的这种普遍现象归纳了出来。这句话也将关于人生的一个重大秘密揭示了出来，那就是，唯

有通过不断学习，人的精神生命才能变得丰富而多彩。

据相关文献记载，孔子个子很高，换算成现在的长度单位，有一米九以上。孔子的长相也很奇特，据说他的头顶周围高而中间低，所以被取名为"丘"。孔子被公认为圣人后，人们对他的长相和身世有很多神奇的传说，以此来印证这样的圣人是上天派来的。然而，以我们今天的知识来看，孔子能够成圣，主要是因为有优秀的遗传基因和持续的刻苦学习。

据《史记》记载，孔子很小的时候，最喜欢玩的游戏就是学习大人们习以为常的各种礼。"礼"这个字在现代汉语中可以组成不同的词，譬如，礼貌、礼物、礼堂、礼让、礼节、敬礼，等等。现代文明的特点是，社会治理已经变成了基于个人权利的法治治理模式，而不再是孔子时代的礼治和刑罚混用的治理模式。这句话的含义以后会展开，要点是，礼对于孔子时代的社会运行是根本的，而对于现代社会的运行却不是根本的。

举例来讲，在现代社会，一个人如果没有礼貌，是不会被人喜欢的，但法律却不会对不礼貌的行为予以制裁。特别是，以限制人身自由为特征的刑法，是不会去管辖一般意义上的不礼貌行为的。逢年过节的时候，如果一家人经常带着礼物去拜访与他们同辈的亲戚，而那家亲戚却从不回访，久而久之，这家人就会觉得对方太没有礼貌了，从而停止主动拜访他们，但却不可能诉求法律去制裁那家亲戚，因为在现代社会，法与礼是分开了的，管辖的是不同类型的行为。

让我们找《论语》中的一个例子来予以说明。《论语》中有一句很著名的话是这样说的——"孔子谓季氏：'八佾舞于庭，是可忍也，孰不可忍也？'"（3.1）季氏是指季平子，当时的鲁国大夫，是鲁国国君的臣子。但那个时候，鲁国的执政权已经不在鲁君的手上，而旁落到了季氏和其他两家世袭贵族的手里。在孔子看来，君主的权力旁落到大臣那里，就是大臣僭越了自己的位置，是名分错乱的结果。大权在握的季氏干了什么伤天害理的事，居然让孔子那么生气呢？对于生活在现代社会的我们来讲，是有点难以理解的。原来，惹得孔子那么生气的事，居然是季氏邀请人在自己家里跳了一场舞！

是的，你没有听错，因为季氏让人跳了一场舞，就气得孔子说出了一句著名的成语：是可忍，孰不可忍！由于古文很简练，同一个字可以容许不同的解读，"忍"既可以解读成"容忍"，也可以解读成"忍心"。按照"容忍"来解读，就表达了孔子的愤怒：作为臣子的季氏居然做出了这样违礼的事情，真是令人难以容忍！按照"忍心"来解读，就表达了孔子的悲哀：身居高位的季氏居然忍心破坏跳"八佾"这种舞的规定，那还有什么事情是他不忍心做的呢？

那么，"八佾"是一种什么舞，居然能引起孔子这么丰富的感慨呢？原来，"八佾"是指八人一行，一共八行，总共六十四人跳的一种舞蹈。既然是跳舞，当然就有音乐相伴。"八佾"这种舞本来是周天子才能观赏的，而诸侯只能观赏六佾之舞。至于季氏，是鲁君的臣子，虽贵为卿大夫，也只能观赏四佾之舞。当然了，像孔子这种士阶层的贵族，则只能观赏二佾之舞。这些舞蹈不仅参与的人数不一样，舞蹈内容和音乐也不一样。从这个例子我们可以看出，孔子时代的礼制是一种等级制度，用于明确各种社会角色的名分。只有在"正名"的前提下，各种社会角色的权利和义务，才能有明确的规定。

像季氏这样的诸侯的臣子，居然敢让人跳八佾，这就是孔子时代的"礼崩乐坏"。到了孔子的时代，西周初期建立起来的天下秩序不断失序，从而出现了不少臣弑君和国灭国的现象，也使广大人民惨遭生灵涂炭。但这恰好说明，礼在那时是社会秩序的根本保障，与我们现代人心中的礼，完全是两个概念。

我们现代人也有对违礼的事情予以谴责的时候。譬如，在两国领导人的会面中，某一方违背了国际公认的外交礼仪，是应该受到谴责的。再譬如，在一个很高规格的会议上，有人穿着过于随便，也是应该受到谴责的。可是，现代社会的运行毕竟是法治优先于礼治，只要不违法，个人就享有很大的自由。

我们知道，在中国改革开放之前的计划经济时代，老百姓是没有汽车可坐的，什么级别的官员可以坐什么级别的汽车也有严格的规定。改革开放之后，随着市场经济秩序的建立，发家致富的老百姓逐渐可以买得起汽车了。一个富人即使购买了国家领导人乘坐的那个牌子的汽车，只要他挣钱的途径是合法的，也不会有人追究。今天，任何一个有钱的"土豪"都可以在自己家里召开各种高档聚会，只要不违法，可以请人跳任何豪华舞蹈，当然也可以模仿"八佾"。懂得了孔子时代的社会与现代社会的根本区别之后，才能理解孔子的经历和所思所想，才能真正读懂《论语》。

让我们再回到孔子的童年。在别的孩子都喜欢玩打仗游戏或藏猫猫之类游戏的时候，孔子却特别喜欢与礼相关的游戏。照理说，礼是用来确立社会规范和秩序的，与孩子们玩的游戏毕竟是两回事，但幼小的孔子却有一种早熟的禀赋，他喜欢一个人模仿大人世界的礼。那个时候，世界是被礼所包围的。婚丧嫁娶以及几乎所有的社会行为都有礼的规定，一个人从出生到成年，从成婚到生子，从当官到社交，从祭祀鬼神到死亡下葬，都要根据他所在的社会等级和身份予以相应的礼的对待。

一个人可能有多种角色，譬如在朝廷是国君的臣子，在家是父母的孩子，是自己孩子的父亲，是妻子的夫君，是兄弟姐妹的哥哥或弟弟，是侄儿们的伯伯或叔叔，是外甥们的舅舅，以及其他各种亲戚关系赋予的称谓。在孔子的时代，还没有我们现代社会的小型核心家庭的概念，"家"往往是很大的，包含着各种亲属关系。即使在一家之中，每一种称谓都对应着由不同的礼确立的行为规范。可以说，礼是一张无所不在的大网，将家中所有的人与别家所有的人，分别按身份地位联系在了一起。可以想象，对一个孩子来讲，礼是多么复杂的一件事情。礼起的作用是规范行为，而孩子天生是贪玩任性的，因此正常情况下，一般的孩子对于各种礼是不会感到亲近的。

然而孔子毕竟不同于一般的孩子，他对礼的兴趣很有点特别。等孔子成了公认的圣人之后，后世有人对这个现象传得神乎其神，说孔子天生就是圣人，才会从小对那么复杂的礼感兴趣。如果我们也秉承孔子回应子贡的实诚态度，就可以为这个现象提供一个更合理自然的解释。

父亲孔纥去世之后，孔子是由母亲颜氏带大的。据相关文献记载，孔纥之前已经娶有妻妾，生了不少女儿，但只生了一个跛脚的儿子。按照那个时代的重男轻女的观念，孔纥一直想再为孔家生一个健康的儿子以便成人后光宗耀祖。为了实现这个伟大愿望，战斗英雄孔纥老当益壮，于六十多岁时娶了颜氏，并生下了孔子。《史记》中说，孔子是父母"野合"而生。有人解释说，这种老少结合，不是常规的婚姻，于礼不合，所以称作"野合"。

这就意味着，孔纥去世之后，孔子的母亲颜氏不仅生活艰难，而且还会遭遇各种说法和白眼。不难想象，颜氏经常听到五堂哥六表叔七姑妈八姨妈之类的闲言碎语。有表示疑惑的：一个年轻姑娘愿意嫁给一个老头子，究竟图的是什么呀？有幸灾乐祸的：还不是图人家老英雄有地位，可现在倒好，老英雄死了，真是事与愿违啊！有冷嘲热讽的：看啊，这就是不尊礼的结果，少妻将老夫克死了，真是自作自受！

有文献说，颜氏娘家是一个大户人家，很可能颜氏从小受到过一定的教育，识字懂礼。至于颜氏为何年纪轻轻要嫁给一个老头子，已找不到历史证据，但可以猜测，颜氏一定是一位很有主见的女子，她的性格中有执着倔强的特征。因此，孔纥去世之后，颜氏立志要把孔子培养成才，实现夫君的遗愿，以光耀孔家的门楣。我们不妨问一个问题：在贫穷的生活中，在各种闲言碎语的包围下，要强的颜氏要怎样行事才可能把孔子培养成才？说不定颜氏心中有一种莫名的悲愤，她会想，人们不是说自己与孔纥的结合是不遵礼的行为吗？那好，孔纥去世之后，她倒想让世人看看，她颜氏为了孔纥的遗愿将会怎样行事。

有这样一位要强且有文化的母亲，孔子从小亲近大人世界的礼就不奇怪了。颜氏知道，只有实现了孔纥的遗愿才能给自己正名。所以，孔纥去世后，颜氏肯定处处都遵礼而行，用实际行动证明自己嫁给孔纥不是为了贪图名声或利益。她独自承担着生活的所有艰辛，还要面对各种闲言碎语和冷嘲热讽，但她的目标是清晰的，意志是坚定的。夜深人静的时候，颜氏一个人望着长相奇特的梦乡中的孔子，她知道，唯有这个孩子，才是自己生命的全部寄托。但颜氏完全不可能料到，这个孩子长大后将成为一个伟大文明的标志，他的名字将光耀日月，震古烁今。

第三章

少而好礼

　　孔子在贫困和磨难中成长。在那个时代，一个单亲妈妈带着孩子度日的艰辛，是现代人很难想象的。现代社会，人们对单亲家庭见惯不惊。单亲父亲或母亲，只要有正当的职业，总能将孩子养大成人。特别在现代城市生活中，互不干扰的职业和相对独立的居住方式，都有助于屏蔽掉不友好的信息。但在古代农业社会，单亲母亲会面临各种困扰，包括粗重的农活，邻里的闲言，礼仪的维护，孩子的教育，天灾或生病时的无奈，等等。由于历史资料的匮乏，孔子成长的具体经过，母亲颜氏所受苦难的细节，都无法一一知晓。

　　但从孔子很小就对礼感兴趣这件事，为我们理解孔子的成长提供了一些线索。首先，颜氏特别重礼。家里没有男主人，以及因此而受到的歧视，使颜氏有强烈的愿望想把孔子培养成能被贵族阶层接受的一员。孔纥虽然是著名的战斗英雄，但贵族级别并不高，没有给颜氏母子留下大量财产。何况，颜氏只是孔纥的第二个妾，孔纥即使有些财产，也会首先留给排在前面的妻妾。要强的颜氏不甘心命运的安排，为了使自己的孩子在长大后出人头地，她越是贫困，越是遭人白眼，就越会尊礼重礼。从前面对"八佾"的说明可以看出，礼是用于区别等级贵贱的。懂得贵族的那一套礼仪，是进入贵族世界的敲门砖。所以，贵族家庭越是没落，越是被人轻视，就越是看重礼的名分，并愿意通过礼与先人的辉煌发生不断强化的记忆关联。

颜氏作为单亲母亲有不小的压力，成长中的孔子也不例外。这个由父母"野合"而来到世上的名分不正的孩子，免不了在外面受到歧视和欺凌。孩子们之间的玩耍，经常是没有边界的。一些很小的冲突就可能导致争吵，甚至殃及家人。口无遮拦的孩子们在与孔子冲突后，一定说过让他生气而又难堪的话。孩子们很可能会对孔子说：你没有父亲，是个野孩子；你妈妈是害死你爸爸的狐狸精；你家没有祖庙，祖先都是孤魂野鬼，等等。自尊心很强的孔子哪受得了这么刺激的话，必然会跑回家哭哭啼啼向母亲告状。但颜氏只能将自己的眼泪往肚子里吞，实在忍不住了，才会抱住孔子痛哭一场。

母亲的伤心会让孔子害怕，他会本能地减少外出玩耍的机会，也因此减少了引起内心痛苦的人际冲突。要是一般的孩子，很可能就会落下心理阴影，变得特别孤僻自卑。然而孔子不是一般的孩子，颜氏也不是一般的母亲。外面的世界不友好，反而将孔子的注意力吸引到了母亲视为神圣的礼上面。《史记》说"孔子为儿嬉戏，常陈俎豆，设礼容"，句中的"俎"和"豆"都是礼器,是专门用来敬献鬼神祖先的祭祀用品。

那个时候,人们大都很迷信,认为自然界的风雨雷电和人世间变幻莫测的事情背后,有一些神秘的原因。那是一个鬼神居住的世界,活着的人必须按照礼的要求定期祭祀,才能得到祝福和保佑,否则,鬼神就会降灾于人间。礼的这种神秘功能,礼的既定程序以及礼器的各种讲究,是很复杂的。特别是,自鲁国的开国之君周公以降,已经几百年了,好多贵族已经搞不清楚每一样礼的形式和意义了。再加上有季氏那样的贵族做了类似于跳"八佾"那样违礼的事情,一些礼的具体内容就免不了模糊和众说纷纭。

孔子所处的时代就是那样矛盾:一方面是礼崩乐坏,另一方面则是,人们的日常生活无时无刻不与礼发生关联。幼小的孔子能够被复杂的礼所吸引,首先要归因于家庭处境和母亲颜氏的执着。孩子都会模仿大人,特别是在外面没有安全感的孔子,母亲是他唯一的依靠,模仿母亲的言行是再自然不过的事情。除了这些背景因素,孔子极高的天赋也使他在对礼的模仿和提问中找到了乐趣。

礼是复杂的,而且重大的礼仪活动上还有音乐和舞蹈。复杂的事物能够吸引和安顿高智商的头脑,在外不时受到欺凌的长相奇特的孔子,就这样在母亲的引领下,逐渐发现和打开了一个可让自己日后安身立命的世界。不难想象,孔子对于一切关于礼的事情都喜欢刨根问底,但母亲只能够解答他一小部分问题。孔子一旦走上了问礼之路,他就只有一个选择,那就是,开口询问所有能够接触到的大人。这些大人中有近邻远

亲，有平民也有贵族。孔子的问礼之路不可能是一帆风顺的。但是，一个如此聪慧执着的孩子向大人问礼，这个孩子还有长期被礼熏陶的特殊谈吐和气质，他不可能不受到大人们的喜爱。尽管有高级贵族的僭礼行为，但一般的贵族和平民对礼仍然普遍存有崇敬之心。就像今天一个懂礼貌的孩子会很自然地被大人们喜欢一样，那个时代一个重礼问礼的孩子更是不会被大人们拒绝。

与礼关联的不仅有音乐和舞蹈，还有文字。我们不清楚孔子是怎么开始识字的，但母亲颜氏因为自己识字而承担了孔子启蒙老师的角色，却是很有可能的。无论怎样，幼小的孔子一旦开始进入了礼乐和文字的世界，他的聪明才智就有了巨大的发展空间。越来越多的大人开始对孔子交口称赞，越来越多的大人愿意接受孔子的讨教，也愿意尽己所能帮助回答孔子的问题。孔子懂的东西越来越多，大人也回答不了他所有的问题。其中必然有一些谦虚而愿意帮助孔子的大人向他介绍另一些相对博学的大人。孔子若干年如一日地学习和问礼，终于为他赢得了很好的口碑。这个过程应验了一句话，那就是，一个人真诚地行走，做正确的事情，世界会自动为他开道。当时没有人知道这个孩子就是未来的圣人，但孔子的敬礼好学却是出了名的。借助大人的口碑和礼的庄严，凭着远超同龄孩子的知识，孔子也为自己赢得了在孩子中的声望。

尽管孩子天生就不喜欢约束，但在那个时代，每个孩子的成长都离不开礼的管教。礼的存在和运行本身就具有教育功能，所以被称作"礼教"。成长就意味着会面临自然天性与礼教要求之间的冲突或矛盾。有的时候，孩子们会因做了违礼的事而受到惩罚。但孩子们并不懂得为什么自己要受到惩罚，更不懂得大人要求遵守的那些礼的背后究竟有何依据或道理。

孔子的早熟和懂礼使他有机会成为孩子们倾诉的对象，甚至一些曾经欺凌过孔子的孩子，在面临问题时也会向他请教。大多数时候，孔子能够回答孩子们的问题，并能够讲解礼背后的道理，从而帮助孩子在天性需求和礼的要求之间求得一种平衡。当遇到不能回答的问题时，孔子就会向其他懂礼的大人请教。就这样，孩子们的问题逼迫着孔子去学习更多关于礼的知识，促使他思考礼背后的道理。甚至有的时候，没有一个大人能回答孔子的问题。但孔子天性就具有一种喜欢追问的特点，他会自己想办法琢磨问题的答案。

《论语》中有一段话，就记录了孔子问礼的事。这段话是这样说的："子入太庙，每事问。（10.14）或曰：'孰谓鄹人之子知礼乎？入太庙，每事问。'子闻之，曰：'是礼也。'"（3.15）这段话中的"太庙"是指祭祀鲁国开国国君周公的地方。周公是周文王的儿子，周武王的弟弟。在武王死后，周公尽心尽力辅佐自己的侄儿周成王，可以说任劳任怨，鞠躬尽瘁，为治理战乱后的天下立下了丰功伟业。鲁国是周公的封地，周公是孔子心中的圣人，是孔子一生的榜样。还有一个特别重要的原因是，西周的礼乐制度是周公完善的，孔子崇礼，自然会崇拜周礼的奠基人周公。这段话中的"鄹人之子"就是指孔子。因为孔子的父亲孔纥曾经在名叫"鄹"的小地方当过官，所以对话中就被用来指孔子。对话中的"或"是指某个人，至于是谁并不清楚。但是，当他用"鄹人之子"称呼孔子时，却含有一定的轻蔑之意。

我们不知道这段话发生的具体时间，但孔子能够被允许进入太庙，说明他已经小有名气，也不再是一个小孩子了。对话中的那个人的轻蔑含义有几层意思。孔子被称作"鄹人之子"，有轻视他年龄不大的意思，也有轻视孔子出身的意思。孔纥虽然是闻名的英雄，但他的级别本来不高，"鄹人之子"更没有高贵的出身。那个人看到孔子进入太庙，遇见什么都要问，大概也听闻过孔子重礼好礼，于是轻蔑地说：谁说那个来自鄹地的小子懂礼啊，他进入太庙，每件事都要问。轻蔑的话中还有点讥讽的意思，好像在说，毕竟是小地方来的人，没有见过世面，什么都要问。孔子听到这种轻蔑或讥讽的话后，他只淡定地说了"是礼也"三个字。对此，不同的人有不同的解读。

　　第一种解读说，孔子是在表达对礼的态度。有些事情即使孔子知道，他也要通过这种明知故问的方式去表达对礼的敬重。明知故问显得做作，与孔子那种真诚实在的人格有些不一致。第二种解读说，"是礼也"可以理解成一个反问句。孔子发现太庙中很多做法都不吻合礼，所以明知故问，是在以这种方式提出抗议。但这种解读也有问题，那就是，孔子不可能对每件事都提出抗议，因为不可能每件事都有问题。何况，那时的孔子还年少，按照孔子循序渐进的学习和知礼的方式，他不太可能像个"愤青"那样犀利和极端。

　　对"是礼也"的第三种解读是这样的：孔子的确每件事都要问，他此前可能已经去过太庙。第三种解读强调，孔子每次进太庙都要问而且每件事都要问。原因是，礼是相互联系的一张大网。随着孔子的成长，每一次进太庙他都能发现礼与礼之间更多的联系以及礼背后的道理。为了把握住礼的全貌，特别是周公制礼作乐背后的深刻的道理，孔子每次都要问，而且每次都有新的收获。这种通过学习而带来的日新月异的进步，是少年孔子最大的幸福。

第四章

孤身一人

　　限于历史资料的匮乏，孔子少年时代的成长细节已经无从知晓。考虑到母亲颜氏的处境和要强，生活贫困的母子俩一定有出人头地光宗耀祖的想法。患难中，母亲必定无数次向孔子谈起过父亲孔纥的英雄事迹，也不知多少次谈到孔氏祖上的荣光。原来，孔子的先祖可以追溯到商代开国国君商汤。就像周代的开国君主周文王和周武王一样，商汤也是传说中的圣王。商汤开创的商王朝一共存在了数百年，与更古老的时代相比，有了更加辉煌的文明。商王朝又被后人称为殷商，因为王朝中期将首都迁到了"殷"这个地方。汉字大概就诞生于商王朝统治的时期，20世纪出土于殷墟的甲骨文就是证据。

　　可是，到了商王朝的后期，出了一个著名的昏君，那就是商纣王。纣王贪婪淫靡，暴虐无道，残害忠良，搞得天怒人怨。后来，周部族为了自保，也为了替天行道，在周武王的带领下，邀请数百个大大小小的部落加入了讨伐商纣王的战争。周武王在一次关键战役中打败了商纣王的部队，逼得纣王自焚身亡。周武王讨伐纣王的军事行动得到了天下九州各部族人民的一致拥戴，以至于商纣王自己的军队都调转了武器，向他发起了进攻。这就是"倒戈一击"这个成语的来历。

武王灭商之后，在对待殷商人的问题上，周王朝的高层发生了分歧。尽管武王举兵胜利了，但殷商人的势力仍然很大，而且人口数量也比周人多。在周王朝内部，有人主张杀掉曾经助纣为虐的那些有罪的人，甚至有人主张杀光殷商的全部贵族。可是，被孔子终身敬仰的周公却提出了不同的看法。周公告诫武王和周王朝的其他大臣，商纣王之所以失去天下，不是因为他的臣民不多，也不是因为他的军队不强大。周公分析道，真实的原因是，商纣王不懂得敬天畏民，不知道一个王朝的天命是取决于统治者的德性的。王朝有德性，人民才会高兴，而天则会听从人民的呼声。王朝的各个阶层都要修德正己，要做到以德配天，王业才可能兴盛不衰。周公总结道，周人虽然取得了天下，但要维系对天下的统治，必须从根本上改变商王朝的统治模式。

本来，商王朝的文明程度远高于周边的部落国家，但却不懂得文化输出，不懂得怀柔政策。殷商人把自己的部族与其他部族严格区分开来，一有冲突，就使用武力镇压。不仅如此，殷商人还特别迷信鬼神，他们喜欢用活人祭祀，而不幸被选中的活人往往是被征服部落或国家的人民。殷商人喜欢在祭祀鬼神的时候现场杀掉活人，喜欢在自己的人死之后用活人去陪葬，还喜欢在修建房子时用儿童的头盖骨去奠基。总之，排外、迷信和残暴，构成了商王朝的统治模式。

周公知道，周人率领众部落推翻殷人的统治之后，如果仍然沿袭这种暴虐的统治办法肯定是不行的。何况，周人的文化本来就不同于殷人，他们更加崇尚文治以及后来的孔子称赞不已的礼乐文化。因此，周公主张，要反其道而行之，周人的统治方式必须一改殷商王朝的残暴，要想办法使天下归心，而不是用武力征服天下。周公的主张最终被武王采纳，从而保留了殷商遗民，才有了几百年以后的孔子的故事。

武王灭商以后，按照周公的怀柔政策，没有对商纣王的子孙及殷商贵族进行清算，相反，周武王将纣王的儿子封于商王朝的旧都，以延续商王的血脉。上一句话中的"封"是"分封建国"的简称，也可以简称为"封建"。历史课本上所说的封建社会，就是以周王朝的统治模型为样板的。这个统治模型的基本框架是：周王直接统治王国的核心区域，同时授权自己的王室成员、有功的大臣、讨伐商王朝的盟友在核心区域之外建国以实施统治。周公主张为被灭掉的殷商建立臣属于周王的封国，获得与其他封国类似的自治权，无疑是有相当大的气魄和胆量的。

当然，各封国的自治权是有限的，在和平时期必须效忠于周王，实行由周王朝统一颁布的礼乐制度。在战争时期，各封国则要听从周王对封国内部的军队的调遣。周公在周文化基础上完善的那一套明尊卑别贵贱的礼乐制度，被推行到全天下，成为全部封国都奉行的普适价值。这是一套很理想的制度设计方案，实际运行起来有偏离的时候。果不其然，纣王之子在周武王死后就参与了叛乱，周公不得不亲自率军远征平叛。纣王之子兵败被杀后，辅佐幼小成王的周公并没有改变既定的国策。周公将同一块地方封给了纣王的一个兄弟，建立了宋国，孔子的祖上就属于殷商的这一支血脉。

据相关文献记载，孔子往上的第十代祖先差一点做了宋国的国君。但孔子的这位祖上很有贤德，主动将君位让了出来。这位祖先只做了宋国的大夫，贵族身份和权利世代相传。然而，时间能够改变一切，当然也包括世袭的尊贵和权利。到孔子的第六代祖先那里，宋国发生了叛乱，第六代祖先被杀。后人为了避祸，逃难来到了鲁国，才以"孔"作为自己家族的姓，从此家道衰落。那个时候，每一个诸侯国的大臣都是君主的近亲，高级贵族身份往往是封国之内少数几个大家族垄断的。不难想象，离开祖国的孔家子孙，在异国他乡生存和立足是很不容易的。直到孔子的父亲孔纥的时候，才因为战功获得了地位的提升。那个时候，尽管天下秩序已经混乱，礼崩乐坏愈演愈烈，但在周王朝统一的礼乐制度的长期熏陶下，各国贵族还是很尊重彼此的贵族身份。可是，即使鲁国贵族都知道孔纥的祖上是宋国的高级贵族，也并不能因此而让孔纥在鲁国获得祖上在宋国那样的贵族待遇。

让我们回到少年孔子。想象一下，贫困而不甘心自己命运的孔子，知道自己祖先的显赫，知道自己身体里有先贤的血液，他会是怎样一种心情？少年人都有不服输的天性，何况孔子这样天赋卓绝的人。贫困是现实的，但也仅仅是现实的。重要的是，过去祖先的荣光，必将隐隐约约启示孔子未来的路。相比愚笨的少年，高天赋的少年更易追问自己生于天地之间的意义。那个时代，人们的世界观很不同于现代人的世界观。一方面是迷信和巫术的蒙昧，另一方面是虔诚和德性的光辉。朗朗乾坤，化育万物，四季轮回，生死交替，这一切意味着什么？天地不言，人世兴衰，天道与人道有什么关系？日月恒在，人生无常，一个渺小的个体该如何度过自己的一生？

少年孔子心中积聚了很多问题，他的卑微的处境，高贵的血脉，求知的执着，不屈服于命运的倔强，以及对未来的憧憬，都不允许他漠视这些问题，或将这些问题简单处理。《论语》记录了孔子晚年对自己一生的回顾，他说："吾十有五而志于学，三十而立，四十而不惑。"（2.4）十五岁的孔子就立志于学，坚持不懈地学了十五年，才认为自己有资格立足于世间。还要再学十年，等人到中年的时候，才能从人生的各种困惑中挣脱出来，获得心灵的自由。除了学礼问礼以及学习生活所需的各种技艺，孔子致力于的学，一定包含孤独中时时困扰他的关于生死天命的高深问题。如果少年孔子的致学决心欠缺这个高度，就不会有日后那个塑造了一代又一代人心灵的孔圣人。

伟大人物大都要经受命运的严酷考验，身体挨饿，筋骨疲累，心智受苦，这些考验一样都没有放过孔子。无论母亲颜氏和孔子是多么坚强，贫困一直伴随着他们。在孔子长大之前，所有的粗活重活都由颜氏承担。家里的田产本就不多，全力劳作还得看天吃饭。丰年的日子稍好过一点，要是遇上风雨不顺的光景，孤儿寡母的日子就更加窘迫。那个时代，商品经济很不发达，事关吃穿的几乎所有事情都要自己解决。可是，菲薄的收成还要上缴不轻的赋税，守寡多年的颜氏就这样年复一年地劳作，直到被生活折磨得瘦骨伶仃。

孔子的成长当然是颜氏最大的安慰，特别是，当好礼的孔子开始成为远近闻名的后生榜样的时候，颜氏才觉得自己持续十几年的劳苦是有意义的。因为孔子已经是小有名气的关于礼的小专家了，经常会被邀请去从事一些与婚丧嫁娶或一般性的祭祀相关的礼仪活动，有时也可以换来一些贴补家用的吃穿用品。这个过程中，孔子也能学到很多东西，譬如各种礼的细节以及为人处事的方式。然而，孔子十六岁左右，能够越来越感受到学的幸福的时候，母亲颜氏却病倒了。

在长期劳累和内心悲苦的双重挤压下，倔强的颜氏再也站不起来了。一个人临死之前往往能够预感自己的结局。尽管少年孔子早已为母亲承担了大部分农活，也改变不了母亲积劳成疾的事实。颜氏在最后的日子一定对孔子有郑重的交代，因为那个时候的人特别看重死亡，不像现代人那样，认为死亡就是一切的结束。亲人必须对死者尽到最大的礼数，否则，即使死者的肉身在土里腐烂，他们的魂魄也会凄凄惨惨地四处飘荡。

母亲颜氏的突然去世，对于一个无依无靠的少年究竟意味着什么，只有凭我们充满同情的想象了。父亲去世太早，孔子没有什么印象，天塌下来由母亲顶着。可是母亲的离去，就像地突然坍塌，使孔子感受到了无尽的空虚。悲恸是停不下来的，但死者为大，如何面对母亲的突然离世，对于孔子是一个巨大的考验。想一想那个令人唏嘘的场景吧，孔子的母亲必定是在家里去世的，可那个时代没有现代社会这样成熟的殡葬服务，家里死了人，打个电话就把殡仪馆的汽车叫来了。因此孔子必须与去世的母亲独处一屋，凄凉中笼罩着恐惧，体验着自

己在人世间的绝对的孤独。这样的苦难不是每个人都有机会经历的,而这样悲惨的经历也足以摧毁一个禀赋欠佳的人。

颜氏去世的当天夜里,老天也为之哀恸。狂风大作,暴雨倾盆,阵阵闪电撕破黑夜,将远山的轮廓照得格外狰狞。闪电稍逝,雷鸣又近。无论是轰隆隆滚地而来的闷雷,还是头顶上突然爆炸的惊雷,都足以使大地颤抖,鸟兽惊起。很多年以后,弟子们在《论语》中记录了"迅雷风烈必变"(10.16)这句话。弟子们观察到,每当雷声风声响起的时候,孔子的脸色就会变得特别庄重,绝对不苟言笑。孔子敬天是弟子们都知道的,但他们也许并不清楚,雷声风声雨声会让自己的老师回想起什么。那真是漫长的一夜,随风飘摇的茅草屋里,只有静静躺着的颜氏和呆呆跪坐的孔子。屋顶漏下的雨水与孔子的泪水混在一起,从大大小小的缝隙中侵入屋内的冷风,使得悲伤和恐惧一同变得麻木。枯坐一夜的孔子无处可去,直到第二天清晨,旭日东升,鸡鸣犬吠,他才再次感受到活着的真实。

要想了解母亲颜氏的离世对孔子的打击有多大,只需读一读《论语》中关于孝顺父母的言论。学生们曾听孔子这样说:"事父母几谏,见志不从,又敬不违,劳而不怨。"(4.18)句中的"几"是婉转和言语温和的意思。父母也是人,是人就会有缺点,也有在家庭事务、子女教育和其他待人接物的事情上做得不妥的时候。这个时候,子女是有义务对父母进行劝谏的,但态度一定要柔和。如果父母一下子接受不了,就不要以辩论的姿态争论是非,要努力做到恭敬而不忤逆,担忧而不怨恨。学生们也曾听孔子这样说:"父母之年,不可不知也。一则以喜,一则以惧。"(4.21)子女应该清楚地知道父母的年龄，自然会为父母的长寿感到高兴，也会为长寿而接近生命的终点感到忧伤。

学生们还曾听孔子这样说："父在，观其志；父没，观其行。三年无改于父之道，可谓孝矣。"（1.11）这句话说，要知道一个人是否孝顺，只需要从三个方面进行观察。父亲在世的时候，要看他的志向究竟如何。父亲去世以后，要看他的行为究竟如何。这都好理解，但为什么要三年不改父之道呢？三年，既是那时守孝的时间，也代表长久。父之道，不是指日常生活中事关油盐酱醋等琐事的处理方式，而是本身近道的父亲对于大是大非的问题的理解和应对办法。父之道，代表值得追求的人生价值、生活理想和正当路径。

可是，孔子从小没有父亲，他为什么总说父亲不说母亲呢？因为这是孔子对自己弟子们说的话。按照那个时代男尊女卑的习俗和文化，只有贵族中的男性才有资格从政，而从政则意味着能够跳出小我而融入家国的大我。从人生理想的视野来看，父之道就代表着修身、齐家、治国、平天下之道。但对于孔子而言，母亲颜氏就是父之道的承载者。从母亲那里，孔子知道了父亲孔纥的英雄事迹，知道了自己身上流着先贤的高贵血液。从母亲那里，孔子学到了自强不息，学到了特立独行，学到了勤奋自律，还学到了与人为善。

是的，虽然颜氏在孔纥去世后遭遇了不少冷嘲热讽，但她从没有想到要报复那些曾经对她过于苛责的人。颜氏只是日复一日地做着她认为应该做的事，将孔子带大，并通过言传身教让孔子领悟为人之道。事实上，在孔子的少年时代，母亲的善良勤劳、父亲的英雄故事、祖先的荣耀传说、对孔子学礼有所启发的大人们，都为孔子理解和践行为人之道注入了精神养料和动力。当然了，随着孔子懂得的东西越来越多，历朝历代的先王圣贤，都成为孔子学习的对象。特别是周公，那位保存了殷商血脉的圣人，他的宽广的胸怀和临危不惧的担当，他的制礼作乐的睿智和功业，更是让孔子仰慕不已。但这一切都是通过母亲颜氏才得以可能，可以毫不夸张地说，没有这位贤德的母亲，就不会有进入历史并影响了历史进程的孔子。

第五章

人同此心

　　母亲颜氏就这样走了，将年少的孔子丢在了人世。成了孤儿的孔子没有别的选择，他必须首先让母亲入土为安，才能想办法继续自己的生活。孔子知道母亲对早已离世的父亲是念念不忘的。在母亲言传身教的过程中，孔子也能够感受到母亲一直对父亲有深深的眷恋。按照当时的风俗，人并不忌讳谈自己死后的归处。很有可能，颜氏在生前就向孔子透露过想与孔纥合葬的愿望。孔子是一个大孝子，母亲的遗愿肯定要想尽办法完成。然而，摆在孔子面前的，却有一个极大的困难，他居然不知道父亲葬于何处！这件事情特别令人困惑。照理说，颜氏心中一直存有孔纥的位置。她既没有在孔纥死后改嫁，也没有对前夫的丝毫怨恨，否则，就不可能培养出强调"父之道"的孔子。既然如此，为什么孔子没有跟随颜氏去给父亲上过坟呢？

别说在那个年代，就是在现在，每年给至亲上坟也是件大事。现代人为父母或祖父母上坟的流程要简单很多，时代在变，风俗也在变，不变的是人的内心需求。活着的人怀念离世的亲人，虽有生死之隔，却无情感割裂。活着的人祭拜自己的亲人，想要借上坟的机会与埋在土里的亲人说说心里话，既寄托哀思，又对自己有慰藉作用。即使在现代社会，上坟祭拜也会遵循一些常见的礼，譬如鞠躬、献花、点香、烧纸、放鞭炮，等等。在孔子的时代，人们的生死观很不同于现代人。古人对祭拜死者的重视程度，要远远超过现代人对自己生日庆祝的重视程度。在古人对死者的祭拜活动中，有各种礼的规定，重礼学礼的孔子不可能不知道。问题是，为什么对孔纥一往情深的颜氏，以及对祭礼如此看重的孔子，都不知道孔纥的坟在哪里呢？

限于历史资料的匮乏，我们只能作有限的猜测。颜氏在生前也许曾遭受过孔纥其他妻妾或亲属的羞辱，要强的颜氏决定老死不相往来。颜氏虽为小妾，但对孔纥最是一往情深，特别看重象征孔纥身份的遗物。考虑到孔纥的遗愿，颜氏立志要把孔子培养成值得孔家上下都为之感到骄傲的人才。为此，颜氏必须想办法获得能够证明孔纥英雄身份的信物，甚至是作为宋国贵族后裔的珍贵信物。也许，是一把古老的宝剑，也许，是带有殷商文明余温的玉佩。只有信物在手，在随后漫长的岁月里，才不会模糊或中断对孔纥的思念，才能够在精神上支撑孔子的成长。

也许，果敢的颜氏为了获得珍贵的信物，采取了一些不容于孔纥妻妾的手段，从而被解读成贪财唯利之人。基于这解读，颜氏的形象被有意无意地抹黑，她当初同意嫁给孔纥的动机被渲染得见不得天日。在古代社会，传播最快的就是与女人的名节或妇道相关的事情，颜氏不守妇道的说法，很吻合人们对于老夫少妻的想象。孔家制造的社会舆论，非常不利于颜氏，她不得不带着孔纥的信物和儿子远走他乡，过上了孤儿寡母的生活。也许，孔家给孔纥下葬之前，对立的双方就已经势同水火，孔家人甚至不通知颜氏参加葬礼，才导致了颜氏不知道孔纥之墓在哪里。

颜氏一直将这些屈辱藏在心里。倔强的她不可能向年少的孔子倾诉，更不可能在孔子成为顶天立地的孔家男儿之前，主动去与孔家人和解。即便成长中的孔子提起过为父亲上坟的事，但看到母亲那样难过痛苦，而且还有很大的委屈和难言之隐，孝顺的孔子是不会再坚持此事的。颜氏的全部希望都在孔子身上，也许她想要在孔子加冠之后，才带着孔家最优秀的血脉探访孔纥之墓。颜氏也许一直梦想能有这样扬眉吐气的一天，从而证明自己当初争取到孔纥的遗物是一个正确的选择。

然而，天不假年，仅仅三十几岁的颜氏，就因为生活的重担和内心的憋屈而撒手人寰了。这就是孔子的处境，他知道母亲的心愿，想要将父母合葬，但却不知道父亲的墓在哪里。邻里乡亲可以帮助孔子将母亲入殓，但谁也不知道孔子的父亲葬在哪里。情急之下，孔子做了一个惊人之举。孔子用牛车将母亲的棺材运到了鲁国国都曲阜郊外的一条大道上，然后将车停在那里，自己跪地请求路人的帮助。那条大道很是繁华，人来人往，车马萧萧，鲁国的许多高官时常从此经过。个子很高而长相奇特的孔子就这样长跪在路旁，请求路人帮助打听孔纥之墓。

这是孔子不得已的做法。他想完成母亲的遗愿，只好如此行险，看看有没有老一辈的人知道孔纥这位战斗英雄究竟埋在什么地方。孔子肯定是做了最坏打算的，如果确实没有人知道父亲葬在何处，到了母亲必须入土的时候，他也得顺应天命，将母亲埋葬在合适的地方。那时的孔子已经小有名气，他将母亲的棺材停在大路上，长跪在路旁，立刻引起了路人的关注。人们一传十，十传百，都知道了跪在那里的是老英雄孔纥的儿子，都想帮助孔子完成这片孝心。苍天有眼，恰好有一位老太太经过那里，老太太的儿子专门从事殡葬工作，当年孔纥下葬恰巧就是他经办的。于是，孔子终于完成了将父母合葬的心愿，既安葬了母亲，还祭拜了将高贵的孔家血脉传给自己的父亲，从而使孝心圆满。自此之后，孔子将要独立面对前途未卜的人生了。

在继续进入孔子的世界之前，我们这里稍微停顿一下。读者需要知道，要梳理孔子的成长和生活轨迹不是一件容易的事情。在古代文献中，《史记》中的《孔子世家》算是最详细的记录了。但是，司马迁惜字如金，总共用了一百多个字，就将孔子葬母及之前的事情写完了。而且在这一百多字中，还包括了文言的虚词，以及与孔子生平没有直接关系的背景信息。当然了，除了《史记》，还有其他一些古代文献零零散散有关于孔子的记录。不过，那些文献的记载真真假假，需要小心谨慎地予以鉴别。至此，这本关于孔子和《论语》书，已经使用了两万左右的文字了。有心的读者禁不住会问，这些内容都是真实的呢，还是作者根据自己的想象撰写的？

简单的回答是这样的。首先，这本书中的内容以不违背历史事实为前提。但对于历史事实，不同的研究者会有不同的甚至相冲突的解读，这就要求作者比较参照各种看法而采纳较为可信的那一种。即使有这些基础工作，孔子青少年时期的成长经历，特别是他的内心活动，在古代文献中几乎是空白。为了不使孔圣人看起来像是天上掉下来的，就需要根据有限的资料重构孔子及相关角色的内心世界。但这种重构是有条件的，那就是，既不能违背历史事实，还要吻合人性的逻辑。

我们这本书的目的是要帮助读者真正感到《论语》是令人亲近的。阅读《论语》不是为了增加考试分数，不是为了增加工作收入，也不是因为大家都说学习中华文化是重要的。那些都是外在的理由。《论语》这本书的价值在于，它真实地反映了孔子及弟子们在面对人生和时代难题时的真诚困惑和所思所想。而能够将两千五百年前的真实，与我们自己的真实关联起来的，唯有跨越时空恒久不变的人心。古今相异，人同此心，那是既有情感温度也有精神高度和理性深度的心。只要这个世界上还有人这样的存在者，浸透着类似的喜怒哀乐，经历着一样的生老病死，人与人之间，今人与古人之间，就是可以相互理解的。

尽管时隔两千五百年，因为《论语》承载了跨越历史和时代的伟大智慧，它就能够并且值得被我们阅读和理解。理解《论语》的最好办法，就是让孔子的生活世界与我们的生活世界发生情感共鸣的关联。这本书就是要通过合理的重构，让这种关联真实发生。书中的故事，都有历史事实为其依据或背景，但更重要的基础却是孔子与我们共享的普遍人性。我们可以把孔子看作一位遥远的朋友，他正穿越迷雾重重的历史长河，跃出被文字固定的二维平面，与我们亲切交流和对话。让我们摘录《论语》第一篇第一章的句子，来感受一下这种交流和对话是多么亲切。

"有朋自远方来，不亦乐乎"（1.1），这是人们经常引用的《论语》中的一句话。你有没有觉得，这句话读起来是那么亲切自然，使人完全感觉不到两千五百年的时空阻隔。句中的"朋"指志同道合之人，而不是一般意义上泛指的朋友。生活中有一些相互喜欢但从不聊严肃话题的朋友，并不是坏事。特别在现代社会，我们的人际关系分成不同的圈层，其中一些朋友就是嘻嘻哈哈只谈吃喝玩乐不谈其他。但如果一个人只有这样的朋友，肯定是相当乏味的。

要是没有志同道合的人可以谈理想、价值和对未来的憧憬，没有这样的朋友在逆境中相互砥砺，我们就将错失人生中一道美丽的风景。没有志同道合的朋友，我们的成长也会缺乏方向和想象。事实上，在我们的人际关系中，志同道合的朋友总是少数。特别在古代社会，通信和交通皆不方便，志同道合者相隔千山万水，偶有书信也要数月之久，期待重逢简直是奢侈。可是，某一天，在没有任何征兆的情况下，志同道合的好友出现在了你的面前，你难道不会喜形于色吗？有些人甚至会高兴得手舞足蹈呢！这样的朋友相见，往往会秉烛夜谈，一抒胸中块垒，激昂人生斗志，这样的美事能不快哉？

紧接着上一句话的是"人不知而不愠，不亦君子乎"（1.1）。这句话说，一个有修养的人，在别人不了解自己或者误解自己的时候，是不会感到恼怒的。在这里，"别人"是泛指，当然也包括志同道合者。在真实的人生旅途中，最令人气馁的事情并不是陌生人对自己的不了解或误解。大多数人对陌生人的不了解根本无所谓，有一定修养的人对陌生人的误解也可以一笑了之。然而，如果被志同道合者误解了，却不是那么能够沉得住气的。有些人会想，我那样坦诚地与你交流，把你当最好的朋友，恨不得掏心窝子以示赤诚，但你仍然要这样误解我，真是让人太伤心了！这是人之常情，正因为这样，能够面对志同道合者的误解而做到不恼怒，才是真正的了不起。

能够做到"人不知而不愠"的人不仅是真诚的，而且是沉得住气的，他们会将精力放到提升自己的修为上，而不会受到误解或流言蜚语的过多干扰。这样的人是自信的，他们相信，唯有坚持敬德修业，才能在人生的风风雨雨中不偏离应该坚守的航向。这样的人还是充满善意的，他们相信，总有一个时候，好友会理解自己的一片苦心。被好友误解虽不好受，但善意而心胸开阔的人更能够跳出自己的得失，站在对方的角度去看问题。以这种方式，往往能够发现，误解自己的友人其实有他们不自知的局限或深陷其中的无可奈何。

人生路漫漫，不要太着急，不要太刻意，经历生活的挫折，品尝人生的艰辛之后，才会深化对人和事的理解。那个时候，无论是志同道合，还是志同道不合，都是特别值得彼此珍惜的。当然了，人格的健全和修养的提升，是离不开持续不断的学习和反省的，所以《论语》首句话强调的是"学而时习之"。只有学会了慎思明辨，才能突破人生路上的诸多障碍。孔子也不例外，如此杰出的人也必须通过持续不断的学习，去迎接一个又一个无法预料的人生考验。

第六章

学以成人

　　母亲去世后，孔子的生活彻底不同了。还未成年的孔子，实际上成了孤儿。孔子是否得到过什么人的帮助或照顾，现在已经无从知晓了。生活还得继续，要像母亲期待的那样，成为能够光耀孔家门楣的人。孤苦而无依无靠的孔子，要靠什么赢得自身的成长，并度过那个艰难的岁月呢？那个时候的孔子还年少，天下兴亡和文化担当的意识还不可能很清晰。他能够苦中作乐的，唯有"学而时习之"。孔子要学习的东西很多，包括那时贵族阶层通常要掌握的"礼""乐""书""数""射""御"，简称六艺。

　　礼是专门的学问，复杂性不亚于现代社会的法律专业，精通礼的人总是少数的。因为礼与乐总是联系在一起的，孔子还必须学习音乐。那个时候的音乐、歌唱、诗歌是融为一体的，而且重要的礼仪场合还要有合适的舞蹈，因此，好礼的孔子要学习的东西其实

是很繁杂的。有些必须精通，譬如礼的内容和形式，有些需要了解，譬如什么样的音乐和舞蹈配什么样的礼。孔子十五岁志于学，他那时一定对贵族社会所需知识的复杂性有了相当的领悟。孔子肯定知道了这些知识的重要性，他才在母亲还在世时庄重地立了志。孔子的天分无疑是极高的，但他在《论语》却明确说："我非生而知之者，好古，敏以求之者也。"（7.19）

孔子在晚年回顾自己的一生时，说他是"述而不作，信而好古"（7.1）。"述而不作"是说他只是传承古代先贤的思想，自己不创作，这句话也许有点过谦了。事实上，孔子对于中华文化和思想具有原创性的贡献，我们往下将会看到。但"信而好古"却是真实的，因为孔子在混乱的春秋后期，特别心仪的是由文王、武王和周公建立起来的西周早期的礼乐制度。在孔子的心中，那个时候天下有序，名分未乱，礼乐昌盛，人民幸福。但古老的东西会随着时间的流逝而变形，毕竟孔子距西周开国君臣的时代已经有几百年了，因此，孔子的好礼与好古就注定是相通的。但无论孔子的天赋有多高，以文字或口耳相传的形式保存下来的古代文献，都必须经过艰苦的学习才可能被掌握。

关于孔子的学习，你也许很好奇，孔子后来那么厉害，那他的老师是谁呢？《论语》有一段话，记录了有同样好奇心的人的类似问题："卫公孙朝问于子贡曰：'仲尼焉学？'子贡曰：'文武之道，未坠于地，在人。贤者识其大者，不贤者识其小者，莫不有文武之道焉。夫子焉不学？而亦何常师之有？'"（19.22）对话中的公孙朝是卫国的大夫，那个时候，孔子已经闻名天下了。提问者肯定是对孔子的博学感到很震惊，于是专门问子贡：你们老师的学问是从哪里来的呢？子贡的回答是：文王武王的道并没有堕落到地上消失不见了，道还在人们的身上；贤人从大处上认识道，一般人从小处上认识道，他们从不同的角度传承着文王武王之道；我们的老师啊，到哪里不是在学习呢，他哪里有固定的老师啊！

我们可以想象，即使遭受了母亲突然离世的重大打击，孔子也没有自暴自弃，一蹶不振。悲伤和寂寞都是免不了的，但阻挡不了他要成长的愿望，也改变不了他"三年无改于父之道"的决心。除了关联紧密的"礼""乐""书"，孔子还要学习六艺中的"数""射""御"。

"数"是指算术记账等本领，也包括当时的天文历法，以今天的眼光来看，难度远远比不上小学生的"奥数"。但那时候的学习都是以解决生活中的实际问题为导向的，因此"数"的学习特别培养生活的观察力和问题的解决能力。"数"中间包含的天文历法与农业生产有重大关系，而农业是那个时代最重要的生产方式，维系着整个社会和文明的运行。"数"的学习要求孔子特别要有责任心。否则，一次错误的计算，小则影响到邻里之间的财物交易，大则涉及春耕秋收的效果，因此学习是不能有丝毫马虎的。

"礼""乐""书""数"都是文的本领，而"射"和"御"则是武的本领。"射"当然是指射箭，是士以上的贵族都要学习的打仗和打猎的本领。但那时的贵族，是看不起子路那种只有一身蛮力和格斗技能的"野人"的。所以我们看到孔子说过这样的话："君子无所争，必也，射乎！揖让而升，下而饮，其争也君子。"（3.7）在孔子的心中，真正的君子是不会争权夺利的，若一定要有所争，那就是比赛射箭了。但即使是这种争，也符合礼的规范，上场前先要作揖，射完后再作揖退下相互敬酒，都很有君子风度。在冷兵器时代，箭是最强的远程杀伤武器，"射"也泛指贵族子弟都要学习的各种武术。孔子的时代虽然已经礼崩乐坏了，但贵族遗风尚存。特别是，鲁国是周公的封地，比起别的一些诸侯国来，更讲礼义廉耻。即使人与人或国与国之间使用武力不可避免，也多多少少会受到礼义的约束。

如果说"射"代表单兵作战的本领，"御"就代表集体攻防的技艺。那时打仗都使用马拉的战车，战车上的士兵与步兵要有很好的配合，御车手就是一个战车小分队的灵魂。驾御战车是一种复杂的技艺，人与马要有很好的配合，还要有相互的信任和情感作为基础。当然了，"御"这种本领不光是用来打仗，和平时期也需要驾御马车的技术，就像现代社会有条件的人都懂开汽车一样。不过，那时会"御"这项技术的人的比例，远远小于今天会开汽车的人的比例。这既反映了一般人是没有资格学习驾御技术的，也从一个侧面说明了，要达到贵族心目中认可的标准，这项技艺确实有相当的难度。特别是，在不同的场合，马匹的数量是不同的，御者还要考虑到马行走姿态的好坏，以及乘坐者的舒适性。总之，"礼""乐""书""数""射""御"，代表着当时贵族阶层的全科教育，孔子当然是门门功课都很好的"学霸"。

尽管孔子文武双全，各方面都很优秀，但并不能保证社会生活的一帆风顺。在母亲去世之后不久，孔子就面临了一次很伤自尊心的挫败。事情是这样的：季氏向鲁国居于"士"阶层的贵族发了一个通告，邀请他们参加季氏的家宴。由于季氏事实上主持着朝政，名为"家宴"，实为"国宴"。人们对季氏发起这次家宴的动机有不同的解读，肯定也包括借此机会鉴别和拉拢士阶层的优秀人才。通告不是以私人邀请函的名义发往每个人手中的，而是以布告的方式发出来的。看到通告的人当然可以选择去，也可以选择不去。当时的鲁国国政，是由所谓的"三桓"把持的。"三桓"是指季孙氏、叔孙氏、孟孙氏这三个大家族，往上追溯两百年，他们的共同祖先都是那时鲁国的国君鲁桓公。所以，宽泛地讲，他们都是亲戚。

"三桓"从不同方面掌握了鲁国的国政，甚至有自己的军队。季孙氏或季氏是"三桓"中势力最强大的，与其他两家既有矛盾又有合作。当三家的矛盾激化但都不愿意关系破裂的时候，一定会有人先说"我们都是一家人"这类的话以缓和冲突。这次季氏独自邀请鲁国的士人赴"家宴"，也是想试探一下，有多少士人愿意来出席。道理很简单，愿意来的，就表明愿意与季氏一起发展，希望在季氏的庇护下获得一官半职。不愿意来的，就表明与叔孙氏或孟孙氏有特别的关系，宁愿得罪季氏也不愿意赴宴。由此可见，季氏的"家宴"实际上是一次面向士人的政治试探。

这么深的套路岂是未成年的孔子懂得的。尽管还在守孝期间，孔子看到了通告，决定去赴宴。孔子肯定想要有出人头地的机会，也想通过季氏的家宴确认自己"士"的身份。当时的孔子已经小有些名气，很有可能在作这个决定时是信心满满的。需要说明的是，孔子在《论语》中针对季氏说的"是可忍，孰不可忍"，尚在很久以后，那时，孔子在鲁国已经有相当的社会和政治影响了。此时，在鲁国的老资格贵族看来，孔子还是一个乳臭未干的小毛孩。当孔子来到季氏家的大门时，他碰上了阳虎，这个将在未来的几十年不断纠缠甚至威胁孔子的人。阳虎又叫阳货，比孔子大不了几岁。《论语》一共有二十篇，第十七篇的篇名就是"阳货"。

本来，孔子兴冲冲地去参加季氏家的"国宴"，想借此为自己的前途作些铺垫。孔子很在意自己是英雄孔纥的儿子，也很骄傲自己有殷商贵族血统，是标准的"士"阶层的一分子。孔子走到季氏家豪华宫殿的大门口，看到阳虎正带着几个家丁在那里迎接客人。士子们一个个向阳虎拱手作揖，然后被礼让了进去。孔子也向阳虎作揖，却不料阳虎没有回礼，反而把手一伸，挡在了孔子面前。阳虎上上下下打量着个子高挑的孔子，觉得孔子穿孝服前来很是奇怪。他不客气地对孔子说：季氏家招待的是士，可不是你！孔子没有想到自己会吃闭门羹，而且会被阳虎说得那样难听，他愣在了原地。

至于阳虎为什么不让孔子进去，人们有不同的猜测或解读。一种说法是，孔子因为穿着孝服，在这种宴会上不合时宜，所以被阳虎拒绝。还有一种说法是，因为孔子的父亲孔纥曾在"三桓"之中的孟孙氏手下工作，阳虎是季氏的家臣，为了维护主子而拒绝了孔子。还有一种可能性，那就是，阳虎早就知道孔子的知礼好学，但阳虎与孔子完全是两种类型的人，对孔子这样特别重礼的"形式主义者"，他从内心深处就不喜欢。阳虎很可能会想：孔丘你算哪根葱啊，居然穿着孝服就来赴宴，这种姿态简直就是对季氏的轻视，也是对我阳虎的挑衅。

从阳虎以后的所作所为来看，他有几个特征。首先，阳虎是一个不守礼法的人，他不愿意屈就于由礼所规定的等级固化的角色。阳虎本来是季氏的家臣，这次拒孔事件很多年之后，居然成功逆袭，架空季氏，自己控制了朝政。本来，"三桓"架空国君就已经是僭越了，作为家臣的阳虎居然青出于蓝而胜于蓝，可见，阳虎是一个十分贪恋权力的人。与强调礼义廉耻的孔子正好相反，阳虎信奉的是强者生存的丛林法则。后来，在阳虎权势最盛的时候，他竟然想在鲁国削除"三桓"的势力，独自操控鲁国国君。阳虎失败后逃到了齐国，被齐国囚禁不久后又逃到了晋国，成为晋国执政者的属下，并立下了很大的战功。

从阳虎的经历不难看出，尽管他是孔子眼中的不忠不义之人，但肯定有过人之处。很有可能，争权夺利的阳虎对于自己手下的人是很讲"义气"的，愿意与他们分利，从而能够吸引一批跟随他的死士。《论语》中孔子说过一句话："君子喻于义，小人喻于利。"（4.16）这句话是孔子对人深度观察的总结。孔子的意思是，这世界上分为两类人。君子是一类人，他们做任何事情都首先要考虑"义"的问题。"义"字通"宜"，就是要看道理上合不合适，"名义""情义""私义""公义"，这些词内含的标准分别用于判断不同情况下人的所作所为是否合宜。小人则相反，他们心中首先想到的就是利，利字当头，若"义"对获利有用则不违背，若无用则随时可将"义"抛弃。阳虎就是这样的人，为了达到目的不择手段，他相信名利双收是人生的最高目标。但这种人也有一个优点，那就是，做事具有很大的灵活性。不像少年孔子，居然穿着一身孝服就去赴宴，在阳虎眼里，那时的孔子既过于高傲，又像一个书呆子。

无论如何,这次赴宴被拒,对于年少的孔子,肯定是一个极大的教训。从此以后,孔子不仅要继续学习"六艺",还要学习如何识别人、判断人。人,是一切问题的根源,也是一切希望的基础。当孔子名闻天下的时候,他实际上已经通过不断学习和实践,成为一位"人学"大师。

我们读《论语》中的很多话,都感受得到孔子论人的智慧。有一次,孔子说了这么一段话被弟子记录了下来:"可与共学,未可与适道;可与适道,未可与立;可与立,未可与权。"(9.29)我们不清楚孔子是在什么情景下说这番话的,也许是看惯了人间事之后自言自语的感慨。孔子说,相互亲近的人是可以分成三类的。第一类人是:可与他一起学习,但未必能共同向道。第二类人是:可共同向道,但未必能一起坚持道。第三类人是:能够坚持道,但未必能在坚持道的前提下灵活行道。这里,我们可以把"道"简单地理解成做人的原则或价值,或应该追求的真理。我们看到,此时的孔子说,学是基础,道是目标,坚持是前提,灵活是条件。很难想象,在遭遇阳虎事件之前,少年孔子能够说出这样的话来。自母亲去世之后,阳虎很可能是使孔子首次遭受重大打击的人。

在阳虎的阻挡之下,孔子不得不转身离去。我们仿佛能够看到一个高挑的悻悻而归的背影,而那个背影的背后,则是一副自鸣得意的小人的脸。但孔子之所以是孔子,就在于他能够海纳百川,甚至敢于向他的对手或敌人学习他们身上的优点。阳虎是孔子学以成人之路上的一只拦路虎,但也是促使孔子成长的第一个反面意义上的"老师"。

第七章

潜龙在渊

　　遭受了阳虎事件打击的孔子，对"学"的内涵有了更深刻的理解。因为知礼好学，孔子很受各方人士的欢迎。孔子经常被老百姓邀请参与或主持日常生活中的一些重要礼仪，他都尽心尽责，一丝不苟。

　　口碑对于一个人安身立命，有至关重要的作用。大概二十岁左右，孔子被推荐到季氏的一个封邑，当了基层干部。孔子的工作是负责征收粮食，登记账目，饲养牛羊，还管过基建工程。孔子的工作得到了雇主的肯定，也因此有了一笔固定的收入。孔子在季氏的封邑大概工作了十年，直到三十岁左右。这十来年是孔子生活相对安定的一段时期，娶妻生子，油盐酱醋，免不了生活中的很多琐事。这十来年孔子是怎么过的，历史文献语焉不详。但《论语》中记载了一些话，为我们理解孔子在这十年的生活提供了线索。

　　孔子说："饭疏食，饮水，曲肱而枕之，乐亦在其中矣。"（7.15）粗茶淡饭，不改内心快乐，随遇而安，方显君子本色。这与大多数现代人对快乐的理解很不一样。在很多现代人看来，要吃得好，穿得好，要能挣钱且有相当的消费能力才会有快乐。难道孔子不知道富裕是一件好事吗？富裕的人不仅生活质量高，而且有更多的闲暇去做自己想做的事。孔子当然知道富裕是好事，所以他说："富而可求也，虽执鞭之士，吾亦为之。如不可求，从吾所好。"（7.11）"执鞭之士"是指手执皮鞭为天子或诸侯开路的人，意指地位低下的人。孔子的意思是，富裕哪有什么不好呢，若做低贱的事能够致富，他是宁愿去做的。不过，职位低下的事往往不可能有高收入，正如孔子的小官吏职位不可能使他过上富贵的生活。孔子补充说，既然如此，那就追随自己内心的志向吧。但阳虎那样的人是绝对不会认同孔子的，在他们看来，追求人生的富贵就是最高目的，为此目的，可以不择手段。然而孔子却坚持："不义而富且贵，于我如浮云。"（7.15）在关于如何面对贫穷的问题上，再一次显示了君子与小人的区别。对小人而言，贫穷是最大的恶，只要能摆脱贫穷，一切都是可以的。对君子而言，贫穷是人生的不幸，但人生更大的不幸在于丧失礼义而不自知。

在《论语》的另一段文字中，孔子说："富与贵，是人之所欲也，不以其道得之，不处也；贫与贱，是人之所恶也，不以其道得之，不去也。"（4.5）句中末尾的"去"是摆脱的意思，整句话都在强调，富贵是好事，贫贱不是好事，在这一点上，君子与小人的看法是一致的。关键是，君子心中有道，有义，有礼，小人心中只有利害得失。因为这个区别，君子在贫穷时才会安贫乐道，在富裕时也不会得意忘形，言行失当。小

人则相反，因为心中只有利益，所以总是患得患失，以至于在利益冲突中喜欢斤斤计较。孔子用"君子坦荡荡，小人长戚戚"（7.36），非常传神地总结了两种人的本质区别。

当然了，君子与小人的划分不是绝对的。人可能在某些利益冲突下很超然，但在另一些利益冲突下却把利置于义之前。孔子提出来的"君子—小人"的二分法，实际上是想给我们一个识人鉴人的框架。事实上，在生活的洪流中，君子若不加强自我修养，也可能在某些情况下成为小人。反之，如果小人加强自我修养，也可能在一些情况下活得像君子。人世间的情况相当复杂，"君子—小人"的二分法虽不能拿来硬套，但的确能帮助我们提高修养，也为我们观察形形色色的人提供了非常有价值的参照系。

在孔子的学生中，颜回是他最喜欢的。孔子对颜回有这样的描述："贤哉回也！一箪食，一瓢饮，在陋巷，人不堪其忧，回也不改其乐。贤哉回也！"（6.9）孔子用了一个"贤"字来称赞颜回，而赞语中的两个关键词分别是"忧"和"乐"。在生活如此艰苦的情况下，一般人都会忧愁不已，但颜回却乐在其中。颜回乐什么呢，那么穷，他不傻吗？

事实上，颜回是孔子弟子中天赋最高的，高到孔子都自认不如的程度。有一次，孔子问子贡，你和颜回谁强呢？子贡回答说：我哪里敢和颜回比呀，他能"闻一以知十"（5.8），我只能"闻一以知二"（5.8）。听了子贡的回答，孔子居然说：是啊，你是不如颜回，我与你都不如他！要知道，子贡可是能力非凡的，他后来做过鲁国、卫国的宰相，也是富甲天下的大商人，还是春秋后期可以翻江倒海的纵横家。与子贡相比，颜回非常贫穷，但孔子却特别认可他。其中一个重要的原因就是，颜回忧道不忧贫，即使贫穷困顿，也不改悟道行道的内心快乐。孔子对颜回的肯定，也可以说是夫子自道。后人将贫困烦忧中积极向上的喜乐精神称作"孔颜之乐"，我们将会看到，这种精神深深地影响了我们这个民族的精神气质。

在二十岁至三十岁之间，孔子就是以这种价值观和心态在季氏的封邑从事平凡的工作。但在平凡之中，才看得出一个人的修为和志向。孔子就像一条潜伏的龙，不动声色地游弋在平常而狭小的世界里，他一点一滴地积蓄着力量，等待命运的召唤。假以时日，这条潜伏的龙必将飞入云霄，震惊天下，名垂千古。孔子积蓄的，是知识的力量，更是道的力量。《论语》记载了孔子的一句名言："志于道，据于德，依于仁，游于艺。"（7.6）这句话也许是对孔子这十年平凡生活的最好概括。我们读《论语》，会在近一百次行文中读到"道"这个字。你可能有些困惑，"道"究竟指的是什么呢？

孔子的时代，已经预示了后来的百家争鸣。不同的人对世界有不同的看法和理解，在一些复杂的问题上，人们之间充满着争议。那个时候的人使用"道"，有点像我们今天用"真理"这个词。也许生活中的大多数人都觉得挣钱或获得现实的利益更重要，并不在乎所谓的真理。即使少数人立志追求真理，他们也会因为视野的差异而对真理有不同的理解，或对"真理"这个词有不一样的使用。数学家定义的真理，不同于艺术家表达的真理，物理学家心中的真理，不同于政治家心中的真理。然而，我们又都生活在同一个世界，有时感觉真理之光从不同的角度照亮着我们。可任何角度的真理之光都不能代表真理本身或全部真理，于是总会有人去设想，作为整体的真理是什么呢，我们如何发现和描述它呢？把"真理"换成"道"，就是后来的百家争鸣时期各学派关心的问题，特别是孔子开创的儒家和老子开创的道家关心的问题。

道，可以理解成万事万物的根据，也可以理解成引导我们行动的真理。道，有"道路""路径"和"方法"的含义，还有"表达"和"言说"的含义。总之，"道"的内涵丰富，可以指真理，也可以指通达真理的方法或路径，还可以指人的言行的价值或原则。根据古人的世界观，人是天地所生，有天道和人道。天道象征宇宙最高的真理，与人道有什么关系？这类问题，是复杂而深刻的。当孔子说"志于道"时，一定同时包含着天道和人道。但《论语》中还有一句名言，那就是"人能弘道，非道弘人"（15.28）。这句话表明，孔子把人的位置放得很高，因为没有人，就没有对道的领悟。就算有被称作"道"的终极真理，要是没有人，它就不能被认识。按照这个想法，能够发现和弘扬"道"的，一定是具有主动精神的人。

我们再回到"志于道，据于德，依于仁，游于艺"这句话，紧接着"志于道"的，是"据于德"。"德"字通"得"，不同的人可能从道那里得到不同的东西，这是宽泛意义上的"德"。君子与小人之所以不同，就在于小人获其小，君子获其大。但"德"在《论语》中，更多是以接近现代汉语的"道德"或"品德"的意义来使用的。孔子的意思是，必须成为有德之人，才可能悟道行道。像阳虎那样无德的小人，可以很聪明，但却永远不可能悟到圣人、贤人或君子才可能通达的道。

紧接着"据于德"的,是"依于仁"。在《论语》中,"仁"也是一个出现频率很高的关键词。但《论语》在使用"仁"时,就像使用"道"时一样,从来不作单一的定义。这其实不难理解,因为道是丰富的,仁也是丰富的,简单的定义反而会妨碍我们的理解。尽管如此,《论语》也为我们提供了理解"仁"的很好的线索。

　　有一次,一个学生问孔子什么是仁,孔子的回答是"爱人"。确实,在现代汉语中,我们也经常用"仁爱"这个词,表明仁与爱是关联的。当然了,在孔子那里,仁不是简单的爱,不能仅仅理解成父母对子女的爱或情侣之间的爱。仁实际上是一种对于世界的态度,天道轮回,苍生不易,一切生命皆是奇迹。仁是一种真诚的同情心或同理性,是与世界积极连接的方式。小人无德,往往也缺乏仁的支撑。小人理解世界就是权钱交易,钩心斗角,唯有阴谋,不见仁心。小人只能以"小"的方式来看世界,世界也只会以小人能看懂的方式向其展现。君子则不一样,他有仁的底色,他会为这样的小人感到悲哀,因为在过于狭小的世界观和价值观的笼罩下,小人失去了与世界上的众多美好事物的联系。但仁不是滥情,因为"唯仁者能好人,能恶人"(4.3)。仁者是敢爱敢恨的,他们的爱恨以道义为准则。

　　有了"志于道""据于德"和"依于仁",最后就要落实到"游于艺"。"六艺"是每个士人都要必备的知识,但这些技艺必须有"道""德""仁"的规范和引领,才不会被滥用。只要理清了"艺"与"道""德""仁"的关系,那当然是技艺越娴熟,才能越大越好。"志于道,据于德,依于仁,游于艺",

这大概就是孔子在二十岁至三十岁之间的自我修炼的总纲领。

　　志于道的孔子，常思宇宙浩渺人间沧桑，职位虽低却心怀天下。据于德的孔子，言行恪守礼义，尊贤容众，博学笃志，于平凡生活中闪耀着人性的光辉。依于仁的孔子，爱憎分明，悲悯众生，恬淡快乐而又无忧无惧。游于艺的孔子，文韬武略能够安邦，诗书礼乐可以育人，仿佛潜龙在渊，随时可堪大用。这个阶段的孔子，食无求饱，居无求安，敏于事而慎于言，以道正己，涵养德性，无常师而又学无止境。孔子本来就有过人的天赋，再加上持之以恒地学习实践，名气越来越大，以至于鲁国的贵族阶层都在传说孔子是圣人的后代。到孔子三十而立的时候，他的名气已经超过了父亲孔纥，含辛茹苦而早逝的母亲颜氏，终于可以含笑九泉了。

第八章
天地之问

　　三十而立，四十而不惑。三十岁左右的孔子，开始设立私学。私学是与官学相对的，在孔子之前，学在官府。那个时候，有两个世界。一个世界的人可以接触文字，学习礼乐，他们是有较高身份的"君子"。另一个世界的人，只能终身劳苦，迷信蒙昧，他们是干低贱工作的"小人"。本来以身份高低而界定的"君子"与"小人"，在《论语》中被赋予了新的内涵。《论语》有时还保留着身份意义上的"君子"和"小人"的区别，但更多的时候，君子和小人已经变成了有德之人和无德之人的代名词，不再与等级身份有必然的联系。"君子"与"小人"的身份等级意义的突破，与官学向私学的过渡有密切的关联。

　　孔子之前，官府垄断诗书礼乐。但到了春秋时期，所谓"礼失求诸野"，已经发生了官学向民间发展的现象。这是一个时代的趋势，孔子顺势而为，独立办起了私学，被后世尊崇为万世师表。你可能感到好奇，为什么孔子之前是学在官府呢？这可能与文字的诞生有关。人类文字的诞生是一件奇特的事情。为什么会突然诞生文字，什么人使之诞生，最早的文字是什么？这些都是有趣的问题。有些问题有公认的答案，有些还没有。

有一种看法是，文字的诞生与巫术相关。上古时代，人类生活在巨大的恐惧和不确定性之中，猛兽、洪水、地震、瘟疫等，时时威胁着人类的生存。即使是我们今天看来很普通的自然现象，如电闪雷鸣、狂风暴雨，也会让先民震惊不已。为什么去年风调雨顺，大地丰腴，为什么今年天干地旱，颗粒无收？为什么会有流星和彗星划过夜空，为什么日月都会有残缺？为什么一个健壮的青年人会死掉？为什么一个正常人会疯掉？为什么祈求神灵的保佑有时灵，有时不灵？面对这些问题，先民无法回答。但他们大都相信，可怕奇特的事件背后有人所不知的原因，操控这一切的，是另一个世界的鬼神。

巫师就是联结鬼神世界与人的世界的关键角色，他们通过迷狂的舞蹈和奇怪的符号与神灵沟通。古代文献就有"昔仓颉作书，而天雨粟，鬼夜哭"的说法。"仓颉"是传说中的中华人文始祖黄帝的史官，有三只眼睛，专门与鬼神界打交道，是典型的巫师。文字发明出来的时候，天上居然下起了谷雨，夜晚的鬼都吓得偷偷地哭泣。这个说法很是传神，我们现代人看来更像是象征而不是写实。文字发明之后，人类可以高效沟通，社会组织因此变得很强大，更易于从事农业生产。随着文字的发明，天文历法的知识也可以更好地传承和进步，于是人类逐渐掌握了四时变化的规律，"天雨粟"象征着人类摆脱狩

猎生活向农业文明的迈进。"鬼夜哭"则象征着人类的强大，鬼神在人类心中的位置将逐渐降低。

但文字的发明并不会立刻消除对鬼神的崇拜。文明的发展往往是不同力量相互冲突和斗争的结果，文字的发明也不例外。一方面文字使人的思考能力更强大，文明的层次得到了质的提升。另一方面，文字又被应用于鬼神崇拜，因为只有少数特权人士能够掌握文字，反而加强了巫师的权力。事实上，上古的统治者，往往是通神的巫与世俗的王的结合。文字发明以后，巫王自然会通过垄断文字而垄断与神灵的沟通。因为能够通神，并懂得如此艰涩的文字符号，巫王在民众的心中类似于半神半人的地位。这当然非常有利于统治者向被统治者行使各种权力。文字刚发明的时候，借助文字通神的那种神秘信仰还很强大，譬如殷墟出土的甲骨文，很大一部分都是关于祭祀的记录。在上古时代，人类各民族的祭祀方式都很残酷，往往要用到活人。这既是神秘信仰的要求，也因为远古人类的嗜血野性还在起作用。

孔子赞颂的周文化，比殷文化要文明得多。周人废除了殷人在祭祀现场杀活人的陋习，也大大减少了王公贵族用活人来陪葬的做法。但用活人来陪葬的做法一直没有根除，虽然到孔子的时代已经大大减少了。据战国时期的《孟子》记载，孔子曾说过"始作俑者，其无后乎"的狠话。孔子骂的是发明木偶陶俑人形以取代用活人陪葬的人。孔子诅咒人家断子绝孙，这算是那个时代能找到的最狠的话了。照理说，用假人代替活人陪葬是很大的进步了，但孔子也不允许，因为他认为用人陪葬这件事本身就不对。用假人来象征真人，仍然是降低了人的地位，是对仁的违背。

可以看出，尽管孔子身上有殷商的血脉，但他却完全服膺周文化。《论语》中孔子说过这么一句话："周监于二代。郁郁乎文哉，吾从周。"（3.14），其中的"二代"是指夏和商，"监"通"鉴"，借鉴的意思。孔子感叹周人建立的礼乐制度是多么昌盛完备，这种感慨实际上是在歌颂文明的进步，赞扬人的世界变得越来越合理。所以，到了孔子的时代，尽管一般老百姓仍然非常迷信和崇拜鬼神，但那时的先进知识分子，也就是一些开明贵族，已经初步具备对鬼神世界或对神秘的天道的批判精神了。

《论语》中记载了孔子对一些名人的评论，其中一个著名人物就是子产。子产是郑国的公室贵族，他在执政郑国期间，政通人和，成绩斐然。历史文献中记载有"子产不毁乡校"的故事，这足以佐证子产的贤明。那时，郑国士以上的贵族子弟都要到"乡校"去学习六艺，"乡校"就是以乡为单位开办的公立学校。郑国的国人喜欢聚集在乡校谈论政事国事，自然会滋生一些妄议当权者的言谈，甚至会产生一些流言蜚语。朝中官员有人受不了这种议论，就建议子产将乡校关闭，或禁止人们的所谓的妄议。但子产认为，那些议论政事国事的人，恰恰能够帮助执政者。子产说，如果议论者的主张有道理，政府就该遵从，如果议论者的批评有道理，政府就该改变不合理的做法。子产还说，这些议论者都是执政者的老师，可见他的气度之大。

《论语》中有一段评论子产的话是这样说的："子谓子产有君子之道四焉：'其行己也恭，其事上也敬，其养民也惠，其使民也义。'"（5.15）孔子盛赞子产，认为他无论是修为，执政水平还是对待人民，都做到了一个在上位的君子能够达到的极高的水平。据《史记》记载，孔子曾去过郑国，与子产亲如兄弟。事实上，子产去世的时候，孔子还不到三十岁，而子产又是比孔子大一辈的人，可见两人是志同道合的忘年交。子产的思想深深地影响了孔子，在孔子的心中，子产一定具有亦师亦友的地位。

如此开明的子产不仅在政治观念上影响了孔子，而且在如何看待鬼神世界的问题上也影响了孔子。有一次，郑国有人通过观察星相预言将有大火发生，建议子产祭神以免灾。但子产却说，天道不可捉摸，而人道可以把握，做好人该做的事就可以了。子产关于超验的鬼神世界的观念，深深地影响了孔子。据《论语》记载，一个学生问孔子什么是智慧，孔子回答说，要致力于人道，要"敬鬼神而远之"（6.20）。

上述背景是为了说明，在孔子的时代，一些身居高位的贵族的理性和批判精神，已经相当发达了。在像子产、孔子这些高级知识分子那里，超验的鬼神世界不再能够起盲目的作用，虽然他们并不是现代意义上的唯物主义者。这也意味着，一种祛除巫魅的世界观已经开始诞生，尽管与鬼神相通的巫术在一般贵族和普通民众那里仍然有很强的影响。顺便说一下，即使到了科技如此发达的今天，在人们的习俗中仍然保留了很多巫术的遗迹。譬如，有些父母在给孩子取名字时，要根据命书来算一算，他们很看重名字对孩子命运的影响。可见，即使是到了科技发达的时代，仍然有人相信文字的神秘作用。回到孔子的时代，文字和书写的本领是贵族才有资格掌握的，这种垄断性的资格其实就来自对文字功能巫术般的信仰，以及贵族阶层对巫术和鬼神祭祀的垄断。

然而，历史总是在突破各种垄断的过程中发展的，到了孔子的时代，学在官府的垄断也被突破了。在首创私学这件事上，孔子是不折不扣的革命者。孔子的学生大多属于平民阶层，也有一些慕名而来的贵族子弟。阅读和书写当然是这些学生，特别是像子路这样的"野人"首先要掌握的，这对于从未接受过教育的成年学生有相当的难度。但平民子弟之所以愿意跟随孔子学习，并不是他们的觉悟一开始就很高，就想着要跟着孔子悟道行义。实际情况是，他们想学一些与礼相关的技艺，从而可以像孔子那样，凭着礼的本领参与百姓的婚丧嫁娶、敬祖拜神等礼仪活动以获得收入。当然了，孔子也可以通过办私学而收取学费，从而提高自己的经济地位。君子爱财，取之有道，这对于孔子不构成任何心理障碍。孔子在《论语》中说："自行束脩以上，吾未尝无诲焉。"（7.7）"束脩"就是一捆干肉，一般为十条。《论语》中没有说交一次学费可以学多久，但从孔子与弟子们的交往方式来看，他们之间的师生关系是很紧密的，有所谓"一日为师，终身为父"的情感关联。

孔子开办私学，不仅教弟子们各种技艺，更要教他们怎么做人。孔子的弟子中只有男子，因为那个时候，女子是不得抛头露面的。但这些男弟子有非常不同的背景，他们的年龄、性格、职业、阶层、悟性都有很大的差异，入门的基础也参差不齐。那个时候还没有现代意义上班级教学的概念，老师只有一个，其他人都是门徒。正是在这种差异化的氛围中，孔子有教无类的教育理念才能够更好地施展。技艺类的功课包括文学、政事和言语，"文学"主要是指礼乐和典籍类知识，"政事"是指从政或管理类的实践知识，"言语"是要训练语言的驾驭和表达能力。当时也没有现代意义上的分科教学，孔子的授课内容总是相互关联的。弟子们可就所学的内容相互探讨切磋，对较复杂的内容也免不了辩论甚或争吵。正是在有冲突的多样性的环境之中，孔子才好展开德行教育。孔子对德行的强调是首位的，他说："德之不修，学之不讲，闻义不能徙，不善不能改，是吾忧也。"（7.3）为什么要把德行的提升放到首位呢？这就涉及什么是人以及怎么做人的问题了。

在《论语》的最后，孔子说："不知命，无以为君子也。"（20.3）这句话很简略。为了避免歧义，首先要知道句中的"命"究竟指什么。有人说，人一生下来，命运就已经注定。命长或命短，富贵或贫贱，幸福或痛苦，都是事先确定的，人再怎么努力或挣扎，都逃不掉命运的掌控。按照这种观点，人生在世是挺悲观的，人生的过程和结局与自己是否努力没有一点关系。《论语》中有一些话，似乎是在支持这种解读。

有一次，某人感慨与自己的兄弟失散了，很痛苦，孔子的学生子夏就安慰他说，"死生有命，富贵在天"（12.5）。还有一次，孔子的一个学生生病要死了，大概是得了什么传染病，孔子从窗户外拉着他的手说："亡之，命矣夫！"（6.8）。这样看来，孔子及其弟子在提到"命"时，的确含有人力不可及的意思。但是，上面那段话中的子夏，在说了"死生有命，富贵在天"之后，紧接着又说，"君子敬而无失，与人恭而有礼，四海之内，皆兄弟也。"（12.5）人家在抱怨自己的兄弟失散了，子夏却说，你做好一个君子该做的事，何愁在世上没有兄弟呢。这听起来像是偷换概念，人家在说自己的兄弟失散了，子夏却把话说到一边去了。事实上，子夏是在强调：有些事情，是我们不能左右的，那是命；但有些事情，却是我们可以左右的，譬如提升自己的修养，而这也是命。

用我们现代人熟悉的话来说就是：每个人生于世间，确有很多东西是自己无法掌控的，在是否长寿、是否富贵的问题上，人确实要受到很多偶然因素的左右。但是，人与天地之间别的生物的不同就在于，人是可以意识到这一点的。有了这种意识，人就可以有自己的选择，就可以为自己承担责任。所以君子不立危墙之下，这是对命或偶然性的尊重。反之，如果一个人明知道自己的身体素质不好，还不加强锻炼，就是对命的不敬。不敬重命的人大都行事草率，缺乏自律，本来有机会在承认偶然性的前提下提升自己，却将自己放逐于偶然性之中。这样的人一定是小人，总会抱怨自己的出身不好，天赋不够，遇事尽找偶然的客观原因，而不会返身向内找自己的原因，因此也不会为自己的命运承担责任。

认识到了这一点，我们再来看自己的命运，就会发现，尽管有克服不了的偶然性，但我们每个人都可以而且应该为自己的命运承担责任。本质上讲，人是唯一具有自我意识并有意义和行动选择能力的存在者。那些不可控制的因素的确使每个人的命运看起来都不一样，但能够并且应该为自己的命运承担责任，却使每个人的命运在本质上是一样的。那就是，主动提升修养，主动为自己的命运承担责任，主动按照做人的道理去行事，我们就能成为自己命运的主人。不是说我们就因此而可以实现任何目标，但我们的确可以实现生命最重要的目标，即成为乐天知命而又不消极地屈服于偶然性的君子。换句话说，成为君子，成为更好的那个自己，就是我们的天命。而认识到这个天命并据此而行动的人，才称得上是君子。

天行健，君子以自强不息。当孔子说"不知命，无以为君子也"（20.3）的时候，他既看到了人偶然性的命，也看到了人这种存在者的必然的命。人生而自由，这就是人的天命。当然，在孔子的时代，还没有"自由"这样的词，但我们通读《论语》，慢慢浸润到孔子的精神世界，就能够读出为什么孔子主张自主和自强。不难想象，孔子在与弟子交流各种技艺的过程中，一定经常涉及这样的问题。相比如何成事的问题，何以成人的问题具有更高的级别。但孔子的智慧就在于，他明知道这一点，却很少抽象地谈论何以成人的大道理。孔子的教学永远寓于他与弟子的日常生活，寓于对礼乐等基本技能的学习。当然，这样的教学也总是离不开天下各国的时事，离不开弟子们各自的志向以及未来的人生发展。

子贡是孔子最信任的学生之一，他曾说："夫子之文章，可得而闻也；夫子之言性与天道，不可得而闻也。"（5.12）意思是，弟子们经常听到孔子讲诗书礼乐，但很少听到孔子谈抽象的人性和天道。事实上，天命、人性、天道的话题，是高度相关的。既然是大思想家，孔子怎么可能不谈论人性和天道的话题呢？孔子在《论语》中只有一次正面谈过人性，他说，"性相近也，习相远也。"（17.2）孔子承认人与人是不同的，但这种不同并不是源于先天的区别。孔子强调人与人之间的巨大差别，特别是德行高低上的差别皆源于环境的习染和个人的努力。但《论语》中再也见不到孔子对人性的更高深的说法了。类似地，在《论语》中，关于"道"有很多论述，但唯独不见玄远的探讨，这与孔子同时代的老子，形成了鲜明的对比。这又是为什么呢？

大约三十四岁的时候，孔子与老子有过深入的会晤。孔子在两个贵族子弟的帮助下，从鲁国国君那里得到了一笔赞助，专程赴东都洛阳向老子请教。周王室早已衰落，对诸侯只有名义上的号召力，首都早已从今天西安附近的镐京搬到了洛阳。那时，孔子已经移居鲁国的首都曲阜，距洛阳有千里之遥。即使是乘坐马车，也是相当耗时耗力的旅程。孔子好学是出了名的，他自己也说："十室之邑，必有忠信如丘者焉，不如丘之好学也。"（5.27）因此，孔子肯定会利用此次出远门的机会，沿途拜访相邻的诸侯国，这也为后来的周游列国奠定了一些人脉基础。

上一次去郑国拜访子产之后，孔子没有再出过远门。这次出行因有国君的赞助，时间和用度都宽松得多，正好到相邻的诸侯国多走走，多了解一些风土人情。那时交通不便，地域之间的习俗差别很大，口音也很不相同。呈现给孔子的，是一幅丰富多样的自然和人文风景，但对孔子形成更大冲击的，却是贫困百姓的苦难生活。时逢乱世，妻离子散者，鳏寡孤独者，以及因战争和严刑峻法而断手断脚的人，随处可见。孔子虽主张君子之乐，但见到各种各样的人间惨象，却怎么也乐不起来。他一路上忧心忡忡，思考着乱世和这些惨象的根源。孔子就这样带着一路积累的困惑，来到洛阳见到了老子。

孔子此时的名声已经相当大了。但无论年龄还是名声，此时孔子都还远远不能跟老子相比。没有历史文献记载孔子与老子见面的细节，只有《史记》记录了老子在临别时赠送孔子的话。老子对孔子说，在这个乱世，聪明的人、学识广博的人、能言善辩的人，都是有危险的，因为他们总忍不住议论别人的是非或揭发别人的过错。老子告诫说，不能只知进不知退，只知勇不知怯，只知坚贞不知灵活，只知君子不知小人。老子的这些教诲对孔子有很大的帮助。《论语》中记载有孔子这样的话，"天下有道则见，无道则隐"（8.13），这种知进知退的思想就是老子启发的结果。孔子在后来的从政和周游列国的生涯中，险象环生，但总是能够化险为夷，很可能也受益于老子的智慧。孔子回到鲁国以后，有学生问他对老子的印象。孔子的回答是，鸟会飞，鱼会游，兽会跑，但都有办法对付，可老子却是一条变幻莫测的龙。

尽管孔子对老子有那样的溢美之词，但孔子毕竟不是老子。在老子所著的《道德经》中，他对道有极为抽象甚至神秘莫测的描述——"道可道，非常道，名可名，非常名。无名天地之始，有名万物之母。故常无，欲以观其妙；常有，欲以观其徼。此两者同出而异名，同谓之玄，玄之又玄，众妙之门。"我们这里不去解释老子的思想，我们只需感受一下老子与孔子的不同。事实上，孔子并不愿意像老子那样，陷入对道的抽象的神秘言说之中。孔子的关注焦点在人，他认为人才是天地之间最不可思议的存在者。如果有天道，那一定是通过人道反映出来而被人把握的。离开了可以悟道的人而谈论道，是没有意义的。可是，人不是现成的摆在那里的东西，人不是一生下来就可以成为大写的人。要成为一个大写的人，成为一个君子，必须意识到人只有在不断学习中才能成长。简言之，学以成人方能成人。

用现代人熟悉的话来讲，人是存在于时间之中的。这立刻就带出来一个问题，那就是，所有人在时间中只可能存在一次，每个人的生命都是一个奇迹，而死则是这个奇迹的大限。因此，在孔子看来，学会做人，学会在自己这个特殊个体里把人的真正的本性实现出来，这就是人道。离开人道玄谈天道是空泛的，甚至是有害的。所以孔子主张，懂得人道，学会做人就是最大的学问。但很多人根本意识不到这是最大的学问，因为他们认为只有自己才懂得自己。孔子不是这样想的，在孔子那里，人只有在与他人的关系中才能成为人。这就意味着，离开了社会关系，离开了理解和界定社会关系的历史文化，人就不可能成为大写的人。按照这个思路，要学会做人，就要首先学习诗书礼乐，学习与人相处的道理，修炼和提升自己的德性。只有这样的人，才可能发出富有生命力且不偏离仁的天地之问。

第九章

为政以德

　　孔子从东都洛阳回到鲁国以后，招收的弟子越来越多，社会声望也越来越大。这时的孔子，已经不需要通过当基层官吏换取养家糊口的收入了。成为社会名流的孔子，除了有学费收入，还有贵族子弟的各种赞助，因此可以从其所好。孔子一方面通过教学继续推进他对人道的理解，另一方面，他也希望将自己的所学所悟用于对社会的改造。那个时代，改造社会的唯一路径就是从政。胸怀天下的孔子，也一直在寻找影响政治或亲自从政的机会。那时的鲁国，"三桓"当政，已经大大偏离了孔子认可的以西周封建为正统的政治模式。再加上还有阳虎这样的家臣在背后跃跃欲试，鲁国的政治秩序已经完全超出了孔子可以容忍的范围。

　　前面提到的"八佾舞于庭"事件，发生于孔子三十五岁的时候。当时的鲁国国君鲁昭公是一个明事理的人，孔子去洛阳拜会老子就是他赞助的。孔子的

"是可忍，孰不可忍"也道出了鲁昭公的心声，这位弱势君主决心对"三桓"发起反击。鲁昭公带领他可以直接指挥的少量军队，去攻打季氏。但季氏的当家人季平子凭借早已建好的堡垒负隅抵抗。三桓中的另两家虽然与季氏一直有矛盾，但也清楚，一旦鲁昭公除掉了季氏，必将铲除自己。所以，另两家出兵帮助季氏打败了鲁昭公并迫使他流亡到了别的国家。鲁昭公再也没有回过鲁国，几年之后，他在流亡中去世。

在这件政治大事发生前后，孔子都站在了鲁昭公这一边。这是孔子的政治理念决定的，孔子对西周以来的政治格局的看法是："天下有道，则礼乐征伐自天子出；天下无道，则礼乐征伐自诸侯出。自诸侯出，盖十世希不失矣；自大夫出，五世希不失矣；陪臣执国命，三世希不失矣。天下有道，则政不在大夫。天下有道，则庶人不议。"（16.2）从这段话可以看出，在孔子心中，西周早期的封建制度是吻合政治之道的，因为那个时候，周天子确实能够号令天下。后来政治权力逐渐转移到了诸侯那里，这就是无道的开始，这种情况最多能够持续十代人。再后来，情况更糟糕，权力都被"三桓"这样的大夫掌握了，这种情况最多持续五代人。孔子说这话的时候，是鲁昭公流亡事件的很多年之后，那时作为家臣的阳虎已经夺了季氏的权。孔子说，这种"陪臣执国命"的情况，离道更远，最多只能持续三代了。事实上，孔子去世没有多久，就发生了三家分晋的大事件，中原大国晋国被三个臣子瓜分了，中国历史进入了混乱的战国时代。

从孔子上述言论来看，他的政治观点是保守的，他认为最好的情况是在过去而不是在未来。孔子终其一生都想恢复周礼和西周封建制度，但若以历史发展的事实为参照系的话，不得不说他的政治理想是失败的。我们今天可以批评孔子没有未来视野，政治上缺乏想象力，没有预见到封建制的终结和秦汉帝国体制的诞生，然而，孔子谈论政治并不仅仅是在谈论政治状况的变化，他实际上有一套人道的理论在支撑相应的政治判断。正是因为他有关于人道的深入理解，自西汉以来，孔子的思想才成为了中华文化的主流思想。我们将在本书稍后的部分总结孔子带给我们这个民族的思想和文化遗产，并简要探讨这笔遗产在现代社会有怎样的局限和价值。但我们先回到当时的鲁国，看一看孔子的处境。

孔子支持鲁昭公的态度是世人皆知的，所以想要从政的孔子，在鲁昭公打击季氏失败之后，在鲁国是完全没有机会的。朝政重新被"三桓"把持，他们因为痛恨鲁昭公，不愿意他的儿子继位，转而安排鲁昭公的弟弟继位，后人称之为鲁定公。当然了，鲁定公的君权还不如鲁昭公。因为孔子的政治立场是与"三桓"直接抵牾的，鲁昭公失败之后，他决定避国远走。

孔子选择去齐国，是因为与齐国的君主齐景公和大臣晏婴曾有交往。在孔子三十岁的时候，齐国君臣曾到访鲁国。那时的孔子已经以知礼懂礼闻名鲁国，被鲁昭公邀请与齐国君臣会面。在那场会面中，孔子的智慧博学为齐国君臣留下了很深的印象。当时齐景公问孔子，为什么偏远的秦国在秦穆公手里能够称霸。孔子的分析是，秦国虽小，但志大行正，尊贤纳谏。孔子还说，政治清明如此，就是称王也可以了，何况称霸呢。本来，"王"是周天子的称号，孔子这样说，无非是说秦穆公的贤明，并不是希望哪个诸侯真去取代周天子。"危邦不入，乱邦不居"（8.13），这是孔子的生存原则，看来孔子是抱着很大希望去齐国的。

孔子的弟子子夏在《论语》中有一句名言："仕而优则学，学而优则仕。"（19.13）这句话也是对孔子人生的写照。老子对从政一点兴趣也没有，他更喜欢静观天道，玄思自然。不同于老子，孔子认为人道才是根本，而实现人道的最佳途径就是学以成人和学优则仕。学以成人是自我修行的必由之路，是人道在个体身上的体现。从政则是从整体上实现人道的必由路径，是仁者的更高理想。所以我们将看到，虽然孔子的从政之路相当坎坷，但他从没有放弃从政的理想。特别是在周游列国期间，为了获得从政的机会，孔子不止一次陷入窘迫的境地。

孔子此次齐国之行顺利见到了齐景公，《论语》中记载了一段齐景公与孔子的对话——齐景公问政于孔子。孔子对曰："君君、臣臣、父父、子子。"公曰："善哉！信如君不君，臣不臣，父不父，子不子，虽有粟，吾得而食诸？"（12.11）这是孔子的"正名"思想，强调君要像君的样子，臣要像臣的样子，父母要像父母的样子，子女要像子女的样子。这话听起来像是单调重复，实际上是在强调做人的本分。一个人在什么角色上，就应该按这个角色的要求做好他该做的事情，不要这山望着那山高。

君主的本分就是治理好国家，大臣的本分就是辅助君主治理好国家，父母的本分是帮助子女成长，子女的本分就是努力成长并孝顺父母。如果君主有治理国家的本分，但却不承担相应的责任，只知道游玩享乐、花天酒地，这就是"君不君"。如果君主不守本分，而臣子由着君主的性子，不知道谏言和纠正君主的错误，就没有守自己的本分；当然了，如果臣子因为自己的权欲而想篡夺君权，就更是"臣不臣"了。齐景公一听懂这个道理后立刻喜上眉梢，但他的反应却不是首先反省自己在君主位置上的所作所为。齐景公喜的是，如果每个臣子都懂得尽忠尽职，齐国的所有家庭都因父慈子孝而和谐，他就能饭吃得香觉睡得好了。

事实上，齐景公是在齐国朝政混乱之时被扶上君位的，他亲历过以前的君主被臣子杀掉，然后臣子之间又相互残杀的惨事。齐景公听明白孔子的意思后，他当然会由衷地表扬赞赏。然而，齐景公并不是一个明君，他贪婪任性，根本没有想到首先要端正自己的所作所为。而孔子的政治理念恰好是："为政以德，譬如北辰，居其所而众星共之。"（2.1）这首先是对君主提出的要求，在孔子看来，只有君主有德，才能像北极星那样成为国家的核心。可惜齐景公并不是这样的君主，他死之后，孔子对他的评语是："齐景公有马千驷，死之日，民无德而称焉。"（16.12）齐景公喜欢良驹，他敛财无数，虽然拥有数千匹好马为己所用，但老百姓却不认可他，不认为他是一个有德之君。尽管如此，齐景公还是很欣赏孔子，想要把一块地方封给孔子，让孔子留在齐国做大臣。然而，命运却在孔子即将时来运转之时给他开了一个玩笑。

齐景公虽然昏聩，但他却有一个著名的大臣，这就是晏婴。听说齐景公想重用孔子，晏婴出面劝阻，并说了孔子一大堆"坏话"。晏婴对齐景公说，孔子那样的儒家学者过于崇尚繁复的周礼，周王朝早已衰落，他却不知道与时俱进，还梦想恢复周礼。晏婴劝告齐景公说，孔子的这种想法不合齐国的国情，留下孔子于齐国不利。晏婴对齐景公有相当大的影响，立刻就把孔子留在齐国的事搅黄了。如果你认为晏婴是一个小人，仅仅是出于嫉妒孔子才这样做，那就大错特错了。事实上，晏婴就像前面提到的郑国的子产一样，是著名的贤臣。要是没有晏婴的辅佐，昏聩贪婪的齐景公还不知道要把国家糟蹋成什么样子。有一次，齐景公一匹心爱的马突然死了，他大怒之下要杀掉养马的人，还要把他肢解掉。眼看养马的人就要惨死，晏婴走到齐景公面前，冷冷地问道，肢解人总要有方法，请问君上，尧舜若要肢解人的话，他们会从什么地方动手呢？齐景公有个特点，他虽然德性不怎么样，但却很有虚荣之心，一心想当仁君。齐景公听晏婴这么一说，立刻就明白这话是什么意思了。尧和舜是古代有名的圣人君主，他们怎么可能为一点小事就杀人呢，更别说以那么残忍的手段杀人了。晏婴就以这种方式救下了那个可怜的马夫。

　　尽管晏婴对齐景公说话直率，但他在朝廷之外总是尽力维护齐景公的名声，在外交场合更是不遗余力维护齐国的利益。有一次，晏婴到楚国去进行外交斡旋，楚国君臣知道齐国有求于楚，就想办法设局羞辱晏婴，想以这种方式占得外交上的有利位置。晏婴身材特别矮小，与孔子的大个子形成鲜明的对比。楚国人居然在有大门的墙上挖了一个洞，要让晏婴钻洞而入。没想到晏婴对楚国人说，如果楚国是狗的国家，我就钻这个狗洞。楚国当然不能承认自己是狗国，于是计谋失败反而自招羞辱。等见了楚王之后，按外交礼仪吃饭喝酒。没想到楚国人又耍奸，将一个人绑到了楚王面前。楚王假装问，这是什么人呀？办差的人就配合说，这是偷东西的齐国人，正好被抓住。楚王于是故意问晏婴，齐国人都很爱偷东西吗？晏婴立刻知道这又是一个圈套。但晏婴是个有急智的人，他不紧不慢站起来说了这样一番话。晏婴说，淮南的柑橘又大又甜，但种到淮北就只能结出又小又苦的枳。同样的道理，齐国人在齐国都是知礼懂法的，但到楚国就做起盗贼了，可见都是环境使然。楚王自知理亏，自讨没趣，只好尴尬地向晏婴赔笑脸。

这就是著名成语"南橘北枳"的来历。那么问题来了，像晏婴这样既仁慈又智慧的人，怎么可能劝阻齐景公，不让他重用孔子呢？

《论语》中记录了孔子对晏婴的一句评价："晏平仲善与人交，久而敬之。"（5.16）晏平仲就是晏婴，这句话有两种解读。第一种解读说，晏婴善与人打交道，与对方打交道久了也不改对对方的恭敬。但这种解读就感觉晏婴是一位好好先生，违背了"唯仁者能好人，能恶人"（4.3）的标准。第二种解读说，晏婴善于与人打交道，接触得久了就会发现他令人尊敬。句中的"善"肯定不是"长袖善舞"的意思，是在强调晏婴的真诚待人，能够把握人性的特点，因此也善于与人打交道。从晏婴劝阻齐景公肢解马夫的事例中，就可以看出他既有"善良"之善，也有"善于"之善。既然晏婴的为人是善良且坦荡的，他劝阻齐景公不要任用孔子就一定有别的原因。

确实，齐鲁两国虽为近邻，但治国理念却有很大的不同。西周初建时，周公的封地在鲁，周王朝有功之臣姜尚的封地在齐。周公因忙于王室朝政，派自己的儿子伯禽到鲁地建国。三年之后，伯禽才回到周王朝首都向主政的周公报道。周公问伯禽为何建国要用这么长时间，伯禽的回答是，我要用周礼改变鲁地的风俗，所以要花这么多时间。可是，去齐地的姜尚五个月就回来报告了。周公问姜尚为什么这么快国就建成了，姜尚的回答是，我没有完全照搬周礼，有些事情能简就简，因地制宜是建国的原则。于是周公感叹说，看来以后鲁国要臣服于齐国啊，因为只有政令简易，人民才愿意归附。

果然，随着周王室控制力的减弱，各诸侯国自行其是以后，齐国越来越强大，鲁国时常会遭受齐国的欺凌。正因为两国的建国理念有差别，周礼在鲁国保存得更好，这也是孔子深受礼的熏陶且少而好礼的原因。

有了这个背景，就不难理解，为何晏婴要劝齐景公不要重用孔子了。比孔子长一辈的晏婴当时已经是六十出头的人了，他当然知道孔子的能力和优点。但晏婴肯定担心，一旦齐景公重用孔子，在他去世之后，齐的治国方略将被改变。晏婴的判断是，孔子本来就有恢复周礼的想法，在崇尚实用的齐国实行这套国策，并不适合齐国的国情，他认为这样会削弱齐国的实力。可见，晏婴与孔子之争，实在不是个人恩怨，而正好应验了"其争也君子"（3.7）这句话。

因为晏婴的阻挠，齐景公决定不重用孔子。齐景公本来就不是一个明君，但他又好面子，于是开始敷衍孔子。孔子何等聪明，知道在齐国从政是无指望了。正好鲁国的局势有所缓解，孔子于是回到了鲁国。

孔子回到鲁国时大约三十七岁，此后十几年的时间，潜心教书育人，直到"五十而知天命"的年龄。"知天命"在这里的含义是：孔子对自己的特殊使命和文化担当有了非常清楚的意识。孔子以复兴周礼和恢复天下秩序为己任，而他的办法是尽可能培养更多的有德之人。在这十几年中，孔子对礼乐有了更深的研究，他这样总结了礼乐制度背后的道理——"人而不仁，如礼何？人而不仁，如乐何？"（3.3）

孔子将内在的仁与外在的礼乐统一在一起，实际上是在揭示礼乐制度扎根于人性的合理根据。这种解读是相当创新的，可能周公在制礼作乐时也没有这样清晰的认识。

在孔子看来，人是有各种差异的，有男女老幼之别，有君臣父子之别。有身份差异和对身份差异的确立和正名，才有人类社会，否则人与禽兽就没有什么区别。要做到这一点，就要用礼来区分，这就是所谓的"礼别异"。可是，尽管有身份差异，但人们毕竟生活在同一片蓝天下，需要在承认身份差异的前提下一起合作，需要身份各异的人彼此具有共情能力，能够相互理解。这种能力的培养和提升离不开音乐和诗歌，这就是所谓的"乐合同"。这是孔子心中的理想社会：有相互分工，又有彼此合作，礼乐为主，刑法为辅。

孔子很清楚礼乐和刑法的区别，他希望社会总体上基于礼乐而运行，刑法最多用来震慑和惩罚少数坏人。《论语》记载了孔子论"政"的一段名言——"道之以政，齐之以刑，民免而无耻；道之以德，齐之以礼，有耻且格。"（2.3）句中的"道"指治理，"政"指政令，"格"是指内心认同。孔子的意思是，仅仅依靠政令和刑法来治理，民众就会只求免于惩罚，从而变得没有羞耻之心；如果依靠道德教化和礼乐来治理，民众不仅有羞耻之心，而且还会对这种治理方式有认同感。在这十几年间，孔子对政治的理解越来越深刻，而他也一直盼望能够有施展政治抱负的机会。但等到真有人来邀请孔子从政时，他却拒绝了。

第十章

风行草偃

　　孔子想要从政但又迟迟没有行动的原因是，鲁国的政治环境非常不好，离孔子的政治理想越来越远。那个"八佾舞于庭"的季平子死了之后，他的儿子季桓子继承了家族首领的地位。但是季氏的家臣阳虎趁季桓子年幼，全面把持了季氏的大权，并通过季氏的影响力成为鲁国的第一权臣。孔子与阳虎是一对老冤家，阳虎虽是一个权欲熏心的小人，但绝对是一位能力非凡之人。阳虎这种政治人物有很敏锐的嗅觉，又具有很强的行动力和灵活性。他知道孔子目前的社会威望很高，是可以利用的政治资源，于是想吸引孔子从政。

　　《论语》有一段很有意思的文字，记录了阳虎与孔子的一次交往。阳虎想见孔子，孔子总是不见他。于是阳虎想了一个办法，送了一只蒸熟的小猪给孔子。按当时的礼节，位高权重的人送了礼，如果受赠

者没有当面接受，就应该去回拜。阳虎当然知道，孔子是不愿背负违礼的名声的。确实，孔子既不想见阳虎，又不愿意违礼，于是他想了一个聪明的办法。孔子趁阳虎不在家的时候，前去还礼，这样就既见不到阳虎，又不违礼，可谓两全其美。看来圣人也有耍小聪明的时候。然而，论小聪明的本领，孔子是远远不及阳虎的。果不其然，孔子在去阳虎家的路上，偶遇了阳虎。孔子以为的"偶遇"一定是阳虎安排好的，他上了阳虎的当。

阳虎那时的派头很大。等孔子走近了，他趾高气扬地对孔子说，你过来，我同你讲话。我们可以想象那是怎样的一个场景。阳虎坐在华丽的马车上，孔子则坐在寒碜的牛车上。孔子这时想离开已经不可能了，只得硬着头皮走过去。阳虎问孔子："怀其宝而迷其邦，可谓仁乎？"（17.1）阳虎的意思是，你把自己的本领藏起来而任自己的国家处于迷困之中，这能算是仁吗？好厉害的阳虎，他用孔子熟悉的话去套孔子的态度。孔子只好说：不能算是仁。阳虎又进一步紧逼，他问孔子："好从事而亟失时，可谓知乎？"（17.1）阳虎的意思是，你想要从政而屡次错失机会，这能算是智吗？孔子又只好说：不能算是智。

仁、智、勇，是孔子非常看重的君子的三种德性。据《论语》记载，有一次孔子对弟子们说："君子道者三，我无能焉：仁者不忧，知者不惑，勇者不惧。"（14.30）句中的"知"通"智"。孔子谦虚地说，仁、智、勇这三点他都没有达到。聪明的子贡立刻补充说：那是老师在说他自己的追求啊。还有一次，关于智和仁，孔子说了一句很优美的话："知者乐水，仁者乐山；知者动，仁者静；知者乐，仁者寿。"（6.21）不知道这些话是不是阳虎也听到过，反正他用孔子熟悉和主张的东西向孔子提问，确实是很厉害。

　　然而孔子自始至终都很被动，阳虎问什么，他就答什么，一副唯唯诺诺的样子。孔子既不说谎，也不主动，可能在回答阳虎的话时眼睛还一直下垂，看起来特别恭敬对方。处于权势巅峰的阳虎倒是觉得有些出乎意料。阳虎本来是想引孔子说出不出来做官的理由。如果孔子要做官的条件，阳虎肯定会一口答应。如果孔子说他看不惯"陪臣执国命"这种僭越的情况，势必得罪阳虎，说不定会遭到对方的羞辱。所以，孔子唯一合理的选择就是唯唯诺诺。阳虎看孔子态度这么端正，晓之以理无济于事，就动之以情地说："日月逝矣，岁不我与。"（17.1）当时孔子接近五十岁，阳虎还要大几岁。阳虎的潜台词是，你孔丘年龄也不小了啊，再不出来干点事，以后就干不动了。孔子只得态度端正地说，好的，我会去做官的。这显然是敷衍之辞。

　　《论语》没有记载这以后阳虎与孔子之间还有什么互动，反正这一次孔子是蒙混过关了。在小聪明上，阳虎最开始占了上风，但论智慧还是要看孔子的。《论语》中孔子对卫国大夫宁武子有这么一段评论："宁武子，邦有道，则知；邦无道，则愚。其知可及也，其愚不可及也。"（5.20）孔子说，宁武子这个人啊，国家有道时就聪明，国家无道时就装傻，他那聪明，别人赶得上；那装傻，别人就赶不上了。在《论语》中，凡是孔子所称赞的，都是他本人追求的，这就是所谓的"见贤思齐焉，见不贤而内自省也。"（4.17）孔子面见阳虎的那种愚态，实际上是标准的大智若愚，很可能受益于十几年前他拜访过的老子。

　　物极必反。阳虎权势遮天，但仍不满足，他感到了来自季桓子的威胁。毕竟，长期被自己的家臣摆弄，任谁都不会高兴，就像当年的鲁桓公不可能对"三桓"长期弄权视而不见。阳虎决定先下手为强，杀掉季桓子。没想到阴差阳错，季桓子在几乎死定了的情况下居然跑掉了，还联合"三桓"中的另外两家来攻打阳虎。阳虎于是想绑架鲁定公，准备挟持国君与"三桓"对抗，但最终失败了，不得已逃到了齐国。在阳虎执政期间，他实际上笼络了"三桓"中不少的家臣，有些是处于权力外围而又有野心的各家的同姓贵族。阳虎出逃之后，权力重新回到了"三桓"的主子手里，但家臣们的势力仍然很大。为了对付这些家臣，季桓子想到了孔子，为孔子在鲁国出仕创造了条件。

阳虎倒台之后，孔子扫除了从政的心理障碍。他先是出任了中都宰，即"中都"那个地方的长官。只一年的工夫，孔子就把这个地方治理得非常好，路不拾遗，民风纯良。鲁定公听说孔子把中都治理得很好，召见了他。鲁定公问孔子，能不能用你治理中都的办法去治理鲁国呢？孔子信心十足地回答说，用这套办法都可治理天下了，何况一个鲁国呢。这套办法就是孔子"为政以德"的德治思想。关于德，《论语》中记载了孔子这样一句名言："君子之德风，小人之德草。草上之风必偃。"（12.19）意思是，在上位的人的德性好比风，在下位的人的德性好比草，风往哪个方向吹，草就会往哪个方向倒。

当然了，不仅在上位的人要有德，还要辅之以礼乐，以建立起百姓与政府的相互信任。有一次子贡问孔子怎样治理政事，孔子回答说，只需要把握三点就够了，那就是，粮食要充足，军备要充分，百姓与政府要相互信任。子贡又问，如果不得不去掉一项，去掉哪一项呢？孔子说，去掉军备。子贡又追问，如果不得不再去掉一项，怎么办呢？孔子的回答是，那就只保留信用吧，然后补充说："自古皆有死，民无信不立。"（12.7）孔子的意思是，如果没有彼此的信任，国家一定会混乱，一样会民不聊生。如果有信，即使是死，也死得有尊严。孔子的这些观念，与他关于"正名"的思想是一脉相承的。孔子对政事的总结是，从政者首先要有德，然后才能够去纠正偏离礼义的东西。

因为政绩突出，孔子从中都宰的位置上先被提拔为小司空，成了大司空的助手。这个阶段，孔子协助管理全国水利和建筑工程，协助负责国家级别的祭祀，还要指导百姓种植和渔牧等生产活动。因为政绩仍然很好，孔子又被提拔为大司寇，相当于司法和公安部部长，位同卿大夫，是身份最高的大臣。孔子出身贫寒，能够提升到卿大夫那样的高位，在当时相当罕见。孔子当上大司寇以后，奸邪之人纷纷回避，知道再像以前那样行事会遭到严惩。

在那个时代，礼法并重，有些礼带有法的性质，不像现代社会礼与法是分离的。那个时候各国多采用严刑峻法，一旦违背法令，轻则断手断脚，重则身首异处。"苛政猛于虎"这个成语就反映了当时的政令和刑法之严苛。据说孔子与子路有一次路过泰山的脚下，听见一位老妇人很伤心地哭。子路打探之后告诉孔子，老妇人的丈夫、丈夫的父亲和她的儿子，都被附近的老虎咬死了。孔子很奇怪，问老妇人为何不搬离此处。得到的回答居然是，这里没有苛政。这个故事听起来有些夸张，但却真实地反映了当时统治者对百姓的严酷统治。

尽管孔子当了大司寇，但却历来主张仁政、德治和礼治，不赞同"道之以政，齐之以刑"（2.3）。孔子曾说过这样的话：

"听讼，吾犹人也。必也使无讼乎！"（12.13）"讼"就是指诉讼案件，"听讼"就是审理案件。孔子的意思是，就审理案件而言，关键在于要根据证据和刑法条款来执法，他能做到，别人也能做到。但孔子强调，要能想办法做到没有诉讼案件才好。因此，孔子这个大司寇的一个重要职能就在于事前的调解，而不是消极地等待坏事发展到了不可收拾的地步再对当事人予以刑罚。

《论语》中记载了孔子这样一句话："不教而杀谓之虐，不戒视成谓之暴。"（20.2）意思是，不加教化而加以刑杀就是虐待，不予告诫而要求做到就是暴政。孔子这种仁政和人道精神深深地影响了他的学生。曾参是孔子晚年收的一位著名学生，以仁厚著称。孔子去世后，曾参的一位学生被任命为审理犯人的官员，来向老师请教。曾参告诉他："上失其道，民散久矣。如得其情，则哀矜而勿喜。"（19.19）曾参的意思是，在上位的人离开了正道，民心早就涣散了；如果有人犯罪并且你弄清了犯罪的真实原因，应该怜悯同情他们才对，而不要沾沾自喜。寇本是民，大多数情况下是被猛如虎的苛政逼迫成为寇。想必孔子在大司寇位置上也是这样的，即使必须秉公执法，也心存仁念，尽可能减少刑法的使用频率。

孔子在大司寇的位置上政绩斐然，使鲁国政坛发生了积极的变化。因为孔子的作用，鲁国有变得强大的迹象，引起了邻国齐国的不安。此时晏婴已经去世①，没有这位贤臣的辅佐，齐景公变得越发昏聩。齐景公在一位大臣的唆使下，决定以改善齐鲁两国关系为由举行一次国君之间的会晤。齐强鲁弱，强

---

① 《史记》记载此次会晤是晏婴陪同齐景公，但《左传》记载没有晏婴。按晏婴与夹谷之会的时间来算，那时晏婴已经去世。

邻提出来举行国君之间的会晤，鲁国不便拒绝。此外，鲁国长期处于齐晋两个强国之间，此时的政治环境也需要更亲近齐国，两国于是决定订立盟约。会晤被齐国安排在一个叫"夹谷"的地方，靠近鲁国但却处于齐国境内，显然不利于鲁国。会晤之前，鲁定公决定由孔子担任礼相，全面负责此次会晤的外交礼仪。孔子责任重大，他提醒鲁定公，文事需有武备，坚持增强护送的军队。

为了这次会晤，齐国人在夹谷建了一个高台，专供两国国君面对面交流。这么重大的外交盛会是有明确的礼仪程序的，而且事先得到了两国礼相的认可。可齐国人在双方君主登台之后，突然改变礼仪程序，让一批被征服的土著人来表演助兴。这批土著打扮奇特，手持各种武器，嘴里念念有词，大喊大叫就往会晤台上冲来，直奔鲁定公而去。鲁定公见此情形，吓得目瞪口呆。就在这紧要关头，只见孔子从台下飞奔而上，边跑边呼喊鲁国将士紧急护驾。

齐国人一直以为孔子只懂礼仪，文质彬彬的，才出了这么一个馊主意吓唬鲁定公，想借此签订有利于齐国的不平等条约。没有想到在这紧要关头，孔子一改往日尊礼重礼的形象，大吼一声，吼出了父亲孔纥的英雄气势。孔子本来个子就高，众目睽睽之下，长袍飘飘，大步流星，抢在土著人之前登台而上。还没等齐景公反应过来，孔子已经用身体护住了鲁定公。孔子的气势一下子镇住了那帮土著人，使他们不敢上台。孔子向齐景公怒目而视，责问对方为何这般失义无礼，难道不怕人神共愤遭受天谴吗？此时的孔子，正应验了他自己的话："仁者不忧，知者不惑，勇者不惧。"（9.28）

齐景公自知理亏，命土著人离开，但盟约还得继续。齐国人分明看到了一个英勇无畏的孔子，但还不改变他们的既定策略，居然在盟书上擅自附加了一个条款。这个条款说，齐鲁盟约以齐为主，鲁国需派军队跟随齐国对他国的征伐，否则就要因违背盟约而受到惩罚。形势本来就是齐强鲁弱，盟约就是要确立齐国的领导地位，但齐国人这么不讲国与国之间的相互尊重，作为礼相的孔子为了鲁国的尊严，立刻予以还击。孔子强调，如果齐国不归还过去占领鲁国的地方，还要鲁国派兵，也要受到违约的惩罚。面对齐国的咄咄逼人，孔子寸步不让，齐国只好签订了盟约。双方国君分手之后，齐景公恼恨交加。齐景公本来就好虚荣，也觉得自己理亏在先，在一位大臣的劝慰下，还真把占领的地方还给了鲁国。夹谷之会可以说是孔子以一己之力对付一个强国的胜利，他的忠诚、智慧和勇气赢得了国人极大的尊重，在鲁国政坛的影响力更大了。

回国之后，孔子再次得到提拔，以大司寇的身份"行摄相事"，与季桓子一同处理国政。与此同时，子路也受到了重用，取代阳虎成为季氏家的总管家。这时的孔子，达到了他政治生涯的巅峰，有了国君的信任，也有了相当的实权。孔子于是筹划着在鲁国实现他的政治理想，那就是为君臣正名，使君像君，臣像臣。但是，阳虎事件之后，此时的鲁国又回到了"三桓"当政的轨道上。孔子虽凭借自己的努力走上了政治高位，但他毕竟出身于"士"，不可能像"三桓"那样的世袭贵族拥有盘根错节的社会资源和深厚的政治根基。

孔子只得待机而行，不久还真等到了一个机会。原来，阳虎失败出逃以后，他的一些旧盟友，也就是"三桓"的一些家臣，仍然在各个地方主政。其中，叔孙氏家的一个家臣叛乱，占据一个城市拥兵自重，他的主子派军围剿，几次攻打都不能取胜。当这次叛乱最终平息之后，"三桓"愈发意识到，必须进一步削弱家臣的势力。因为阳虎曾经试图劫持鲁定公，所以这次国君和臣子站到了一起，决心共同铲除那些权力过大而危险的家臣。孔子趁机提出了"堕三都"的想法。"三都"指三个邑，孔子援引古制，建议把这三个邑的城墙拆了，这样可以防止家臣的叛乱，还可以清除阳虎的残余影响。这三个邑分别归属于"三桓"，季孙氏和叔孙氏都同意，孟孙氏也不反对。

"堕三都"的事业一波三折，刚开始的时候，拆除叔孙氏的郈邑城墙很顺利；要拆除季孙氏的费邑城墙时，却遭到了费邑首领公山不狃的反抗。这个公山不狃就是《论语》"阳货篇"里的公山弗扰，他曾经是阳虎的人，名义上也是季氏的家臣，但长期盘踞在费邑。这个公山不狃就像阳虎一样，也是个狠角色，当他感觉到威胁的时候，决心先发制人。公山不狃率兵突袭了鲁国国都曲阜。由于鲁定公和"三桓"都没有防备，他们居然被公山不狃逼到了季氏家中。鲁国的君臣十分狼狈，他们只好凭借季氏家的防守工事顽强抵抗，等待援军。公山不狃孤注一掷，决定强攻，有的箭已经射到了鲁定公的身边，情况十分危急。好在关键时刻，孔子命人率军赶到击溃了叛军。

《论语》中有一段话，记录了公山不狃与孔子之间的瓜葛①。这段话说，公山不狃以费邑为根据地反叛了，他派人来

---

① 公山弗扰以费畔，召，子欲往。子路不悦，曰："末之也已，何必公山氏之之也？"子曰："夫召我者，而岂徒哉？如有用我者，吾其为东周乎？"（《论语》，17.5）

召见孔子去做官，孔子准备去。没想到子路听说了，很不高兴地对孔子说，没有地方去就算了，为什么一定要到公山不狃那里去呢？孔子对子路说，他来召我，难道只是说说而已吗，说不定我能在东方复兴周道呢！这段话没有标注时间，但很可能说的是孔子在鲁国正式从政之前，也就是孔子任中都宰之前。

那个时候，孔子拒绝了阳虎邀其从政的想法，但为什么想要到与阳虎关系很好，也同样是叛乱家臣的公山不狃那里去呢？也许公山不狃的为人与阳虎有区别，也许公山不狃是打着复兴鲁国公室的旗号反叛的。总之子路的劝阻成功了，孔子没有去。从这段对话中可以看出，即使孔子想去，也是想复兴周道恢复周礼，而不仅仅是为了自己有从政的机会。不过，从这件事情可以看出，作为理想主义者的孔子有较为天真的一面。孔子想尽一切办法实现自己的政治理想，也意味着，他在政治权谋上比不上更加老辣的政治人物。"堕三都"最后的失败，就是佐证。

"堕三都"的最后一个目标是成邑。成邑归属于孟孙氏，成邑的首领公敛处父是孟孙氏的家臣，但却非常忠于当时的族长孟懿子。这个孟懿子曾受父命向孔子学礼，也算是孔子的学生。公敛处父在平叛阳虎事件中有功，深得孟懿子的器重。公敛处父从公私两方面提醒孟懿子，一定要阻止孔子拆毁成邑的城墙。从公的方面讲，虽然齐鲁两国现在关系不错，但如果拆除了成邑的城墙，一旦齐军南下，鲁国北部将无法防守。从私的方面讲，一旦成邑城墙被拆除了，如果孔子怂恿国君在都城做不利于"三桓"的事，孟孙氏连个退守的地方也没有了。公敛处父的话击中了孟懿子的痛处，特别是私方面的理由，让他猛然惊醒。毕竟孟懿子当过孔子的学生，知道老师的最终政治理想是恢复周礼，落实到鲁国那就首先会支持国君收回国政，这从根本上与"三桓"的利益相冲突。孟懿子耳旁仿佛响起了二十年前孔子指责季氏的声音——是可忍，孰不可忍也！这个声音反复在孟懿子耳旁回荡，促使他在家族利益与老师的理想之间，做出了最终选择。

假设孔子审时度势，在拆毁了前两个邑的城墙后冷静分析形势，也许应该采取缓兵之计，先巩固既有的成果，再做进一步的图谋。毕竟"三桓"盘踞鲁国政坛已经逾两百年，这种毕其功于一役的策略实在是太有点激进冒险了。但这几乎是所有理想主义者的通病，不能过于苛责孔子。真正能够把理想主义的价值观和现实主义的谋略完美融为一身的政治家，毕竟是极少数人，也许前面提到的子产和晏婴或可堪称这样的人物。

我们必须清楚，孔子之所以被后世尊为圣人，并不是因为他的政治成就。恰好相反，孔子在政治上是个悲剧人物，而悲剧就始于"堕三都"的失败。孟懿子下定决心之后，采取了两个手段瓦解孔子的图谋。他一方面坚决支持公敛处父的抵抗，让公敛处父放手一搏。另一方面，他将孔子的图谋与其他两家进行了沟通，也警醒了季孙氏和叔孙氏。特别是季桓子，哪能不知道孔子当年的"是可忍，孰不可忍"就是针对他父亲的呢。就这样，"三桓"联手了，尽管鲁定公坚决支持孔子，但他毕竟是个虚君，"堕三都"的事业终于以失败而告终。

孔子的"阴谋"被"三桓"识破之后，他在政治上就开始失势。即使鲁定公想要倚重孔子，没有"三桓"的支持，也是绝无可能的。作为代理国相的孔子，应该辅佐季桓子一起执政。可是，季桓子对孔子的态度，已经发生了极大的转变，他开始疏远冷淡孔子。没有季桓子的支持，孔子在政治上就不可能再有作为。恰逢这时，齐国为了削弱鲁国，为鲁定公和季桓子送来很多美女和良马，想他们沉溺于享乐而耽误政事。果然，季桓子非常喜欢能歌善舞的齐女，连续几天都不理政事。孔子觉得季桓子太过分了，他既失望又失落。

其实季桓子是有意这样做的，他是在以这种方式向孔子传递信号，想逼他离开鲁国。毕竟孔子在鲁国的名望非常高，他们不能公然问罪于孔子，最好的办法就是冷暴力，让孔子感到既无能为力也没有尊严。果然，冷暴力起了作用，孔子终于萌生了离开鲁国的念头。但孔子却在等待一件事情，他想看看鲁国的郊祭大典是否还想得起他。令孔子非常寒心的是，郊祭大典不仅没有邀请他这个卿大夫参加，而且连祭神之后的祭肉都没有给他送一块来。这当然是非常失礼和过分的，一生重礼的孔子知道鲁国再也不需要他了。

第十一章
周游列国

　　此次离开鲁国，孔子已经五十五岁了。相比二十年前离开鲁国，孔子的心境大不一样。那时的孔子虽然没有从政，但人生处于上坡路，正是意气风发的时候。此时的孔子已经过了知天命的年龄，突然从政治高位跌落下来，这种滋味别提多落寞了。好在有一众弟子跟随，路途还不算孤独。这些弟子过去因为孔子的政治影响而受到"三桓"的重用，现在却因为孔子在政治上失势而受到牵连。孔子师生分乘数辆马车向西而去，目的地是卫国。

　　至于为何孔子要到卫国去，有两个说法。一是因为子路有亲戚在卫国做官，可以将孔子引荐给国君卫灵公。二是因为孔子说过"鲁卫之政，兄弟也"（13.7），强调鲁卫两国的政治传统有相似的地方。西周初年，鲁国是周公的封地，卫国是康叔的封地，周公与康叔是同母兄弟，感情也很好。但这已经是几百年前的事了，看看鲁国都成什么样子了，孔子对卫国也不应寄太大的希望。但孔子是一个天性乐观的人，他与弟子离开鲁国不久，心中的阴霾就减轻了很多。卫国离鲁国不远，两国国都仅相距几百里路。即使慢慢地走，也只需要几天时间。

孔子师生一行沿泰山南侧而行。这一路虽然春寒料峭，却有万物复苏的迹象。师生们走走停停，希望大自然的风声和气息能够抚慰他们疲惫的心灵。每当遇见大河小溪，孔子都会在岸边驻足良久，偶尔发出"逝者如斯夫，不舍昼夜"（9.16）的感慨。又清又凉的水从眼前流过，孔子很困惑为何时光会像流走的水那样，再也回不来了。意兴阑珊时，孔子难免感慨岁月蹉跎，不知余生归向何方。

夕阳残照，远山如黛，几家农户炊烟袅袅。孔子静静地欣赏着眼前的风光，不禁想起去年与弟子们的一次对话。有一天，孔子公务繁忙之余召集几个弟子各言其志。子路抢先说，他可以去治理有兵车一千辆的国家，他花三年就能治理好，使百姓既勇敢又懂礼义。孔子听了，只是笑了笑，没有说话。另一位弟子名叫冉求，很有从政的才干，他看孔子对子路的话不置可否，回答就比子路谦虚多了。冉求说，有一个国土纵横数十里的小国，他可以用三年时间让百姓丰衣足食，至于礼乐教化，就要等到更有能力的人来施行了。孔子还是没有回应。然后轮到还是一个少年的公西华说话了，他说，自己想要学习宗庙祭祀或诸侯会盟的礼仪，以后想做一个赞礼的小相。孔子看了看公西华，也没有说话，但也许看到了自己少年时代的影子。

孔子又问当时在场的最后一位弟子曾点，问他有什么志

向。曾点正在弹琴，他放慢曲调，"铿"的一声，停住了琴声。曾点于是说了一段很美的话："莫春者，春服既成。冠者五六人，童子六七人，浴乎沂，风乎舞雩，咏而归。"（11.25）听到这里，孔子禁不住长叹一声。弟子们不知道孔子的长叹意味着什么，只听老师说，这个想法多好啊，他也想走入这个诗意的画面。

这不很快就要到暮春三月了吗，孔子怔怔地想。然而曾点描绘的那个自在潇洒的画面，居然就这样远去了。那时孔子还处于政坛高位，正是大展宏图之际，日夜操劳，时不我待。那一声长叹既有向往之意，也有前途未卜之感。如今也是春天，只是暮春三月还未到来，只有零星的树枝发出了嫩芽，漆黑的大地还没披上绿装。这一队人马只有冠者不见童子，河里还飘浮着正在融化的冰，不可能游泳，没有祭天求雨的舞雩台可以去，更没有唱着歌往回走的地方。

孔子叹息了一声，鲁国是回不去了。孔子想，这也许是命运的捉弄，如果无法避免，那就在这难以预料的命运中做自己力所能及的事吧。他不是河里的冰块，不可能随波逐流，更不可能将自己和坚守的东西统统消融。大地是那样宁静，延伸向无穷无尽的远方，一阵急促的马蹄声将孔子从有些低沉的思绪中拉了出来。河对岸那几匹快马疾驰而去，扬起一片尘土，引得车队里一匹健硕的白马仰天长鸣，像是在呼唤远处的同类。孔子精神一振，他想，马都有同类，难道君子没有吗？孔子自言自语道，"德不孤，必有邻"（4.25），四海之内皆兄弟，道不行于鲁，安知不能行于天下？

几天以后，孔子一行抵达卫国的国都。虽然车马劳顿，号称兄弟之邦的异国风情仍然让孔子精神一振。看着川流不止的人群，孔子感慨道，这里人口真多啊。据相关研究，那时整个天下，也就是各主要诸侯国，加起来也只有两千万左右的人口。卫国并不是大国，所以人口富庶让孔子感到很惊喜。为孔子驾车的冉求问，对于这么多人口，能做什么呢？孔子回答道，帮助他们富起来。冉求又问，富了以后还要做什么呢？孔子的回答是：那就教育他们①。从这个对话中看得出，孔子已经从刚离开鲁国时的低落心情中恢复了过来，他说不定又开始憧憬如何从政行道了。此时的孔子，早已闻名于世，他曾是鲁国的卿大夫和代理国相，此次来到卫国，车马一行虽说不上排场，仍然免不了成为街谈巷议的主题。孔子师生初到卫国，寄居于子路那个当大夫的亲戚家里，没有多久，便得到了国君卫灵公的接见。

卫灵公是位很有争议的君主，幼年即位，在位长达四十年。《论语》记载了孔子对卫灵公的评论。孔子评论卫灵公时，已经是结束周游列国回到鲁国之后，那时，卫灵公已经去世。不知道什么原因，孔子在季氏的新族长季康子面前谈到卫灵公，说他是个无道的君主。季康子感到很奇怪，因为卫国虽小却一直保持着繁荣，就问孔子是为什么。孔子反问季康子，有三个良臣辅佐卫灵公从事外交、管理祭祀和统率军队，卫国怎么可能衰败呢？② 这段对话没有更多的语境信息，但很有意

---

① 子适卫，冉有仆。子曰："庶矣哉！"冉有曰："既庶矣，又何加焉？"曰："富之。"曰："既富矣，又何加焉？"曰："教之。"(《论语》，13.9）

② 子言卫灵公之无道也，康子曰："夫如是，奚而不丧？"孔子曰："仲叔圉治宾客，祝鮀治宗庙，王孙贾治军旅，夫如是，奚其丧？"(《论语》，14.20)

思。孔子在季康子面前说卫灵公无道，肯定是有什么原因的，也许孔子这样评论是为了针对季康子的某个行为或观点。而季康子显然不服，就问孔子为什么卫国不在卫灵公手上衰败。孔子只好说，因为卫灵公有三个贤能之臣。孔子是在用反问回答季康子的问题，反问既显得很强硬，有时也表现得不是那么理直气壮。确实，按照另外的一些文献记载①，孔子在别处却说，在他见过的君主中，卫灵公是最贤明的。

无论怎样，最开始卫灵公对孔子是不错的。卫灵公问孔子在鲁国的俸禄是多少，孔子说是"粟六万"，卫灵公眼睛眨都没有眨一下，就爽快地答应孔子在卫国也拿这么高的收入。"粟"是带壳的谷粒，"六万"是指当时的六万斗，这笔高收入可以养活上百人。但孔子并没有在卫国获得实权，他拿着这么高的年薪，渐渐地就有人开始说闲话。至于孔子为什么没有获得实权，通常的解释要么是奸臣当道，要么是国君无道。实际情况很可能是，卫灵公与孔子根本谈不拢。

卫灵公既需要花点小代价把孔子供奉起来，以彰显自己的仁义，但又不可能按照孔子那套理想去治国。在鲁国经历"堕三都"的失败之后，孔子反思的重点很可能不是策略上的得失。他也许会更坚定地认为，为政以德的政治理想需要以恢复周礼收拾人心为前提。孔子的政治理念无疑散发着人道的光辉，正因为如此，他的为政策略就可能既保守又激进。保守是指向往过去而恢复周礼，激进是指想要废除偏离礼的习俗或惯例。像卫灵公这样的政治人物，见惯了政客的阴谋阳谋，经历

---

① 参见《孔子家语》。

过血腥的战争谋杀，往往具有很强的现实感。理想与现实是一对矛盾，孔子是卫道至上，卫灵公则是生存优先。从卫灵公用人的艺术，就可知道他绝对是一个明白人。

据《论语》记载，有一次卫灵公向孔子请教军事问题①。孔子居然对卫灵公说：礼仪之事倒是听到过一些，用兵打仗的事没有学过。孔子本来是礼仪大师，但他居然说只是听到过一些，显然是对卫灵公的问题不耐烦。孔子也不缺英武的一面，而且在鲁国代理国相期间，也参与过一些军事或准军事行动，譬如夹谷之会和"堕三都"。但当卫灵公向孔子请教军事问题时，他却一口推诿说自己没有学过用兵打仗。显然，孔子与卫灵公是话不投机，而这源于他们两人价值观的冲突，正应了孔子自己说的"道不同，不相为谋"（15.39）。

事实上，站在卫灵公的角度，完全可以理解他对军事的重视。卫国夹在强大的晋国和齐国之间，南边不远处还有虎视眈眈的楚国。对卫灵公而言，如何用兵绝对是国之大事，整个国家的生死存亡，并不取决于礼仪是否更完备，而是取决于军事是否更强大。满怀期待的卫灵公居然在孔子那里碰了一个冷钉子，而且他还是出高薪的雇主，心里肯定相当不爽。孔子也很有意思，第二天就不辞而别了，带着弟子离开了卫国。这显然不是因为卫灵公或其他人要迫害孔子，而是他自己的选择。卫国不是行道之地，九州方圆，天开地阔，胸怀天下的孔子，必将继续负重前行。上面引用的《论语》中卫灵公与孔子的对话，没有时间背景，不知道是孔子第一次还是第二次离开卫

---

① 卫灵公问陈于孔子。孔子对曰："俎豆之事则尝闻之矣；军旅之事，未之学也。"明日遂行。（《论语》，15.1）

国。总之，孔子拿着"粟六万"的高薪，初次在卫国待了十个月，就离开了。

孔子一行的目的地是卫国南边的陈国。有一天，师生一行来到一个叫"匡"的地方。匡人一见孔子，立刻既紧张又愤怒。原来，匡人把孔子当成他的老冤家阳虎了。据说阳虎与孔子长得有点像，而自从投奔了晋国执政赵简子后，阳虎的才干又有了新的用武之地。阳虎派兵进攻过匡人所在的城市，此次孔子路过匡地，立刻被匡人包围了起来。

不清楚这场危机最终是怎么化解的，但孔子与一些弟子在冲突中失去联系了，可见相当危险。完全有可能，孔子在最危险的时候是这样高呼的："文王既没，文不在兹乎？天之将丧斯文也，后死者不得与于斯文也；天之未丧斯文也，匡人其如予何？"（9.5）孔子在周游列国期间，除了一直想找机会从政，他还有一个重要的任务就是收集散落在各地的古代文献资料。在孔子的车队中，一定有专车运载越来越多的竹简。

我们不妨想象，在最危急的时候，孔子亲自护着装载竹简的马车，高呼口号，其中包含着文王、天命等老百姓觉得既陌生又高级的字眼，匡人才意识到他们可能攻击错人了。也许正是孔子的举动救了他的命，匡人为了慎重起见，把孔子抓住关了五日，最后发现的确不是阳虎，才将他放了。孔子最喜欢的学生颜回也在这次冲突中走散了，几天以后师徒重逢时，孔子对颜回说，还以为他已经死了。没想到颜回居然对孔子说："子在，回何敢死？"（11.22）大难面前，更显师徒情真。

不知什么原因，孔子在匡地受了惊吓后，决定不去陈国而是径直回到了卫国。听说孔子要回来，卫灵公亲自出城来迎接，可见对孔子的敬重。卫国一个上了年纪的老贵族决定邀请孔子一行到他家暂住。《论语》里对此有所记载："蘧伯玉使人于孔子，孔子与之坐而问焉。曰：'夫子何为？'对曰：'夫子欲寡其过而未能也。'使者出，子曰：'使乎，使乎！'"（14.26）这应该是孔子在回到卫国帝丘之前的事。蘧伯玉的使者见到孔子，想邀请孔子一行到他家居住，孔子想了解对方是一个什么样的人。结果使者回复说，我们的主人啊，想不断减少自己的过失却还没有做到呢。孔子于是禁不住称赞，好一位使者，好一位使者！对使者的印象都这么好，孔子当然愿意去蘧伯玉家。《论语》还有一句话记录了孔子对蘧伯玉的直接评价："君子哉蘧伯玉！邦有道，则仕；邦无道，则可卷而怀之。"（15.6）句中的"卷而怀之"是指把自己的主张收藏在心里，类似于孔子对于自己的评价——"用之则行，舍之则藏"（7.10）。

回到卫国之后，孔子仍然没有当上官，但很可能还拿着"粟六万"的高薪。孔子遇到了一件尴尬的事，流传到老百姓的耳朵里就变成了一件风流的传闻。原来，卫灵公的夫人南子是宋人，她早听说过孔子的大名，又知道孔子的祖上是宋人，就派人来邀请孔子到宫中见面。孔子知道这位南子夫人貌美如花而且生性风流，去还是不去，变成了一个问题。去吧担心惹上流言蜚语，不去吧又说不过去。孔子只好硬着头皮走了一趟。

南子住在后宫，孔子要见南子，必然要穿过高墙美宅，难免内心忐忑步履维艰，可谓庭园深深深几许，花草醉人人无意。也许是慑于孔圣人的威名，南子还算讲礼，与孔子见面时隔着一层帷幕。但孔子还是能够闻到阵阵香气，听得见玉佩叮叮当当的声音。想想那个场景也是颇为有趣，南子是一个身在高位但却藐视礼法的女子，孔子则是一个战战兢兢如履薄冰的君子。南子对孔子充满了好奇，从才华到相貌，从身世到处境，而孔子则被动应对谨慎作答，唯恐不能全身而退。即使这样，孔子也感觉非常尴尬，《论语》是这样记载："子见南子，子路不说。夫子矢之曰：'予所否者，天厌之！天厌之！'"（6.26）因为见南子这件事，子路很不高兴，居然逼得孔老夫子对天发誓：如果我做了什么不正当的事，就让上天厌弃我吧，就让上天厌弃我吧！

南子的好奇心算是满足了，可孔子想要从政的愿望仍然无法满足。无事的时候，孔子就读书抚琴。有一次，孔子正在击打一种叫"磬"的乐器，陶醉于其中。没想到一个挑着草筐的人从门前走过，凝神听了一会儿，居然说，那个击磬的人有心事啊！然后这个人说了下面这番话——"鄙哉！硁硁乎！莫己知也，斯己而已矣。深则厉，浅则揭。"（14.42）这是个隐士高手，他不仅听出孔子有心事，而且还说这声音太刺耳，他自言自语道，没有人知道你，自己知道就行了啊！最后，这个隐士高手像是在启发孔子，说了一句"深则厉，浅则揭"。这句话出自《诗经》，意思是水深就用葫芦渡河，水浅就蹚水过河。这首诗本身就是卫地的歌谣，说的是一个女子在河的这一岸等她心爱的男子，让对方水深水浅都要过来，一来表示自己心急，二来要对方根据情况用正确的渡河方法。当隐士高手用到"深则厉，浅则揭"时，他实际上是在暗示孔子，不要那么心急，要审时度势。孔子听了这话大吃一惊，他停下击打的乐器，怔在了原地。隐士高手走了之后，孔子才回过神来，自言自语地说，那人太果决了，我真是无话可说了。

听出孔子心思的那人毕竟是个隐士高手，他尽可飘然而去，和光同尘，与孔子相忘于江湖。可孔子心中有天下，他想实现自己的社会理想，怎能不着急呢。《论语》中记载了孔子这样一句话，他说："苟有用我者，朞月而已可也，三年有成。"（13.10）此时的孔子仍然那么自信，他说只要给自己从政的机会，几个月就可以搞出个样子来，三年一定会有大的成效。孔子感觉自己被困在了卫国，就想到别的地方去施展自己的才华。孔子是真心急啊，居然有点饥不择食的感觉。

有一次，孔子受到了晋国执政赵简子的家臣佛肸的邀请，希望孔子到他那里去工作。这个佛肸就像当年鲁国的阳虎，反叛了自己的主子，当然是无视君臣之礼的。可即使这样，孔子也想去，子路听说后，直接拿孔子以前的话挤兑他。子路对孔子说，你以前亲口说的，君子是不会到做坏事的人那里去的。孔子没有办法否认，只好强词夺理地反问子路：难道你没听我说过坚硬的东西磨不坏，真正洁白的东西不怕污染的话吗？反问之后，孔子还不忘再反问一句："吾岂匏瓜也哉？焉能系而不食？"（17.7）这句话不再是强词夺理，而是孔子对子路掏心窝子的话：我难道是个不能吃的葫芦，难道只能挂在那里不给人吃吗？话都说到这个份上了，可见孔子是个什么心情。当然，也可见孔子与子路的关系，既亲密又能直言相谏，还能说心里话展示最真实的那一面。

子路阻止孔子去佛肸那里之后，孔子就想北渡黄河，干脆去赵简子那里。孔子当然不仅仅是为了找点事做，他是想说服这位晋国的最高执政者实行自己的政治理想。赵简子是晋国著名的"赵氏孤儿"赵武的孙子，是了不起的政治家和军事家。孔子去世二十多年后，发生了著名的"三家分晋"事件，标志着战国格局已不可逆转，历史进入了新的阶段。"三家"是指赵、魏、韩，当时的赵家首领就是赵简子的儿子赵襄子，也是一位了不起的政治家和军事家。站在国君公室的角度来看，晋国的遭遇比鲁国还要惨，因为鲁国的"三桓"还没有公然分国。然而站在历史进程的角度来看，晋国公室的衰弱已经无法挽回。在复杂的政治斗争和军事冲突中，唯有适者生存，背后的深刻原因已经不是礼义廉耻的价值观可以解释的了。

我们很难想象，若孔子真是北渡黄河，见到了赵简子，两人见面会有怎样的情况。但我们大致可以猜测，孔子的那一套仁政德治思想，听起来很好，但却无法像兵家和纵横家那样在生死存亡的纷繁局面中派上太大的用场。赵简子是比卫灵公厉害得多的政治人物，如果卫灵公都没有办法赋予孔子实权，赵简子就更不可能。孔子的冤家阳虎已经逃到了晋国，并在赵简子手下屡立战功，显然，赵简子需要的是能为己所用的能人。阳虎的不忠世人皆知，但赵简子仍然敢用他，而且把阳虎收拾得服服帖帖，可见此人的心胸和手段都非同寻常。当孔子到达黄河边上时，他听闻赵简子杀死了两个贤德之人，而这两人还曾经辅佐过赵简子。孔子知道赵简子与自己根本不是一类人，他面向滔滔黄河水仰天长叹。

要知道此时孔子的内心有多苦，可以看一看《论语》记载的子贡与孔子的一段对话。子贡与子路非常不一样，子路什么都直来直往，可以直接表达对孔子的不满。然而子贡却从来不冒犯自己的老师，他在搞不清楚孔子究竟怎么想的时候，喜欢借别的事来了解孔子的真实想法。子贡问，如果有一块上好的美玉，是应该把它放到柜子里藏起来呢，还是求一个好价钱把它卖掉呢？结果孔子毫不犹豫地说："沽之哉，沽之哉！我待贾者也。"（9.12）句中的"沽"就是"卖"的意思，"贾者"就是指买家。就像在与子路对话时用葫芦来比喻自己不能成为无用的人，在与子贡的对话中，孔子也很坦率，他不想成为只有观赏价值的美玉，他想要在这个乱世有所作为。孔子决定离开卫国，他要继续寻找既可以安身立命，又可以治国平天下的去处。孔子不知老之将至，他要继续漂泊，直至道之不行的尽头。

第十二章

道之不行

孔子离开卫国后，来到宋国。这是孔子先祖的邦国，他自然有一份特别的感情。然而，孔子在宋国却经历了比上次在匡地更危险的事情。宋国的大司马，相当于国防部长，名叫桓魋，是一位奢侈和想入非非的人。桓魋想为自己造一口石头的椁。当时的棺材有两层，内层叫棺，外层叫椁。这个桓魋想永垂不朽，叫人打造的这口石椁历时三年都没有完工。大概是石料用得好，坚硬不易敲凿，也因为桓魋很迷信，要把复杂的鬼神人物形象和相应的花纹刻上去。孔子本来就主张敬鬼神而远之，虽然重礼，但并不喜欢奢侈之风。孔子听说这事之后，就很不高兴，大概说了句"这么奢靡，干脆死后早点烂掉才好"之类的话，没想到传到了桓魋耳朵里。桓魋听到后当然是怒火中烧，气得不行，他决心报复孔子。

有一天，孔子师徒正在一棵大树下演习礼仪，桓魋气势汹汹带着手下的人赶了过来。桓魋的人为了逞威风，居然把那棵大树砍倒了。弟子们一看不好，护着老师就跑。孔子边跑边说："天生德于予，桓魋其如予何？"（7.22）意思是我孔丘是有天命在身的人，一个小小的桓魋能奈我何？尽管如此，跑还是要跑，而且还跑得很狼狈。为了逃避桓魋的追捕，孔子师徒只好把儒生的服装换成了老百姓的服装，混在人群中才侥幸逃脱。

孔子师徒逃出宋国，一路仓皇。在到达郑国的某个城邑时，孔子与弟子们走散了。弟子们到处寻找，终于有一人知道孔子的下落。那人对子贡说，在城的东门下看到一个人，这人额头像尧，脖子像皋陶，肩膀像子产，可是腰下比禹短三寸，那副样子真是狼狈极了，就像一条丧家之犬。郑国人提及的尧、皋陶、禹等人，都是远古的圣贤，没有人知道他们长什么样子。就是子产，也于差不多三十年前去世了，见过他的人也不多。可见那位郑国人知道子贡要找的人就是圣贤不离口的孔子，这才故意调侃他的。等子贡等人最终找到孔子的时候，把那个郑国人的话也如实转告了。没想到孔子听到有人说他是丧家犬，不仅不生气，还欣然笑道，说我像这个那个都不重要，但说我像丧家犬，说得很传神啊！真是一个豁达的孔子。

孔子没有在郑国立足，决定前往陈国。孔子在陈国住了三年左右，大概是找到了一个辅佐陈国君主的职位，但却没有什么突出的政绩。陈国毕竟是一个小国，北部紧挨郑国、宋国、卫国、曹国、鲁国等较小的邦国，再往北就是晋国和齐国两个大国，南邻强大的楚国，东要受到吴国的威胁，首先考虑的是如何在大国之间求得生存。孔子恢复周礼的理想，与国君的迫切需求实在是有点南辕北辙。

《论语》关于孔子在陈国的言行记录只有两条。有一天，陈国的司寇问孔子，鲁昭公是一个知礼的人吗？孔子回答说，是的，鲁昭公知礼。那个时候，鲁昭公早已经去世，但孔子一直念着鲁昭公对他的知遇之恩，就回答说知礼。没想到，这位司寇是位很较真的人，他对孔子的一位学生说，君子是不应该有偏私的，难道像孔子这样的君子还包庇别人的错误吗？原来，鲁昭公曾经娶过一位夫人是吴国人，而鲁国公室与吴国公室都是姬姓，按照周礼，是严禁通婚的。尽管这位吴国女子也姓姬，但鲁昭公执意要娶，还为她取名为吴孟子以掩人耳目。因此，陈国这位司寇就反问孔子的那位学生，如果鲁昭公都算知礼的话，还有谁不知礼呢？这位学生将司寇的话讲给孔子听了，结果孔子老老实实地说："丘也幸，苟有过，人必知之。"（7.30）孔子当然知道鲁昭公的事是违礼的，但在异国他乡，又不得不维护已故国君的颜面。当陈国的司寇指出孔子的错误时，他居然说自己是幸运的。看来，无论政治事业是否成功，孔子真是做到了闻过则喜。

那时的孔子，已经到了"六十而耳顺"的年龄。从政之路几乎没有起色，孔子更加思念自己的祖国了。孔子有一次感慨道："归与！归与！吾党之小子狂简，斐然成章，不知所以裁之。"（5.21）孔子连说了两次归去吧，他说鲁国的青年才俊既有志向又有才华，只是不知道如何约束自己。孔子的言下之意是，他想回鲁国从事教育工作了。也在这个时期，鲁国的季桓子得了重病，他临死之前对继位的季康子说，因为得罪了孔子，鲁国在他手里错失了振兴的机会。季桓子还对季康子交

代，要想在鲁国执政有成效，一定要想办法召回孔子。但季桓子死后，却有人劝阻季康子。理由是，当年季桓子使用孔子没有善始善终，结果被诸侯们耻笑，如果现在召回孔子不能好好使用，仍然会被诸侯们耻笑的。这话被季康子听进去了，估计他担心自己还年轻，驾驭不了学问大名气也大的老夫子。于是，年过花甲的孔子只得继续漂泊。

孔子在陈国大约待了三年，不得不辞行。那时的陈国倍受大国的欺凌，兵荒马乱，摇摇欲坠，孔子决定前往南边的蔡国。春秋初期，即使大国欺凌小国，也要受礼法和舆论的约束，灭国之事较少发生。可到了春秋末期，大量的小国被灭掉并被兼并进了大国。在孔子的时代，像陈、蔡这样的小国已几近垂死挣扎，奄奄一息了，不清楚孔子为什么要到弱小的蔡国。以礼乐去武装这样的弱国，无异于为即将被猛虎吃掉的羔羊梳妆打扮。也许孔子是想借道蔡国去强大的楚国，说不定他已经对中原地区的老牌诸侯失望了，想要到曾经被中原诸侯看不上眼的楚国去施展抱负。

孔子曾说过这样一句话："夷狄之有君，不如诸夏之亡也。"（3.5）夷狄是对异族的贬称，诸夏则是指夏商周三代以降中原地区处于同一个文化圈并具有类似礼乐制度的王室或诸侯国。孔子这句话听起来明显是轻视夷狄，说这些野蛮人的邦国即使有君主，都不如诸夏邦国没有君主。但这却不是孔子的种族歧视，最多只是文化歧视。确实，孔子对夏商周三代以来的文化发展很是认可，特别是西周，在孔子心目中更是文化发展的顶峰。后来周王朝逐渐衰落，春秋以来，礼崩乐坏愈演愈烈，弑君灭国见惯不惊。因此孔子的毕生理想就是恢复周礼，以文武之道经纬天下，救黎民百姓出水火，续礼乐文章于万世。

孔子的文化歧视当然有别于种族歧视。种族歧视是对外貌体征的歧视，这种观念一旦深入人心，要改变起来就很难，因为被歧视者的外在特征是无法改变的。可以说，种族歧视是刚性歧视，文化歧视是柔性歧视。正因为是柔性的，文化歧视就有很大的弹性。孔子更看重的是承载于礼乐文化中的王道和仁道，礼失都可以求诸野，为什么王道不可能在夷狄那里获得重生呢？在中原诸国走投无路的孔子，想借道蔡国去楚国就是可以理解的。不同于北方的老牌诸侯，楚国自建国之初就被看不起，被中原诸侯称作南蛮。在相当长一段时间内，楚国都不和中原诸国来往，而且楚君自封为王，有意与周王朝分庭抗礼。

大概在孔子出生前的半个世纪左右，楚国出了一位雄才大略的君主，那就是楚庄王。"问鼎中原"的成语讲的就是楚庄王的故事。楚庄王率军击败强大的晋国之后，一路北上，饮马黄河，觊觎中原。周王派使者去慰劳楚军，实际上是想打探楚庄王意欲何为。没想到楚庄王反过来直接向周使打探鼎的轻重。原来，在王都洛阳，铸有九个大铜鼎，象征对天下九州的管治权。那时，周王朝虽然在走下坡路，但作为天下诸侯的共主地位并没有改变。楚庄王直接打探鼎之轻重，可谓傲慢无礼之极。但周使很有气度，告诉楚庄王：王朝虽衰，天命未改，周得天下在德不在力。最后还反问一句，鼎之轻重岂是你楚王可以随便问的？

在孔子周游列国时期，正值楚昭王在位。楚昭王是一位贤明的君主，孔子对这位君主评价颇高。据说楚昭王在一次率军打仗时病倒了，有巫师说，天上有不利于楚王的凶兆，只有请求神灵把灾祸移到将士身上，楚王才好得起来。将士们于是请求巫师向神灵祷告，但却被楚昭王制止了。楚昭王说："我与将士们情同手足，怎么可以为了我的性命而牺牲他们的性命呢？"从楚庄王到楚昭王，已经过去了一百多年，从楚昭王的言行看，早已不是中原诸侯歧视的蛮夷了。事实上，楚昭王的忍辱负重和通情达理，远远超过了一些老牌诸侯国的君主。说不定在孔子的心中，已经把复兴周礼的希望，默默寄托在了问鼎中原的楚庄王的后代身上了。这既说明了时代的荒谬和孔子的无奈，也反映了他不折不挠的精神。

即使到蛮夷之地，只要能够复兴周礼仁道，孔子也无丝毫怨言。孔子有一次问弟子，如果君子失去了仁，还算是君子吗？这是一个反问句，答案是不言而喻的，孔子接着强调："君子无终食之间违仁，造次必于是，颠沛必于是。"（4.5）无论是仓皇之间，还是颠沛流离，君子都不会违背仁，这其实是对孔子自身处境的真实写照。孔子想要经过蔡国去楚国，很可能不被自己的弟子理解。有人就说，那些蛮夷之地啊，简陋之极，怎么可以住人呢？结果孔子的回答是："君子居之，何陋之有？"（9.13）这实在是孔子的文化自信。在孔子看来，无论是东夷、西戎、北狄、南蛮，只要是君子去了，通过他们的教化就可以使之变成礼仪之邦。这种文化自信的背后是孔子对他所主张的人道的高度认同，也是在艰难困苦中以身体力行的方式对人的自主精神的礼赞。

在前往楚国的途中，孔子师徒遇到了大麻烦。当时吴楚两个大国交恶敌对，常年交战。陈蔡两个小国，一个被迫与楚国结盟，一个被迫与吴国结盟。与楚国结盟的小国内部有反楚的人，与吴国结盟的小国内部也有反吴的人。孔子要到楚国去，引起了两个小国反楚势力的不安，他们联手将孔子师徒困于旷野。由于粮食接济不上，孔子师徒被困达七天七夜。《论语》里的记载是："在陈绝粮，从者病，莫能兴。"（15.1）一行人中已经有病得起不来的了，可见情况之严重。

孔子倒好，他虽也饿得不行，但仍然每天读书讲学，抚琴悟道。也不知道在第几天上面，反正大家都饿得不行，而孔子却好整以暇，子路看在眼里，气在心里，他的牛脾气又犯了。子路气冲冲跑到孔子面前，质问他："君子亦有穷乎？"（15.1）确实，子路心里很想不通，跟着老师这么多年，难道就是这么一个结局？孔子放下手中的竹简，冷冷地看了一眼子路，那目光让子路一哆嗦。《论语》里对孔子的描述是："子温而厉，威而不猛，恭而安。"（7.37）孔子抬了抬眼睛就把子路的野性压了下去，这个时候的孔子与"子见南子"时的孔子简直是判若两人。

看到子路慢慢安静下来，孔子只说了一句话："君子固穷，小人穷斯滥矣。"（15.1）孔子的意思是，君子固然有穷困潦倒的时候，但小人一到这种时候就会胡作非为。句中的"滥"意指水四处横流，漫无方向，象征人变得放肆与自我放纵。与之对比，君子在任何情况下都是有操守的，任何时候都要做到"笃信好学，守死善道"（8.13）。《论语》中还记载了孔子这样一句话："贫而无怨难，富而无骄易。"（14.11）这是孔子对自己的要求，也是孔子这一生的写照。

《论语》的"乡党篇"集中描写了孔子在各种场合的言行

举止，特别是他在鲁国做高官的时候。那个时候的孔子衣食无忧，生活品质很高。其中一段话对孔子的吃饭习惯是这么描述的："食不厌精，脍不厌细。食饐而餲，鱼馁而肉败，不食。色恶，不食。臭恶，不食。失饪，不食。不时，不食。割不正，不食。不得其酱，不食。"（10.8）句中一连串的"不食"，说明孔子在有条件的情况下，是很会享受生活的。孔子不仅对饮食很在意，而且对穿着也很考究，春夏秋冬穿什么，上朝穿什么，各种礼仪穿什么，家中穿什么，甚至睡觉穿什么，都是有要求的。穿着不仅要得体，还要坚持"席不正，不坐。"（10.9）孔子是享受过富贵的，但在绝境之中，却远比身份地位都不如他的子路更经得起考验。

子路一定听老师说过这样一句话："士志于道，而耻恶衣恶食者，未足与议也。"（4.9）"士"这里不是指最低的贵族阶层，而是指有修养的君子。如果一个人的志向是道，是真理，但他却很在乎吃穿和享受生活，这样的人就不是真正追求道的人，根本没有必要在道的层面上与他交流。但此次被困于陈蔡的时候，子路修养不够的缺点就暴露出来了。子路这么一闹，孔子知道弟子们的内心有各种杂念，干脆召集他们坐在他的身边，来了个现场教学。孔子向学生们抛出一个问题：目前的处境这么凄凉，难道是我们追求的道错了吗？

第一个回答问题的总是子路，他虽然意识到自己错了，但还是要抢先作答。子路说，道之不行，要么是我们的仁德不够，要么是我们的智谋不够。孔子听后反问子路，如果仁德之人就能够得到别人的信任，怎么会有伯夷、叔齐饿死在首阳山的事情发生？如果有智慧的人一定在世上畅通无阻，为什么比干会被纣王剖开胸膛？孔子提到的伯夷、叔齐是古代的两个具有大德的贤人，他们是商朝的臣民，虽然反对纣王无道，但却不愿意看到周武王兴兵伐纣，他们认为以暴易暴不是最好的办法。他们阻止武王无效，武王灭商以后，坚持不食周粟，结果饿死在首阳山上。孔子提到的比干是商纣王同父异母的弟弟，是一个非常有智慧且忠心耿耿的大臣，因为谏言激怒商纣王，被开胸挖心，死得极其壮烈。

子贡是第二个回答问题的，他说，老师主张的道非常宏大丰富，既然诸侯无法接受这种道，为何不可以降低一些标准呢？孔子回应道，好的农夫敬业耕作但不一定有好的收成，好的工匠技术高超却不能总是吻合别人的心意。君子最重要的是能够建立自己的学说，要有高瞻远瞩的纲领，却不能保证一定能被统治者所接受。孔子接着说，如果是为了被世人接纳而确立自己的学说，这种学说就会根基不稳，怎么立得起来呢？

颜回是第三个回答问题的，他的说法是："夫子之道至大，故天下莫能容。虽然，夫子推而行之，不容何病，不容然后见君子！"① 颜回的意思是，如果我们不去追求道和完善相应的学问，那是我们的耻辱。如果关于道的学说是完备的而没有被采用，那是当权者的耻辱。在这种情况下，不被当权者容纳，才显出君子的本色！孔子听颜回这么一说，刚才申斥子路的严厉立刻消失不见了。孔子脸有喜色，夸奖颜回说，如果你有很多财产，我愿意来给你当管家。

这个对话大概发生于孔子师徒绝粮的头几天。孔子看这样

---

① 参见《史记·孔子世家》。

下去大家都要被饿死，于是决定让子贡到楚国搬救兵。子贡是一个有大才干的人，他手段灵活，突破重重阻碍，终于不辱师命。楚昭王早听说孔子要来楚国，正求之不得呢，兴兵解救了孔子师徒的陈蔡之围。孔子师徒于是继续南下，路过了叶公驻守的地方。叶公是楚国的重臣，"叶公好龙"的故事就与他有关，这个故事当然是杜撰的，但至少说明叶公是一个很有威望的人。

《论语》记载了与叶公有关的三件事情。叶公对孔子一行予以了款待，也不失时机向孔子请教。有一次，叶公问孔子，什么样的政治治理是好的？孔子的回答很简单："近者说，远者来。"（13.16）大概在周游列国的过程中，孔子仔细观察了流民的情况，他的总结是，能够使近处的人高兴，远方的人来归附，就说明政治治理的效果是好的。这话讲得很接地气，没有大谈道德仁义。叶公是一个领军打仗的人，与这样的人讲大道理就叫不识时务。孔子虽然是一个理想主义者，有他执拗的一面，但总体而言，孔子不乏灵活性。孔子对叶公的答复即使放到今天，也是判断一个国家政治治理水平的重要指标。翻译成今天的话就是，不要看一个国家的领导人说自己国家怎么样，而要看一个国家的人民是否支持自己的政府，外国的人民是否愿意移民过来。

《论语》中记载了叶公与孔子的另一次谈话——"叶公语孔子曰：'吾党有直躬者，其父攘羊，而子证之。'孔子曰：'吾党之直异于是：父为子隐，子为父隐，直在其中矣。'"（13.18）叶公大概是个强权人物，在他管辖的范围内，要求每个人都要遵守他颁布的法令。在叶公看来，执政者颁布的法令就规定了什么是应当做的，什么是不应当做的。叶公在孔子面前炫耀说，在我管辖的区域，人们把法令放到了亲情之上，父亲偷了羊，儿子就会出来作证，绝不包庇自己的父亲。孔子听了之后，也不说叶公做得对还是不对，只是告诉对方，在自己的家乡，不会因为法令而置亲情于不顾，而这才是正当。

孔子这么说，当然与他对人的理解有关系。孔子反对不近人情的法令，特别是那些会破坏自然亲情的法令，简直就是邪恶的。在中外历史上，都出现过鼓励告密的社会，甚至鼓励家庭成员之间相互告密，以证明自己效忠于某个政治首领。事实证明，这样的社会是极其糟糕，甚至是灭绝人性的。孔子并不是说，任何时候都要"父为子隐，子为父隐"，在非常特殊的情况下，大义灭亲有可能是合理的。但是，在社会运行的一般情况下，都不能鼓励以破坏亲情的方式去树立法令的威信。

想必叶公就这个问题和其他相关问题与孔子有深入的交流，他感觉孔子真是一个了不起的人：智慧博学，严谨务实，对天下兴亡有非凡的思考和担当。于是叶公有一次私下问子路，你们的老师究竟是怎样一个人啊？子路一下子没有转过弯来，没有回答。孔子知道后，就责怪子路，认为应该这样回答叶公："其为人也，发愤忘食，乐以忘忧，不知老之将至云尔。"（7.18）

尽管与叶公相处甚好，但孔子却没有继续前往楚国国都，因为楚昭王不幸病逝了。据说，楚昭王生前曾想封孔子一大片土地，被臣子们拦住了。总之，因为楚昭王的去世，孔子想通过一位贤明而有实力的君主匡扶王道的想法，算是彻底落空了。尽管政治抱负是无法实现了，但楚国这块神奇的土地仍然给了孔子师徒以精神上的冲击。《论语》中记载了一位名叫接舆的楚国隐士，在路过孔子的马车时唱道："凤兮凤兮！何德之衰？往者不可谏，来者犹可追。已而已而！今之从政者殆而！"（18.5）孔子听到这位隐士的含义深刻而又有些不可捉摸的话，立刻下了马车想与他交流，但隐士却快步避开了孔子。

还有一次，子路在田间遇上了两位种地的隐士。这两位隐士知道子路是孔子的学生，也知道孔子的抱负，就刻意对子路说：天下不合理的坏事像滔滔洪水一般，怎么去改变呢，还不如像我们一样做逃避现实的隐士。孔子听到这话以后，很有些怅然若失，他何尝不想过一种简单快乐的生活呢？孔子虽然羡慕隐士的生活状态，但却自言自语道："鸟兽不可与同群，吾非斯人之徒与而谁与？天下有道，丘不与易也。"（18.6）孔子的意思是，人毕竟不同于鸟兽，人需要与人在一起才能成为人。孔子想，如果这个世界有道，他怎么会东奔西跑，致力于改变这种无道的状态呢？

子路被孔子的言语深深感动了。在与孔子一起经历了生与死的考验之后，他更加佩服老师的仁德和勇气。又有一天，子路与孔子走散了，他遇见了一位老者，问对方有没有看见自己的老师。这位老者明明知道子路说的是孔子，还有意反问子路："四体不勤，五谷不分，孰为夫子？"（18.7）事实上，孔子从小就做农活，四体既勤，五谷也分。这位老者可能是非常看不惯孔子到处游说位高权重的人，有意说这话来表达自己的不满。但这位老者对子路很友善，当天晚上留宿子路，还杀鸡给他吃。第二天子路找到孔子后，才知道这是位隐士高人。孔子要子路回去找到老者，但老者已经离开了。子路一个人站在老者住的茅屋前，思考了很久，他觉得还是自己老师的境界更高。

　　子路于是说了下面这段话："长幼之节，不可废也；君臣之义，如之何其废之？欲洁其身，而乱大伦。君子之仕也，行其义也。道之不行，已知之矣。"（18.7）此时的子路，不再是陈蔡绝粮时那个"穷斯滥"的子路了，哪怕老者已经离开了，哪怕对自己有恩情，子路也决心捍卫自己的老师。想象一下那个场景，子路立于茅屋前，背靠山水田野，微风吹拂，久久站立。子路对着想象中的隐士高人说，长与幼，君与臣，这些人伦关系如何可能一隐了之呢？您看起来是想要自己在乱世中保持清白，但却是破坏了最根本的人伦关系。像老师那样的君子，他即使想要做官，也是为了伸张人间正义。何况老师早已知道，他所主张的道是行不通的。但老师仍然坚持布道行道，明知不可为而为之，这样的人难道不伟大吗？

第十三章

仁者安仁

　　南下楚国不成，孔子一行又北上回到了卫国。此时卫国的政坛发生了极大的变化。卫灵公已经去世，卫出公即位。本来，卫灵公在世时的太子是蒯聩，卫灵公去世后，应该由他即位。但是，蒯聩不满意南子的风流，以及父亲卫灵公对她的宠幸。孔子此前在卫国，看到卫灵公对南子过于宠爱而且任由她干预朝政，就针对卫灵公有感而发，说了一句："*吾未见好德如好色者也。*"（9.17）太子蒯聩憎恨南子，他企图暗杀南子，但却失败了，不得已逃到了宋国。

　　卫灵公去世后，南子遵照卫灵公遗愿立公子郢继位，但公子郢坚决推辞。在公子郢的建议下，南子改立蒯聩的儿子辄即位，这就是卫出公。蒯聩经由宋国来到晋国后，投靠了赵简子。权衡政治利弊后，赵简子决定扶持蒯聩回卫国当国君，派阳虎护送。照理说，目前的卫国国君是蒯聩的儿子，应该欢迎他回国才是。但卫出公却派兵阻止其父蒯聩，将其阻挡在一个城邑。卫出公派兵阻止其父回国，自己肯定有私心，背后也一定有南子的授意。这次孔子再次回到卫国，是受到了卫出公的邀请。

学生们很有些困惑。一方面，老师在卫出公邀请下回到了卫国，另一方面，这个卫出公也太不像话了，为了自己的权位，居然将父亲拒之于国门之外，置父子亲情于不顾，简直是一个不孝不敬的逆子。《论语》中有两段文字与卫出公有关。本书第一章曾提到过孔子的"正名"思想，我们看到子路冒犯了孔子，是如何被孔子批评的。批评子路之后，孔子说了这么一段话："名不正则言不顺，言不顺则事不成，事不成则礼乐不兴，礼乐不兴则刑罚不中，刑罚不中则民无所错手足。故君子名之必可言也，言之必可行也。君子于其言，无所苟而已矣。"（13.3）在这整段话中，孔子都在强调"正名"的重要性，并表达他的社会理想。可是，难道孔子不知道这位卫出公有点"名不正言不顺"吗？孔子当然知道。可是，也不能说卫出公的即位是非法的。毕竟，卫出公的父亲蒯聩的太子之位是被卫灵公亲自废除的，而卫出公又是被不愿意即位的公子郢推荐而被大权在握的南子认可的。考虑到孔子返回卫国时的尴尬局面，孔子上面那段话可能是针对整个天下形势而言的，他也许并没有在卫出公的朝廷从政的意思。

孔子的弟子们因此非常困惑。老师既要返回卫国，又迟迟不答应出仕，他究竟在想什么呢？《论语》中有一段关于孔子返卫时的对话是这样的——冉有曰："夫子为卫君乎？"子贡曰："诺，吾将问之。"入，曰："伯夷、叔齐何人也？"曰："古之贤人也。"曰："怨乎？"曰："求仁而得仁，又何怨。"

129

出，曰："夫子不为也。"（7.14）冉有就是冉求，他是个很有管理才干的人，但也搞不清楚老师会不会帮卫出公。弟子们有疑惑时，大都爱找子贡来探询答案。子贡按照他的风格，再一次间接求证。通过一问一答，子贡确认了孔子对伯夷、叔齐的积极评价，这个评价可以反衬出卫国政坛和卫出公父子的荒唐。

果然，孔子被子贡猜中了，他这次并不准备在卫国出仕。这时的孔子已经六十多岁了，他越来越意识到，不能靠自己去改变天下无道的状态。有很多原因使天下变得无道，缺乏对道或真理有领悟的人，缺乏更多有德性的人，才是问题的关键。因此，要改变天下无道的局面，需要着眼于思想、文化和教育，需要培养更多铁肩担道义的人才。孔子想，就算在自己有生之年什么也改变不了，也要为天下之人存留道的火种。通过询问老师，子贡清楚地感受到了孔子抱有"求仁得仁"的决心，即使时势不济，做自己该做的事，怎么会有怨言呢？真可谓道之不行已知之，矢志不渝而不悔。

此次孔子回到卫国，待了差不多五年时间，才最终有机会回到鲁国。即使孔子不出仕，估计卫君对他也礼遇有加，何况背后还有一位仰慕孔子的南子。在这难得的安静岁月里，孔子加大了力度系统性地整理古代文献，更加致力于自己的学和对学生的教。孔子招收了更多的弟子，也利用自己的威望，为一些有才干的弟子铺垫了从政之路。

我们暂时从孔子的漂泊经历中跳出来，以《论语》为线索，对孔子的主张和思想予以适当的归纳。在此基础上，我们再简要回答这样的问题：在孔子留给我们的精神遗产中，哪些内容时过境迁不再有意义，哪些内容需要传承、捍卫和发扬？我们先来看一看孔子对于人的理解。《论语》中有一句话特别容易引起争论，因为孔子有一次说："唯女子与小人为难养也，近之则不孙，远之则怨。"（17.25）这句话容易引起现代女权主义者的愤怒，但是不是该愤怒，该愤怒到什么程度，则需要对这句话本身有一个清晰的理解。

首先要搞清楚，这句话是站在一家之主的角度说的。那个时候的"家"的概念不同于现代社会由父母和孩子组成的"核心家庭"。中国人常说"修身、齐家、治国、平天下"，其中的"家"就可以指很大的一个家族，譬如鲁国的"三桓"，就是三"家"。上面那句话中有一个"养"字，"女子"和"小人"都指要依靠一家之主而被养活的人。其中，"女子"特指一家之主的妻妾，"小人"则是指家中的各级仆人。我们可以这样来想象一个大家族：一家之主居于核心位置，类似于圆心，其余的人视其与一家之主的血缘关系的亲疏，处于远近不同的虚拟圆圈上。在孔子的时代，女人是没有独立的社会地位的，我们从现代人的角度看，当然可以持批判态度，但那就是历史，而历史事实的形成有很复杂的原因，不能简单指责一通就了事。

那个时候，贵族男子除了有一个明媒正娶的妻之外，还可以有数量不等的妾，具体有几个妾取决于一个男人的社会地位和经济条件。这当然是现代社会的法律所不允许的。但在古代中国社会，人口很稀少，每个家族又都有血脉不断繁衍和家族不断壮大的需求。这就产生了一个问题：男女的自然出生比率是大致相当的，若每个男人都有很多妻妾，这怎么可能呢？事实上，我们可以把妻妾的数量分布理解成家族之间和社会不同阶层之间竞争的结果，处于社会金字塔顶端的人，譬如一国之君，肯定就会有最多的妻妾。而处于社会金字塔底层的人，能够娶到一个老婆就很不错了。确实还有很多男人娶不到老婆，现代社会也有这个现象，只是不同的时代对此问题的容忍和处理方式是不同的。由于古代社会女子没有独立的职业和经济地位，孔子把女子和家仆并列起来评论，就是可以理解的。

句中的"小人"虽指家中的仆人，但在一个大家族中，主仆关系是很复杂的。我们以鲁国"三桓"中的季氏为例，季桓子是主，阳虎是仆。但阳虎是大管家，下面还有仆，他与下面的仆也会构成主仆关系。而且，在一个大家族中，处于仆的位置的人也可能与一家之主有血缘关系，当然往往是较远的关系。在阳虎作乱的例子中，他就是利用了季氏家一些血缘较远但又野心勃勃的成员，他们不安于一直处于仆的地位，被阳虎一鼓动就起来造反了。一家之中的主仆关系，类似一国之中的君臣关系。有一次，鲁定公问孔子，君主该如何使唤臣子，臣子又该如何服务于君主呢？鲁定公的实权也是被作为臣子的"三桓"架空了的，他这样问孔子肯定是有所指。孔子的回答很干脆，那就是："君使臣以礼，臣事君以忠。"（3.19）君主要用礼来约束自己，而臣子要用忠来尽自己的本分，类似的约束和要求也适合于一家之内的主仆之间。但是，我们看到，"三桓"在国事上没有做到忠，阳虎在家事上仿效自己的主人，也没有尽到忠。这是孔子痛心疾首的，也是西周以来天下秩序大乱的一个缩影。

可是，孔子为什么要说女子与小人难养，这两个群体都有"近之则不孙，远之则怨"的共性呢？"孙"通"逊"，孔子的意思是，这两类人都有一个特点：主人对他们太亲近了，就不知道逊让，太疏远了就会招来怨恨。知道了这两类人的共同特点是没有独立的经济地位，就知道他们也形不成自己的独立人格。处于人身依附关系中的女子与小人，就具有孔子归纳的这种心理特征。当我们这样看问题的时候，就会发现，孔子的描述真是很了不起，他的确是一个善于观察和提炼总结的心理大师。孔子不是赞成弟子们都往君子的方向奋斗吗，为什么不鼓励女子和小人也以道德修养很高的君子为奋斗目标呢？这个当然就是时代的局限了。

孔门弟子即使是像子路那样出身平民，因为跟着孔子学了本领，也可以出来做官养活自己和家人。那个时候，做官和不做官的收入差距是很大的，孔子做了高官有"粟六万"的收入，即使是中低层的官吏，他们的账面收入和隐性收入加起来，也比一般种地农民的收入高很多。因为身份的依附性，女子和小人自然不可能按照孔子对弟子提的要求，成为有独立人格的君子。但在那种确定不变的社会关系中，他们也有相应的德的规定，譬如，女子要讲妇德，仆人要讲忠诚。需要强调的是，就算在古希腊的雅典，具有独立人格的公民也不可能包含奴隶和女人。这也许是古代文明共同的局限，我们不必过于苛责孔子。

尽管有时代的局限，孔子对君子独立人格的肯定和弘扬也有跨时代的意义。宰予是与子贡一样善于表达的学生，有一次他设计了一个问题，实际上是给孔子挖了一个坑。宰予问，一个仁者，有人告诉他井里掉人下去了，他会跟着跳下去吗？宰予想要强调的是，跳到井里救人可是一个行仁的机会呢。宰予心中想，如果这个人不跳下去救人，他怎么算是仁者呢？如果他跳下去把自己摔死了，以后他又怎么去行仁呢？面对学生给自己挖的坑，孔子很冷静地回答道："何为其然也？君子可逝也，不可陷也；可欺也，不可罔也。"（6.24）孔子首先反问宰予，怎么可能出现你说的那种情况呢？君子可以去救人，但不会被陷入井中，君子可能被欺骗，但不会因被骗而糊涂。在这里，孔子显然是在强调君子的独立思考能力。君子具备仁、智、勇三德，仁而不忧，智而不惑，勇而不惧。智者才有独立思考能力，智这种德是君子独立人格的基本保障。宰予设计的问题，忽略了君子是有独立思考能力的人。拿我们今天的话说，君子必须是有批判性思维能力的人。

然而，君子的独立人格，却是不外于义的。所以孔子说："君子之于天下也，无适也，无莫也，义之与比。"（4.10）这里，孔子是在强调君子的灵活性。有独立思考能力的人当然具有灵活性，别人觉得必做的事可能不去做，别人觉得不能去做的事可能反而要去做。当然，君子的灵活性也包括随众从众，随遇而安。至于怎么行动，要看具体的情况，但无论怎样，都要吻合义才行。在孔子的观念中，仁、义、礼是关联在一起的。如果把仁比作内心的温暖阳光，礼则是阳光下万物和谐的秩序。义，是礼的秩序背后的道理，也是礼未规定或有冲突的情况下秉承仁而权宜行事的道理。君子内心有仁，行为合礼，既懂得因礼行义，也懂得在礼缺失或含混的情况下灵活行义。这样看来，君子的独立人格，是以理解和遵行义为前提的。不懂得公义或私义的人，言行上也可以善变灵活，但由于缺乏义的支撑和约束，这样的人无非是被名缰利锁束缚的小人。

在陈蔡绝粮之际，我们看到颜回对孔子问题的回答是如何宽慰了颠沛流离中的老师的。《论语》中记载了颜回与孔子的一段重要对话——"颜渊问仁。子曰：'克己复礼为仁。一日克己复礼，天下归仁焉。为仁由己，而由人乎哉？'颜渊曰：'请问其目。'子曰：'非礼勿视，非礼勿听，非礼勿言，非礼勿动。'颜渊曰：'回虽不敏，请事斯语矣。'"（12.1）孔子这样回答颜回有一个大前提，那就是，要遵循的礼是以仁为根基的。如果确实是这样，礼就不会成为约束或妨碍人的因素。恰恰相反，因为礼的存在，不同角色的人才能够连为一体，个人的狭小世界才能够因为集体的礼而得以丰富和扩大。

因此，"克己复礼"不是要消灭自我，而是要更好地成就自我，将小人的自我转换提升为君子的自我。当然了，随着时代的变迁，不仅礼本身有损益，而且礼的社会伦理功能的意义也在发生变化。特别是在现代社会，礼的大部分社会功能已经让位于基于个人权利的法，而这样一种全新而复杂的社会样态，是孔子及其同时代的人无法想象的。但这才是真实的，说明孔子有不可否认的时代的局限性。正因为如此，孔子超越时代的思维方式，以及对于人这种存在者的超越时代的洞察和理解，才令我们惊叹不已。

我们摘录几句孔子论君子的话，感受一下什么是超越时代的智慧。关于君子与小人，孔子有精彩的对比："君子和而不同，小人同而不和。"（13.23）"和"包含着差异性，就像一首好的曲子，乐音一定是高低相间、长短互随、快慢结合、清浊共存、刚柔并济，差异性和流动性是音乐和谐的前提。君子的世界也是这样，人与人之间的天赋、学识、志趣都有很大的差异，但君子之间尊重差异、求同存异、相互欣赏、见贤思齐，由君子构成的乐园从本质上不同于小人组成的世界。小人的世界统一而盲从，逐利且乏味，排外却单调，"同而不和"的表面下充斥着钩心斗角和阴谋诡计。君子不党，小人伐异，君子重义，小人唯利，君子的世界阳光普照春华秋实，小人的世界阴影重叠冰冷枯萎。

关于君子的内与外，孔子说："质胜文则野，文胜质则史。文质彬彬，然后君子。"（6.16）句中的"质"指内在的仁，"文"指礼以及言行举止的度，孔子强调两者缺一不可。子路内心疾恶如仇，但有时缺乏"文"的规范，就显得有点野。而如果缺乏内在的仁，只知道贴合外在的行为规范，就会显得"史"，意思是，会显得死板和虚伪。真正的君子一定是心有仁，言必践，行有度，拒绝文过饰非，讨厌言行不一，绝不滥行违礼。

关于君子与小人的行事风格，孔子说："君子易事而难说也。说之不以道，不说也；及其使人也，器之。小人难事而易说也。说之虽不以道，说也；及其使人也，求备焉。"（13.25）句中的"说"同"悦"，取悦之意。君子与小人都有易相处的一面，也有难相处的一面。在君子手下做事容易但要讨他欢喜却难，最好的办法就是按规矩行事，凡事承担自己的责任，下级行事有道，作为上级的君子自然高兴，而不需要特别取悦。这样的君子在用人时，会以公心量才使用，而不会考虑裙带利益关系。处于上位的小人则相反，做一点讨好他的事就可以取悦他，但做事要看他的脸色行事，这样的人不喜欢遵守规矩，但却喜欢对人求全责备，相比君子，实际上不好相处。

虽然孔子喜欢在君子与小人之间进行对比，但并不意味着，君子与小人的道德身份是固定的。我们有时喜欢对人做评价，说张三是君子，李四是小人。但孔子深知人的复杂性，若不加强自我修为，在复杂的社会政治环境中，君子也可能跌落为小人。反过来，只要加强学习和自我修为，小人也可以向着君子人格的方向发生变化。因此，我们既可以把孔子对君子和小人的区分，看作他对现实人生的洞悉，也可以看作在凸显君子人格的理想，还可以看作是对我们每个人要不断学习和加强修为的提醒。在孔子的时代，这种积极的思想还只适用于"士"及其以上的贵族阶层，他们全是男人。可随着文明的演进和社会的发展，孔子关于如何成为一个君子的思想当然也适合摆脱了人身依附关系的所有人。最终，孔子关于"女子与小人难养"的说法，就在孔子自己思想的照耀下消融进了现代文明的土壤。

在君子和小人对他人的态度上，孔子的理念是："君子成人之美，不成人之恶。小人反是。"（12.16）成人之美不是那么容易的事，特别是人与人之间具有竞争关系的时候。君子不仅要成就君子之美，也要成就小人之美。这里的"美"可以理解成吻合或至少不违背礼义的愿望，包括名利，也包括超越名利的道德追求。无论是谁，如果他有提高道德修养的追求，难道不该成全他吗？就算是他的追求只关乎个人名利，但却不违背礼义、良俗、道德或法律，难道就该压制他？可以看出，习惯于成人之美的人，一定不会受到攀比心和嫉妒心的不当影响。这样的人因为怀有仁心，便能激发智慧，从而更好地处理人际关系中的问题。

有一次孔子要外出，天下起了雨，但他没有带伞。[①] 有弟子说，子夏有伞，孔子却拒绝那位弟子向子夏借伞。孔子对那位弟子说，子夏有很多长处，但有时过于吝啬财物，这是他的短处。我们为何不推扬他的长处而避开他的短处呢？当孔子这样说时，他一定评估过当时的情况，知道向别人借伞是更好的选择。这些都是孔子跨越时代的智慧，只要人性不变，我们总是需要这样的智慧。

孔子关于人际关系的智慧凝结成了他的两句千古名言："己所不欲，勿施于人"（12.2），"己欲立而立人，己欲达而达人"（6.28）。"己所不欲，勿施于人"讲的是不应做什么，标准就是，一个人自己都不想要的，就不应该强加给别人。对孔子的这句话，可以有不同层次的理解。简单的理解是，一个人不想要某种具体的东西，就不应该将这种东西强加给他人，例如，一个人自己都不想吃榴莲，就不应该强迫别人吃榴莲。但这种理解过于局限，容易找到反例。例如，一个母亲的身体条件不允许吃醋，一吃醋就难受，但她知道吃醋有益健康，于是要求自己的孩子吃醋。因此，我们需要把对这句话的理解提高一个层次：一个人不想遭受某种对待，譬如欺骗、轻慢、侮辱，就不应该以这种方式对待别人。这是孔子为君子确立的原则。

小人则相反，小人遭受过一些不好的东西，他有了权势之

---

① 这个故事参见《孔子家语》第二卷。

后，却偏偏要把他曾经厌恶的东西强加给他人。在人奴役人的制度和文化中，被奴役者获得权势后，往往也会奴役他人。当被奴役者弱小的时候，他尝尽了被他人奴役的各种痛苦和心灵创伤；但当他有机会奴役他人的时候，就会用同样的方式奴役比他弱小的人，通过使他人痛苦的奴役行为换来自己的快乐。这种极大偏离仁的快乐，是变态和邪恶的。

也有可能出现这样的情况，一个人不想受礼或义的约束，一旦被要求遵守礼或义，他就会感到痛苦。他也可能引用"己所不欲，勿施于人"，对要求他遵守礼义的人说，既然你不喜欢痛苦，而你又知道我遵守礼义会痛苦，你为什么还要求我遵守礼义呢？可见，仅仅停留在个人感受层面去理解"己所不欲，勿施于人"是有问题的。事实上，孔子在说这句话时，有相应的背景条件，整段话是这样的——"仲弓问仁。子曰：'出门如见大宾，使民如承大祭；己所不欲，勿施于人；在邦无怨，在家无怨。'仲弓曰：'雍虽不敏，请事斯语矣。'"（12.2）仲弓姓冉名雍，是孔子的一名很优秀的弟子，出身贫贱但却以德行著称。仲弓问的是仁，而孔子提到了礼和义。孔子的意思是，出门办事和外交都要遵礼，"如见大宾"，要求百姓做事要像参与重大祭祀那样慎重，要考虑对百姓的要求是否吻合义。在仁、礼和义的基础上，孔子才说出了"己所不欲，勿施于人"，可见这个原则不是独立自存的，离不开对仁、礼、义的理解和践行。

类似地，当孔子说"己欲立而立人，己欲达而达人"（6.28）的时候，也离不开相应的背景条件——子贡曰："如有博施于民而能济众，何如？可谓仁乎？"子曰："何事于仁？必也圣乎！尧舜其犹病诸。夫仁者，己欲立而立人，己欲达而达人。能近取譬，可谓仁之方也已。"（6.28）子贡的问题是，如果有人能对百姓广施恩惠，周济大众，这算不算仁呢？孔子的回答是，这岂止是仁，这是仁的完全的实现，这是圣人才做得到的啊！这是很高的理想，甚至尧舜都未必完全做到。有了这个铺垫，孔子才说，仁是脚踏实地的，一个人想立足就帮助他人立足，一个人想达到什么就帮助他人达到什么，这就是仁。孔子继续说，以自己的心而推及别人，这就是行仁的方法或路径。可见，无论是"己所不欲，勿施于人"还是"己欲立而立人，己欲达而达人"，都要以仁，当然也要以作为仁的外在表达的礼和作为内在道理的义为前提。当然了，仁首先是内心的阳光和善念，但要真正做到推己及人和立人立己，就需要首先确立仁的理想。可是，真正的仁必然涉及事关所有人的社会理想，离不开对礼乐制度或其他制度的合理性的探讨，而不仅仅是指个人的道德修养。

孔子之所以周游列国，就是为了实现他心中基于仁的社会理想。可孔子发现，现实社会充斥着目光短浅的利益追求，诸侯在天下无道的环境中只可能优先关注自身的安全与生存，这种情况他是改变不了的。道之不行，已知之矣。但是，孔子也知道，他所追求的道或社会理想，不能因为无法在目前的环境下实现，就否认它是合理的和值得追求的。在孔子看来，道或社会理想的内容，以及合理性的基础，需要有人专门去说明和表达，而这就是他的使命。

西周以来，孔子是第一个真正在文化上觉醒的人，周游列国的政治游说和实践的失败，反而彻底点亮了他的精神世界。

特别是在孔子遭遇劫难的时候，无论是桓魋加害还是陈蔡绝粮，他都有一种天命所归的自我意识，感觉自己在人世间的这份使命是神圣的上天赋予的。虽然子贡报告说孔子罕言人性与天道，但他的社会理想承载着对人性的丰厚理解，以及上天赋予的文化和精神使命的高度自觉。因为孔子心中的天并不是具有人格属性的神圣之物，这份源于人道的使命才不会被对天道的不同理解而束缚。

人能弘道，非道弘人，顶天立地的人的觉醒，对于孔子才是最根本的。孔子说："仁远乎哉？我欲仁，斯仁至矣。"（7.29）仁不外于人心，所以仁是易求的。然而要真正使仁通过礼与义而通达天下苍生，则是困难的。正因为是困难的，才要有人致于此道，站在文化和精神传承的高度安于此道。人生暮年的孔子，即使在现实政治生活上是失败的，他仍然可以做到发愤忘食，乐以忘忧，不知老之将至。这就是仁的力量，也是仁者安仁的道的境界。

第十四章
朝闻夕死

　　五年之后，孔子终于从卫国回到了鲁国。孔子此时已是六十八岁的老人了，离开鲁国整整十四个春秋。孔子是在季康子的邀请下回到鲁国的，到卫国来接孔子的是冉求。几年之前，冉求就听从孔子的安排回到了鲁国，当季康子的家臣。冉求多才多艺，还能指挥打仗，在一次对外作战中表现出色，深得季康子赏识。在冉求的斡旋下，季康子终于改变了不让孔子回国的决定。

　　孔子在卫国的五年虽然没有从政，但招收的学生越来越多，讲学传道的名气也越来越大。能够落叶归根，孔子很是欣慰。孔子师徒沿着泰山南侧返回了鲁国的国都，一路上孔子心潮澎湃，虽无离开鲁国时的失落，却有另一种意义上的伤感。逝者如斯夫，孔子仍然不改当年的习惯，只要路过大河或小溪，总要驻足观水，让思绪像水一样无拘无束地游走。泰山还是

那样巍峨,静静地陪伴着偶尔路过的行人、车队。

从卫国回鲁国的路上,师徒之间一直有交流和对话。可是,自从能够眺望到泰山之后,孔子的话就越来越少。《论语》中记载了这样一个情景——子曰:"予欲无言。"子贡曰:"子如不言,则小子何述焉?"子曰:"天何言哉?四时行焉,百物生焉,天何言哉?"(17.19)看到泰山后,孔子沉默了很久,他对随行的弟子宣布,称自己不想说话了。弟子们习惯了孔子这段时间的不言不语,也没觉得有什么。但子贡却耐不住了,问孔子,老师您若不说话,我们该记述什么呢?这段话提示我们,弟子们已经在有意识地记录孔子的言论了。孔子倒好,他似乎并不认为自己的言论有多重要,所以他反问子贡,化生万物的天说了什么吗?

也许,这个时候的孔子想起了年轻时拜访过的老子。孔子当然知道他与老子的根本区别在哪里,而且他一直都在坚持人道的理想。但人毕竟是有限的存在者,他的功业、礼义、善恶、生死,在至高无上的天的观照下,又算得了什么呢?老子强调天地不言不仁,甚至主张绝圣弃智,绝仁弃义,这当然都是孔子反对的。但不知为什么,当孔子看到绵延不绝的泰山在广漠的蓝天下显得如此渺小的时候,他觉得自己生命体悟的某个瞬间,竟然与老子的道法自然有了相通的地方。心念一动,孔子很想知道老子目前去哪儿了。也许童颜仙龄的老子正倒骑青牛嬉戏于山水之间,也许超凡脱俗的老子已化为一缕轻烟,消失在了滚滚红尘之外。

此时的孔子,仿佛已经看到了自己的大限,他的思绪禁不住飘得很远。天地恒在,纵然人生百年,也逃不掉生命终结肉身腐烂的命运。之后，人的魂魄会以某种方式继续存在，还是什么都没有了？五年来，孔子在卫国虽没有从政，但却忙于整理古代文献和教书育人。这五年的孔子是充实而快乐的，虽不时想念故国故交及家人，但却很少想到身后事。归程的旅行使孔子再次与大自然亲密接触，苍茫大地，冥冥上天，正因为天地不言，才引发了孔子关于人的命运的终极思考。这种思考断断续续，将一直持续到思考者离开人世的那一天。

孔子回归故里说不上荣光，但他的名声越来越大，鲁哀公与"三桓"以国老之礼相待。在孔子生命的最后五年里，他仍然不忘关心鲁国的政治，《论语》记载了几条孔子与执政者季康子和弱势君主鲁哀公的对话。有一次，季康子向孔子请教怎样治理政事。孔子的回答是："政者正也。子帅以正，孰敢不正？"（12.17）从政需先正己，这是孔子德治思想的核心。关键是下面对季康子的反问：你若自己率先走正道，谁敢不走正道呢？这句反问很是犀利，言下之意是，你位高权重，难道走正道的不该是你吗？

还有一次，季康子又向孔子问政，他赤裸裸地在孔子面前显示自己的权力，他问道，杀掉那些无道的人而保全有道的人，怎么样啊？孔子的回答是："子为政，焉用杀？子欲善而民善矣。君子之德风，小人之德草。草上之风必偃。"（12.19）风行草偃，是孔子的一贯主张。关键是，季康子就像孔子周游列国时期打过交道的那些君主和执政者，关心眼前的利远远胜过孔子心中长远的道。回到鲁国之后，孔子虽被尊为国老，国君甚至都要称他为"尼父"，但却没有丝毫实权。

既没有实权，又有名望，还要关心现实政治，就难免遇上尴尬的事。有一天，孔子听说齐国的臣子弑了齐简公而掌握了朝政大权，这当然是孔子最不能容忍的大逆不道之事。孔子心中悲凉，神情严肃，他斋戒沐浴，穿上庄重的服饰，专程到朝廷上报告鲁哀公，请求派兵干涉齐国臣子的以下犯上。孔子实际上是在坚守那个时代正在消失的普世价值，就像他当初谴责季康子的爷爷季平子"八佾舞于庭"一样。

还在周王室强大时，如果哪个邦国发生这种悖逆之事，周王室要么亲自讨伐，要么授权诸侯讨伐。想当年齐桓公和管仲治下的齐国，在周王室衰弱时承担了维持天下秩序的责任，孔子当然是心向往之的。但孔子也清楚，齐强鲁弱，即使鲁国出兵是吻合道义的，他的想法也不现实。果然，缺乏实权的鲁哀公推脱孔子，让他去找"三桓"。孔子明知不可为，仍然坚持将讨伐齐国的想法告之"三桓"，这是孔子既无奈又悲壮的举动。在孔子生命的最后五年，这种无奈一直袭扰着他。

除了政治上的失意，晚年的孔子还经历了一系列悲伤的事情。孔子的家庭生活较为简单，不像"三桓"那样的世袭贵族首领妻妾成群。孔子只娶了一个妻子，只生了一个儿子，名叫孔鲤。孔子中年以后与妻子离了婚，那个年代叫"出妻"或"休妻"，这些用词都是男尊女卑的体现。孔子休妻历来说法不一，有人说是因为对方做了违礼的事情，有人说是因为孔子常年漂泊在外夫妻感情淡漠。无论怎样，晚年孔子的生活是有些凄凉的。大约在回到鲁国不久，孔子还经历了白发人送黑发人的悲伤。儿子孔鲤人到中年就去世了，只留下一个幼子。但最使孔子悲伤的事情还不是孔鲤的去世，而是颜回的英年早逝。

《论语》中一则记载是这样的："颜渊死，子曰：'噫！天丧予！天丧予！'"（11.8）翻遍整本《论语》，都看不到孔子有如此地悲伤。即使是周游列国期间的若干次危险或绝境，都不改孔子天命在身的那种担当和淡定。颜回之死让孔子如此悲伤，甚至有一些令人绝望的气息，大概是因为孔子一直把颜回当作他的思想和精神最好的继承者。要真正实现孔子的道，需要一大批文化传承者，在孔子看来，颜回无疑是最杰出的。有人看到孔子哭得那样悲伤，就提醒他说，您老悲痛过度了。本来，孔子是信奉中庸之道的，所谓"中庸"就是中正平和，做事和表达情绪不走极端，凡事都有一个合理的度。当孔子听到有人提醒他悲伤过度的时候，孔子的回答居然是："有恸乎？非夫之人为恸而谁为？"（11.9）孔子好像突然意识到了什么，他反问，我有那样悲痛吗？唉，我不为他而悲痛过度，又为谁呢？

晚年的孔子身体很不好，再加上经历了这些悲痛的事情，他觉得自己的生命也要到终点了。有一次孔子病得很厉害，作为大弟子的子路安排弟子们扮作家臣，准备料理孔子的后事。没想到孔子的病情减轻了，他知道了子路的所作所为，说了这么一段话："久矣哉，由之行诈也。无臣而为有臣。吾谁欺？欺天乎？且予与其死于臣之手也，无宁死于二三子之手乎？且予纵不得大葬，予死于道路乎？"（9.11）孔子不满意子路的行为，说他弄虚作假。子路为什么要欺骗孔子呢？原来，此时的孔子已经不是鲁国的大臣，如果这时去世，是不能以大夫之礼下葬的。子路对孔子特别有感情，知道老师最看重礼，包括葬礼。所以子路干脆叫弟子们来扮作孔子的家臣，要想在孔子死后仿照大夫级别行葬礼。子路当然是一片好心，孔子也知道。但孔子却说，明明不是大夫要装作大夫，没有家臣要装作有家臣，我骗谁呢，骗天吗？孔子又说，与其在家臣的侍候下死去，不如在你们这些学生的侍候下死去，就算不能以大夫之礼埋葬，难道会被你们丢在路边不管吗？从孔子的反问中，我们可以感受得到，相比自己的现实身份，孔子更在乎道是不是有了传人。虽然一生好礼重礼，但孔子却绝不愿意做任何不诚实的事，特别是在要离开这个世界的时候。

大概孔子身体好一些之后，子路回卫国了。子路那时在卫国做官，当时是大夫孔悝执政，子路是他的大总管。孔悝是被卫灵公废掉的太子蒯聩的外甥，这位前太子在晋国执政赵简子的支持下，一直想从卫出公手里，也就是从自己儿子手里夺取君位。就是在这次子路回到卫国不久，蒯聩终于抓住机会，胁迫孔悝，将卫出公驱赶出了卫国。子路听说蒯聩谋反，当时正在城外，就要往城里赶。子路在路上碰到了孔子的另一个在卫国当官的学生子羔，劝他不要掺和进去，而且告诉他卫出公已经出逃，局势不可挽回。但子路却说，我食人家的俸禄，关键时候要忠诚，而不能有危难不管。

子路于是进了城，奔向发生叛乱的宫廷，看到蒯聩一伙正与孔悝在高台上。孔悝本来是受胁迫的，但后来又主动协助蒯聩。子路是一个特别讲忠义的人，他本来是想从蒯聩一伙手里救出孔悝，却发现孔悝与蒯聩在一起不像是受到了绑架。子路于是拔出剑就往高台上冲，他对蒯聩高喊，你怎么能用孔悝呢，请交给我杀掉他吧。子路这样说，也许还是想先救出孔悝再说。蒯聩当然不会听子路的，于是子路打算用火烧掉高台。

蒯聩于是派了两个武士与子路搏斗。子路虽然勇猛，可现在也是六十三岁的老人了，搏斗过程中受了伤，帽子的带子也断了。子路对着两个武士大吼道，君子就是要死，也不能不戴帽子。于是子路腾出手来戴好帽子，任凭敌人的刀剑将他砍死。

孔子后来听说了卫国叛乱的事，他知道忠义如子路必死无疑。子路与孔子是亦师亦友的关系，《论语》中可以多次看到孔子对子路的批评，子路也是唯一一个敢于直言孔子不是的人。据相关记载，当子羔逃回鲁国，将子路惨死的情况讲给孔子听了之后，孔子坐在庭院里号啕大哭！孔子边哭边为战死他乡的子路招魂，想到子路被砍成肉泥的惨状，孔子让人把酱缸倒空，从此以后再也不吃肉酱了。

在晚景凄凉的最后一段时光，孔子感慨道："甚矣吾衰也！久矣吾不复梦见周公！"（7.5）孔子知道自己衰老得厉害，生命中最后的时光，都被各种悲伤的事情占据，居然连他最敬佩的周公都梦不到了。梦不到周公，也意味着孔子知道，礼崩乐坏不可逆转，自己主张的周礼也不再可能恢复于乱世。

孔子一生的政治理想就这样破灭了，他的个体生命也行将结束。在孔子去世之前，子贡匆忙赶了回来，他想要送老师最后一程。在最后的时光里，子贡听到了孔子悲怆的歌声。孔子是这样唱的：泰山要崩塌了，梁柱要折断了，哲人要凋零了！去世之前，孔子向子贡感慨道，天下失道很久了，但却没有人实践他的学说。然后孔子说他做了一个梦，他梦见自己死后坐在正厅的两柱之间受人祭奠。子贡不明白老师的意思，孔子于是解释道，夏人死后在东阶上停棺，周人死后在西阶上停棺，殷人死后的棺材是要放到两根柱子之间的。孔子不梦周公，而梦到了自己的死，他和子贡都知道，永别的时间到了。七天以后，孔子去世。

七十三岁，孔子的个体生命就此终结。但一个民族的精神生命却将因他而开启，直到两千五百年之后的今天。

我们关于孔子一生的回顾结束了，但对有些问题的思考才刚刚开始。我们问，孔子相信他死后会变成鬼魂，能够回到父母的墓地，或回归他的祖先的故国吗？《论语》中有一些话，清楚地记载了孔子关于生死和鬼神的看法。有一次，子路问孔子怎么奉事鬼神。在孔子的时代，鬼和神是两个概念。人死后称鬼，代表祖先。神又分天神和地神，后者也称祇。"神"字有时是狭义地使用，只代表天神，有时是广义地使用，相当于"神祇"。在中国古代，没有犹太教或基督教那种一神论的观念，因此鬼神信仰实际上是多神信仰。人们普遍相信自然界的重要事物背后有超验存在者，如山神、河神、土地神，而且相信每一条河、每一座山后面都有一个神。这样，神祇的世界就会变得非常复杂，会涉及大小和等级问题。我们把这些复杂的问题抛在一边，看看孔子对鬼神是什么态度。

关于子路的问题，《论语》是这样记载的——季路问事鬼神。子曰："未能事人，焉能事鬼？"曰："敢问死。"曰："未知生，焉知死？"（11.11）季路就是子路，他问的是鬼和神，孔子的回答没有涉及神的问题。孔子并没有否认鬼的存在，他只是强调，人比鬼重要，应该把精力优先放到人而不是鬼身上。孔子也没有说不能追问死，他只是强调生优先于死，应该优先弄清楚生的道理和意义而不是纠缠于死的问题。

《论语》还有这样的记载："子不语怪、力、乱、神。"

（7.20）"怪"指怪异的东西，"力"指暴力，"乱"指"叛乱"，"神"代表鬼神。孔子喜欢谈论有法则和规律可循的事情，如仁义礼智，而不是捉摸不定的东西，如鬼神巫魅。孔子喜欢谈论德行而不是暴力，喜欢谈论治理而不是叛乱，喜欢谈论人生百态而不是鬼神世界。总之，孔子喜欢谈论可以清楚谈论的事情，对不能清楚谈论的东西，他喜欢保持沉默。这意味着，孔子在输出一种弥足珍贵的理性力量，凭借这种精神，才能将人的世界以人道的方式敞开。

孔子并不是现代意义上的唯物主义者，他不一定否认他不愿谈论的那些东西。如果一定要说，也可以说孔子在鬼神问题上是一个怀疑论者或不可知论者。但孔子选择谈论人而不是谈论鬼，选择谈论生而不是谈论死，还有更重要的考虑。我们纵览孔子的一生，也许可以说，孔子是人的心理的敏锐洞察者，也是人性的深刻思考者。但上述说法都不足以概括孔子的智慧。也许我们应该说，孔子是人生的大师，他对人生的理解蕴涵着跨越时代的伟大智慧。孔子喜欢观水，经常感慨时光流逝。孔子少年丧母，知道人死不可以重生。有生有死这件事看似普通，但对于孔子那样高天赋的人却是一件极令人困惑和震惊的事情。

为什么会有一个生的世界，只有在这个世界中才能听见春风秋雨，看见人间繁华，感受喜怒哀乐？为什么每一个人都会意识到他的存在，为什么远至日月星辰，近至衣食住行，大至山川河流，小至笔墨竹简，万事万物都必须通过"人活着"这件事才能向他显现？为什么世界上一切美好的事物，一切糟糕的东西，一切紧张和对立，都必须通过"人活着"这件事情才能得到理解？美与丑，善与恶，爱与恨，义与利，罪与悔，治与乱，礼与乐，德与道，真与假，崇高与卑鄙，精彩与平庸，理想与现实，过去与未来，失望与希望，存在与虚无——为什么人能够理解这些事物，为什么人只有在理解这些事物并凭借相应的理解而行动时，人才能够成为人？《论语》没有记载孔子对这些问题的回答。但我们有理由相信，孔子之所以把优先性赋予生而不是死，赋予人的世界而不是鬼神的世界，是因为他深深地悟到了人才是天地之间最大的奇迹。

人生这个奇迹直接呈现给了能够理解这个奇迹的孔子。人生这个奇迹也通过孔子的一生而得到了一次独一无二的展现。每个人都没有第二次机会度过自己的一生，可每个人都不得不学习如何成为自己。"学而时习之，不亦说乎"，学的对象当然包括古代的六艺或现代的科技，但学习如何成人，如何行走在时间铺就的大地上，难道不是天底下最不可思议的学习？这个意义上的学习难道不是人生这个奇迹孕育的最令人向往和愉悦的事情吗？我们把孔子写到这本书里，意味着不得不用文字将孔子的精神，也就是那个立体动态、色彩缤纷、不断展开的充满不确定性的奇迹，压缩到固定的二维平面里。如果我们真的懂得孔子为何如此重视此生而不是彼岸，就可以穿越进孔子的精神世界，然后使他的精神通过我们而复活。是我们使孔子复活，因此复活的孔子将成为我们的一部分，使我们有机会遇见未来更加丰富的那个自己。

孔子对此生的重视，他不轻言鬼神的态度，深深地影响了我们这个民族的精神气质。我们这个民族不预设一个或多个具有人格的造物主来担保此生的意义。哪怕死亡是绝对的黑暗的深渊，也不影响我们此生的追求：随性平和，情理兼容，仁心侠义，不惧逆境，不怕悲苦，哪怕颠沛流离也不改生命深处的喜乐。这是由周人开创的礼乐文化的精髓，一改殷商文化那种神秘莫测的鬼神氛围和以活人为祭品的残忍。礼别异，乐和同，礼乐一体，温顺人心。人同此心，心明事理，世界因此而展现了它的律动和美丽，不再只是一副暴虐和狰狞的样子。淇水弯弯，绿竹依依，有斐君子，文采绚兮，如切如磋，如琢如磨，德耀日月，美如玉兮……要是没有周公的制礼作乐，以及孔子对这份精神遗产的继承和发扬，我们就难以理解这些诗句在表达什么。就像我们难以理解《论语》中的这类对话——子夏问曰："'巧笑倩兮，美目盼兮，素以为绚兮。'何谓也？"子曰："绘事后素。"曰："礼后乎？"子曰："起予者商也，始可与言《诗》已矣。"（3.8）

周人的礼乐文明是灿烂的，孔子惊奇于这样了不起的成就，想要洞悉更深的原因。"礼云礼云，玉帛云乎哉？乐云乐云，钟鼓云乎哉？"（17.11），类似的追问将孔子的思考带向了仁，带向了义，带向了德，并最终提升至了道。年轻时与老子论道，孔子被老子的大德和智慧深深震撼了。那时的孔子立志拯救天下苍生，他亲近人道而不愿轻言天道。他觉得老子是不拘形迹的游龙，只有老子才说得出"道可道，非常道"这样的话。老子似乎不受世间万物的束缚，他的令人难以捉摸而又玄妙的思想甚至能挣脱语言。老子悟道，最终与道融为一体。孔子毕竟不是老子，他虽然仰慕老子那份超越生死的洒脱，但却不认为要以漠视生之喜乐和生之美善为前提。恰恰相反，要是不能真实地在此生中挣扎奋斗，不能真正理解生命的刚健，就没有超越之可能。所以孔子对老子是矛盾的，既敬仰，又不解。孔子毅然选择了一条不同于老子的人生路，他想要以完全不同的方式实现人生于世的伟大超越。

孔子说，"君子不器"（2.12）。此生不易，每个人都是社会或他人的器具，都生活在大大小小的器皿之中。天赋、性别、家庭、技能、职业、身份甚至语言，使我们处处受限，它们就是塑造并约束我们的器皿。作为器具并生活于器皿之中的人，难免会以熟悉而有限的眼光来打量世界。在这个意义上，人天生就有"小"的那一面，小人就是生活于狭窄的器皿中而不自知的人。小人觉得他的器皿中的生活就是生命的全部，小人因不知其小而显小。

与之对比，懂得君子不器的人是这样的：他们有超越自己的局限性的动力，并愿意用一生的时间通过形而下的器抵达形而上的道。但这种超越不是任性的，必须尽人伦，修德行，明礼义。这种超越以认真对待此生的有限性为前提，要认认真真走在专属于自己的生命之道上，方知其中的曲折风景和艰辛不易。然后，才有资格像孔子那样感慨："朝闻道，夕死可矣。"（4.8）只有在此生认真行走并不断自我超越的人才可能理解这句话的含义，才能够明白朝闻夕死的境界是多么不同于"道可道，非常道"的境界。当然，也只有像孔子那样坦率纯真的人，才能够体会到这两种境界的差异，以及隐隐约约的相联相通。

《论语》记载了这么一段对话——子曰："参乎，吾道一以贯之。"曾子曰："唯。"子出，门人问曰："何谓也？"曾子曰："夫子之道，忠恕而已矣。"（4.15）曾参的总结是，孔子的道，只在"忠""恕"二字。所谓"忠"，就是尽己所能，推己及人，就是"己欲立而立人，己欲达而达人"（6.28）。所谓"恕"，就是"己所不欲，勿施于人"（12.2）。曾参的这种理解有一个优点，那就是，对于较为愚钝的弟子有一个简单易行的指导意义。很有可能，过了知天命之年后的孔子很少向弟子们谈及天道，就是不想干扰他们在此生的跋涉和修行。孔子深知，老子那样的人世所罕见，由老子的智慧和悟性支撑的"非常道"，根本不是平常人可以学习和效仿的。

孔子看重人道，强调仁义礼智，他最忧虑的是德之不修，学之不讲，闻义不能徙，实际上是在为平常资质的人搭建通达道的桥梁。甚至子贡那样高天赋的人都不闻孔子谈天道，像曾参那样善良纯厚但又多少有些愚钝的人，怎么可能仅以"忠""恕"二字概括孔子之道呢？显然，曾参的理解无论如何也无法呼应朝闻夕死的大境界。曾参回答门人时的"而已矣"，大大低估了孔子对道的虔诚，并低估了孔子之道的形而上的内涵。朝闻道，夕死可矣。未知生，焉知死。敬鬼神而远之。让我们反复聆听孔子的智慧，并在此生的跋涉中，随时感受有朋自远方来的喜乐。是的，孔子是每一个人的老师，也是每一个人的朋友。

第十五章

孔门弟子

　　孔子去世之后，弟子们非常悲伤。子贡负责丧事，弟子们纷纷赶回来，执父丧之礼。孔子师徒虽无父子名分，但情同父子，因此丧礼称为"心丧"。按照当时的礼俗，父亲去世后，儿子要守孝三年。三年之后，弟子们相诀而去，各奔前程。子贡主动留下，在孔子的墓地搭建草屋又守孝三年，方才依依不舍地离开。这几年中，来吊唁孔子的人络绎不绝，一些弟子和国人干脆将家搬到了孔子的墓地旁边。他们在孔子墓地旁建设永久性的房屋，种上了各种各样的树，郁郁葱葱，生机盎然。最终落户的有百余户人，于是人们称这个地方为"孔里"。随着孔子学说的传播，来孔里朝拜的越来越多，人们举行各种活动纪念孔子，世世代代都不曾中断。

　　在弟子们为孔子守孝期间，他们意识到，很有必要把老师的言行记录下来，这就是《论语》的源起。

据后人考证，《论语》的汇编前后持续了相当长一段时间，直到战国时期才最终成形。前后几代人加入了编撰工作，有孔子的直接弟子，也有弟子的弟子，以及再传弟子。孔子弟子中的主要参与者是曾参与有若，因为他俩在《论语》中都被尊称为"子"，是那个时候学生对老师的专称。孔子去世时，有若大概三十岁。据说有若略有几分神似孔子，弟子们思慕孔子，居然把有若推到孔子的位子上。这件事情听起来有些荒唐，既说明弟子们确实非常思念孔子，也反映了参与此事的弟子们还不成熟，心理依赖很重。假如子路还在的话，是绝不会允许师弟们这样胡搞的。这事载于《史记》，司马迁在记录这件事情时，距离孔子去世已接近四百年了。毕竟相隔了那么久，司马迁大概只能做到忠实地记录当时的一些传说。

翻阅《史记》，可以明显地看到，在司马迁所处的西汉，人们对于孔子已经有很大的神化趋向。据说有若在孔子的位子上待了没有多久，就被其他师兄弟赶了下来，原因是，有若根本没有孔子那样大的神通。有一次，师兄弟们对有若说，老师预测天是否下雨往往是很准的，于是有若也按照孔子的方法预测，但天却不下雨。又有一次，师兄弟们讲了一件更神奇的事。孔子的一个弟子结婚后不生育，这个弟子的母亲就很着急，来请教孔子。孔子很淡定地对弟子的母亲说，不要着急，他四十岁以后会生五个儿子。后来这个弟子果然生了五个儿子，再一次应验了孔子的神通。但有若却没有办法解释孔子的神通，于是师兄弟们再也不同意有若坐在孔子的位子上了。西汉时的这些传说，明显违背了《论语》中有关"子不语怪、力、乱、神"（7.20）的原则，所以并不可信。但我们将要看

到，孔子在历史上确实有一个被神化的过程，对此需要有文化批判和反思。这一章，我们通过孔子弟子及再传弟子的一些言论或著作，换个角度来看一看孔子是一个什么样的人，以及他的哪些思想被弟子继承了。我们先看看《论语》中对有若和曾参的言行有什么记载。

《论语》关于有若的言行有四条记载，我们挑选两句来解读。第一句是关于礼的看法——有子曰："礼之用，和为贵。先王之道斯为美，小大由之。有所不行，知和而和，不以礼节之，亦不可行也。"（1.12）这句话很上口，将周人礼乐文化对和谐有度的追求，以及礼对大事小事的调节作用，都表现得很充分。"有所不行"是指下面所说的为了和谐而和谐，不以礼作为规范和指导，这样是不行的。我们知道，在孔子看来，仁是礼的基础和内核，有仁才有和。仁在每个人身上的形成和发展，离不开家庭生活中父母的关爱。

现代心理学也证实，在缺乏爱的家庭环境中成长的孩子，往往也缺乏爱心。但仅有父母的爱是不够的，孩子如果不懂得反过来关爱父母，就容易以自我为中心，难以形成换位思考的共情能力。但孩子与父母是有年龄差异或有代沟的，不可能什么事情上都先要孩子懂得了行动的道理再去行动。特别是在关于人的成长的问题上，只有过来人才知道人生路上的坡坡坎坎。因此，只要是在父母爱孩子的正常家庭环境里，要求孩子孝顺父母，既是父母的安慰，也有利于孩子的成长。哪怕一开始孩子并不懂为什么要孝顺、尊重父母，但孔子师徒将孝顺作为一个规矩提出来，变成需要大家遵行和捍卫的文化自觉行为，确实代表着我们这个民族的文明水准的提升。

关于孝，《论语》中记录了有若的一句名言——有子曰：
"其为人也孝弟而好犯上者，鲜矣；不好犯上而好作乱者，未
之有也。君子务本，本立而道生。孝弟也者，其为仁之本
与？"（1.2）《论语》的第一段话是孔子本人所说的"学而时习
之"，第二段话就是有若关于孝弟的这段话，可见"孝弟"有
多重要。孝，是子女对父母应有的态度，"弟"通"悌"，是
弟弟对兄长应有的态度，泛指排行在后的子女要懂得尊敬排行
在前的子女。悌与孝是关联的，因为排行在前的子女从小帮助
父母劳动，更懂得父母的艰辛。小的尊敬大的，与子女孝顺父
母，是家庭伦理的重要支撑。当然了，父母关爱子女是一切的
前提，但这是天然的，不需要专门强调。如果有父母违背这个
天然原则，是很奇怪的，这样的父母当然该受到谴责，但这
种情况已经越出了正常的范围，属于"怪、力、乱、神"中
的"乱"了。孝悌，是我们这个民族尊老爱幼的传统美德的基
础。有若在这段话中并没有论证为什么要有孝和悌的美德，但
他却将孝悌与不犯上、不作乱关联了起来，这是为什么呢？

原来，孝和悌的原则，都是为了在家庭环境中从小培养人
明事理的能力。孝悌不仅帮助发展换位思考和共情能力，还使
人懂得自己在家庭中的角色，做到各安其分，而不会出现在言
行上没大没小的情况。如果没有孝悌的熏陶，子女就很容易以
自我为中心，在与父母或兄长有冲突时，凡事都要问一个为什
么。这看起来是在讲道理，但却很容易陷于争辩而缺少真正的
体贴。何况，孝悌要求的就是，在与父母或兄长有争执而没有
办法被说服的时候，要懂得把自己的道理暂时放到一边，避免
过分和不必要的争执从而破坏和谐家庭氛围，这当然是更高层

次的明事理。

可是，这些道理是没有办法先给孩子讲清楚的，因此孝悌才要求孩子首先要学会对父母的顺和对兄长的敬。孔子师徒将周文化中已有的家庭伦理规范提炼了出来，他们又看到，家庭之内的伦理规范与家庭之外的伦理规范是内在关联的。在有若的那段话中，犯上作乱是指违背家庭之外的伦理关系的行为。鲁国阳虎的所作所为，就是典型的犯上作乱。春秋时期，犯上作乱之事频繁发生，孔子师徒追根溯源，得出的结论是，从小不遵守孝悌原则的人容易犯上作乱。不过，用现代人的逻辑术语来讲，孝悌最多是不犯上作乱的必要条件，而不是充分条件。

有人也许会问，为什么就不能犯上作乱呢？如果居于上位的人总是欺压居于下位的人，犯上作乱就可以称作革命，就像周武王率兵起义，革了商纣王的命。这种情况就是孔子所说的"乱"。在乱世，当然有不同的行为法则。而孔子师徒要谈的是正常情况下，也就是在周道周礼正常运行的情况下，如何使家庭伦理成为政治伦理的支撑。

在正常情况下，孔子对政治伦理的描述是："君使臣以礼，臣事君以忠。"（3.19）就像在家庭里面，父待子以爱，子事父以孝。搞清楚了孝悌与不犯上作乱的关系以后，我们就能够理解有若后半段话的意思了。有若说，"君子务本，本立而道生。孝弟也者，其为仁之本与？"（1.2）孝悌是为人之本，以我们中国人的经验来看，坏人大多是缺乏家庭教养的结果，他们的问题在于从小不学习做一个孝悌的人，不懂得做人的基本准则和规矩。子不教，父之过，一个人不懂得孝悌的原因是复杂的，但从小不按孝悌行事，往往是使一个人长大后走向歪路邪路的重要原因。人们常说，一个对自己父母都不好的人，不可能是好人，说的就是这个道理。孝悌是为人之根本，有了这个基础，一个人的正常的成长之路才会展开，这就是本立而道生。所以有若才会反问，难道孝悌不是仁和为人的根本吗？

有若并不是孔子最杰出的弟子，他的话都需要我们反复而深入地理解，可见孔门弟子的能耐。曾参的名气要比有若大得多，后人都尊称他为曾子，但孔子对他的评价却是"参也鲁"①，说曾参这个人是鲁钝或迟钝的。曾参与聪慧的颜回和机灵的子贡形成鲜明的对比，但曾参却是孔子弟子中另一个成大器的人。也许曾参有点像金庸笔下《射雕英雄传》里的大侠郭靖，虽然从小反应迟钝，但却踏踏实实，兢兢业业，从而弥补了聪明不足的缺点。

聪明人有时会小看这类人，其实他们的鲁钝换个角度来看具有极大的优势。这样的人做事往往心无旁骛，他们知道自己不够聪明，反而会安守本分，不会被变化不定的世界所诱惑，不会朝三暮四，无端消耗自己的心力和时间。愚钝的曾参就说过一句很智慧的话："君子思不出其位。"（14.28）用我们今天的话来讲就是，做人要讲本分，不要东想西想，要把在某个阶段该做的事做好。如果不懂得这种智慧，就会焦虑过多，或铤而走险，这就是君子不为的小人行径。曾参承认自己的愚笨，他最担心的是自己的道德修为会不会因为愚钝而受影响，所以曾参不断提醒自己："吾日三省吾身。为人谋而不忠乎？与朋

---

① 柴也愚，参也鲁，师也辟，由也喭。（《论语》，11.17）

友交而不信乎？传不习乎？"（1.4）这样的曾参，怎么能不成大器呢？

弟子们从孔子那里受益如此之多。可以毫不夸张地讲，要是没有孔子，很多弟子的精神生命就没有诞生的机会。孔子依照每一个弟子的天分和特质为他们开启智慧，从此以后，世界的精彩和美妙才向他们显现。可以想象，弟子们有多么热爱和怀念自己的老师。他们让有若去扮演孔子，这样的事也是可以理解的，因为这正映衬着孔子的恩德。相比曾参，颜回的智商和悟性更高，就连颜回这种超级学霸，对孔子也佩服得五体投地。《论语》中记录了颜回对孔子的一段评语，非常形象生动——颜渊喟然叹曰："仰之弥高，钻之弥坚，瞻之在前，忽焉在后。夫子循循然善诱人，博我以文，约我以礼，欲罢不能。"（9.10）

颜回是贫而乐道的楷模，他无忧无惧，居易好礼，具有典型的君子人格。颜回不仅悟性奇高，还有曾参的踏实、专注和毅力。照理说颜回应该很熟悉孔子的教导了，但他越熟悉越惊叹。这种现象是不多见的，因为人性有这样一种趋向，那就是，相比熟悉或习以为常的人或事，人们更易于惊叹自己不熟悉的东西。颜回说孔子就像高山，走得越近才发现山越来越高。他努力钻研孔子传下来的学问，发觉越钻研越觉得不可穷尽。颜回说，孔子真是不可捉摸，明明感觉他就在前面，忽然又转到了后面，很像绝世的武林高手。为什么孔子像是一个武林高手呢？颜回解释道，因为他太善于诱导人了，该开启时开启，该约束时约束，自己想要停止学习的步伐都不可能。

孔子的道高深却又易行，仁者谓之仁，智者谓之智，百姓日用而不知。颜回本来悟性就高，他之所以对孔子的道着迷，就在于这种道无处不在，极高明而又极平凡。大多数弟子没有颜回那样高的悟性，他们可能也觉得孔子太不可捉摸了，就问，老师你是不是对我们有所隐瞒啊？孔子的回答是："二三子以我为隐乎？吾无隐乎尔。吾无行而不与二三子者，是丘也。"（7.23）句中的"二三子"就是弟子们。孔子说，我随时与你们在一起，有什么可隐瞒的呢？确实，那时的师徒关系亲如父子，有些时候甚至是生活在一起的。想一想孔子周游列国期间，熬过了多少艰难困苦。特别在陈蔡绝粮之时，生活那样艰苦，卫生条件也差，根本就没有隐私，正是在这种情况下，孔子的一言一行才让弟子们折服。

弟子们之所以感到孔子不可捉摸，还有一个重要的原因，那就是，孔子在教学上遵循的原则是"不愤不启，不悱不发"（7.8）。如果我们很想努力弄清楚一件事情而又百思不得其解，这种状态就是孔子所说的"愤"，刚好在这个时机上受到开导，才是有效的，所以叫作"不愤不启"。一个人真正弄懂一件事情，应该可以清晰表达出来。但有的时候，我们确实觉得自己懂了又不知道如何表达，话到嘴边又说不出来，很是着急，这种状态就是孔子所说的"悱"。孔子善于在弟子"悱"的时候启发一点点，于是，学习者马上就能得到突破并感受到突破的喜悦。孔子在教育实践上类似于艺术家的工作，每一个学生都是一件独一无二的艺术作品。孔子总是要到最恰当的时机才给弟子以启发，与只知道灌输知识的"填鸭式"教学形成了鲜明的对比。因为孔子的启发教育，弟子们才能深深体会到什么是"学而时习之，不亦说乎"（1.1）。

但孔子对弟子们也有很"凶"的一面,《论语》中有很多记载。实事求是是孔子的一贯作风,对弟子的优点缺点,他都了如指掌。就是对最喜欢的颜回,孔子也不护短。孔子有一次说,颜回什么都好,但"非助我者也,于吾言无所不说。"(11.3)也许颜回悟性实在是太高了,居然对孔子所说的一切都心悦诚服,但从教学相长的意义上讲,对孔子就没有帮助了。反倒是调皮学生子路,对孔子澄清自己的思想言行有很大的帮助。不过,子路也是被孔子骂得最惨的。

有一次子路派子羔去做费邑的长官,孔子有不同意见,他认为子羔还太年轻,现在需要静下来读书学习,好日后派上大用场。没想到子路却说:"有民人焉,有社稷焉,何必读书,然后为学?"(11.24)子路的意思是,实践出真知,那里有老百姓,有大家要拜的土地神和谷神,要懂得做中学嘛,何必要读那么多书呢?孔子当然知道实践的重要性,但他强调的是事情的另一面,而且孔子知道现在多读书对子羔以后更好。看到子路的"野人"习性又暴露了,孔子毫不客气地对子路说:"是故恶夫佞者。"(11.24)文言文听起来文绉绉的,用现代汉语表达就是:我讨厌那种花言巧语只会狡辩的人!

然而,孔子与子路之间的关系又是最亲密的。有一次,孔子听子路弹琴实在是听不下去了。子路本来是个大老粗,尽管拜入孔子门下,但毕竟根基较浅且年龄又大,对音乐这样的高雅东西很难做到得心应手。而孔子又特别看重音乐对于人的意义,他强调"兴于《诗》,立于礼,成于乐"(8.8)。诗启发人,礼支撑人,但最终使人成为人的,是音乐。孔子跟随当时的音乐大师专门学过乐器,他的音乐品位极高。据《论语》记载，"子在齐闻韶，三月不知肉味，曰：'不图为乐之至于斯也。'"（7.13）"韶"是一种音乐，起源于上古时期，歌颂圣王的德行。

那时，因为生产力不发达，很少有人能够经常吃肉，肉的香味代表生活幸福。可孔子在齐国听到韶乐后，居然三个月都吃不出肉的滋味，可见他对韶乐着迷到什么程度。可能是恢复了对肉的知觉之后，孔子说，真想不到韶乐的美能达到那样一种境界！所以我们不难想象，当孔子听到子路弹琴的时候，他禁不住自言自语地说，从子路的琴音看，他哪里像是出自我的门下啊。有弟子听到孔子这样说，就有些不尊敬子路。没想到孔子对那些弟子说，"由也升堂矣，未入室也"（11.14）。"堂"是指房子的正厅，"室"是指内室，孔子的言下之意是，你们连修道的正厅都未进，还好意思不尊敬子路？

孔子注重因材施教，他会根据弟子的天赋和具体状态而帮助他们进步。有一次，子路问孔子，是不是听到了有道理的话就要马上行动？孔子对子路说：你还有家人在，怎么可以听到什么就行动呢？同样的问题冉求也问孔子，而孔子的回答却是，当然啊，你听到了好的道理就该照做。公西华就迷糊了，私下问孔子，为什么对他们两人的回答不一样呢？孔子的解释是，"求也退，故进之；由也兼人，故退之。"（11.21）"求"指冉求，"由"指子路，孔子知道冉求遇事谨慎有余而勇猛不足，所以鼓励他前进，而子路正相反，所以要约束他的冲动。

在孔子的杰出弟子中，冉求以多才多艺而著名。但孔子与冉求的师生关系，却因为政治原因而几乎破裂。孔子在晚年能够回到鲁国，是冉求在季康子那里一手促进的。冉求如此能干，对孔子又是那样敬重，最终打动了季康子。但冉求毕竟是季氏的总管家，季康子相当于君，冉求相当于臣，按那时的社会价值观，臣尽忠于君是一个人的道德品质的基本体现。阳虎是季氏家的叛臣，能干但不忠心。到了季康子执政时，他一定要找一个既能干又忠心的人来当总管，冉求无疑是很好的人选。根据孔子对冉求性格的描述，冉求一旦碰上了一个强悍的主子，他是不太可能像子路那样反抗的。

《论语》有这么一条记载——季氏旅于泰山，子谓冉有曰："女弗能救与？"对曰："不能。"子曰："呜呼！曾谓泰山不如林放乎？"（3.6）季康子要去祭祀泰山，这可非同小事。因为按照周礼，只有天子才有资格祭祀泰山，而季康子只是鲁君的臣子，居然要去做这样违礼的事。相比他爷爷季平子的"八佾舞于庭"，季康子祭祀泰山是更加严重的僭越礼制的政治事件。从祖孙三代的行为来看，礼崩乐坏不仅没有逆转，反而在加速。孔子知道了这事，怎能不着急呢。

孔子直接找到冉求问，你难道不能想办法劝阻季康子吗？冉求的回答很直接，但也很无奈，因为他知道自己没有办法阻止自己的家君。孔子"呜呼"一声长叹，简直有点像是在悲鸣了。然后孔子无可奈何地反问了一句，难道泰山的神还不如林放知礼吗？林放是孔子的一个学生，喜欢请教关于礼的问题。孔子的言下之意是，如果泰山真有神，是肯定不会接受季康子的祭拜的。当然，孔子习惯敬鬼神而远之，他谈及泰山之神，无非是自我安慰罢了。

上面这个故事反映了春秋以来礼乐秩序的崩溃，也投射出了伦理冲突的时代悲剧。孔子的立足点是恢复周礼，他是保守的理想主义者。季康子的立足点是保证季氏在鲁国的政治地位的稳固和提升，他是敏感于权力游戏和利益关系的现实主义者。冉求最尴尬，他深受孔子的教诲因而知道礼的重要性，但他又必须像一个臣子那样尽忠，这也是孔子的"正名"思想的要求。可是，违背礼的正是自己的君主，冉求该怎么办呢？我们可以想象，在孔子质问冉求之前，他已经想尽了办法但却无法阻止季康子，他才会那样直截了当地告诉孔子，这事他已经无能为力了。在周人的礼乐文化中，最重要的人际关系是所谓的"五伦"：父子、君臣、夫妇、兄弟、朋友。在这五伦中，父子、夫妇和兄弟都是家庭关系，君臣与朋友是家庭之外的社会关系。

与现代社会不同，古代社会是以有血缘基础的部落发展而来的，家庭关系奠基着整个社会关系。家庭中的父子、夫妇、兄弟关系是人伦的基础，君臣关系象征着父子关系的延伸，朋友是兄弟关系的拓展或类比。只有君主的妻所生的长子才有继承权，这种嫡长子制度意味着，君主对内是一家之长，对外要统领治下的全体人民。周人取代殷人而拥有天下，周王将自己的兄弟儿孙分封到各诸侯国，形成了家国一体的社会格局。随着时间的推移和人口的繁殖，即使像鲁国面临着"三桓"当政的违礼局面，君主、各大世袭贵族和主要执政者，倒回去几百年大都是一家人。

这种家国秩序意味着，国是家的延伸，家是国的基础。至于天下，理论上属于诸侯都承认的周王这个大家长。在西周初期，这套系统运行得很好，家国天下一体的和谐秩序，与孔子时代的混乱形成了鲜明的对比。礼崩乐坏之所以不可避免，原因是多方面的，包括人口的增多、血缘的疏远、资源争夺的加剧、新技术对生产力的带动、知识垄断的打破、阶层和社会流动的增强，等等。总之，春秋以来，家国天下的社会模型越来越维系不住了。尽管现实制度处于分崩离析中，可家国模型的文化力量却非常强大。以父子关系类比君臣关系，在周人那里是如此地自然，这种文化心理影响了此后三千年的中国人。直到今天，大量普通中国人仍然接受"父母官"这个说法，他们盼望清官甚于注重法治，现代中国的政治治理模式仍然有这种文化的基因。

孝顺本来是我们民族文化中的优秀传统，可一旦将子女的尽孝与臣子的尽忠进行类比，处于政治地位强势方的君主如果不听臣子的劝谏，是很难有别的办法的。这就是冉求当时的矛盾处境，即使他内心也像孔子那样想要匡扶周道，现实政治关系中的尽忠义务也要求他对家君像对父母那样"又敬不违，劳而不怨"（4.18）。处于矛盾之中的冉求肯定相当痛苦。

《论语》记载了冉求与孔子的这样一段对话——冉求曰："非不说子之道，力不足也。"子曰："力不足者，中道而废。今女画。"（6.10）"说"通"悦"，"画"通"划"，画地为牢的意思。冉求对孔子说，老师啊，我真的不是不喜欢您提倡的道，但我既然作了季氏家的家臣，就不得不尽忠，要完全按照您的道而行，我的力量确实不够，是真做不到啊！冉求说的是大实话，他的力量当然不够。就是孔子，都没有力量说服各国君主恢复周礼遵行周道，他周游列国也以失败而告终，何况是冉求呢。可孔子对冉求的回答居然是：力道不足也可以走到半途，你连半途都没有走到，那是自己给自己划定了界限。这很可能是晚年的孔子眼看世道堕落，不得已而对有一定政治地位的冉求发的牢骚。

冉求尽忠是事实，主子贪财也是事实。季氏已经相当富裕了，但还必须不断扩充实力，以保持对"三桓"的内部优势，同时还要扩大军力以抵御外敌。所以，季康子决定向老百姓增加税赋。冉求只得再一次尽忠劝谏，见志不从，只好敬而不违。无论怎样，以冉求的忠心和才华，他又一次帮助季康子达到了政治目的，而置孔子的理想于不顾。孔子终于忍无可忍了，他公然向众弟子宣告，冉求"非吾徒也。小子鸣鼓而攻之，可也"（11.16）。《论语》中没有说，此后孔子是断绝了与冉求的师生关系呢，还是只是批判一通就完事了。孔子没有认识到时代悲剧的最终原因，这当然是孔子的局限。可谁能没有时代局限呢，只要是人，哪怕是伟大如孔子的圣人。

第十六章

任重道远

子贡一共为孔子守孝了六年。子贡独自陪着老师，经历了三个春夏秋冬的轮回。住在自己搭建的茅草屋里，子贡有时整夜不眠。孔子静静地躺在外面的高坟下。不，那不是孔子，那只是正在融为泥土的躯体。子贡睡不着觉，倒不是因为害怕。相反，子贡很希望老师能够以鬼魂的形式向他显现。决定独自再陪伴老师三年，当然是因为心中丢舍不下。此时的子贡已经四十几岁了，事业有成，生活富裕，家庭和睦。但他却要抛妻离子独自为孔子再守孝三年，这是多大的决心啊。为老师主持完葬礼后，师兄弟们发现，平时能言善辩的子贡变得沉默了。确实，孔子的离去，让子贡一下子觉得内心空空的，他一度失去了继续奋斗的方向。

睡不着的时候，子贡干脆和衣走出茅屋，久久地静立在孔子的墓前。冬天的夜很长，地上，树上，茅

屋上，老师的坟上，全是洁白的雪。月光下的雪反射着刺眼的光芒，更显寒冷和冷酷。子贡其实很适应冬季的长夜，他近乎变态地偏爱毫无生机的死寂。他觉得寂静漫长的冬夜最懂他的心，他的悲伤和无能为力的生命的委顿。子贡从来不假装老师还活着，不愿意在老师的墓前自言自语。子贡会在心中一遍又一遍再现与老师的对话，不知不觉中迎来春天的气息。孔子的墓前墓后有成片成片的梨树，子贡喜欢观看洁白的梨花随风飘落的样子。他觉得这是君子之花，即使身不由己也不改高洁的品性。

春天的阳光、鸟鸣和花香，常常唤起子贡对青春的追忆。那时孔子的年龄也只比现在的子贡大十来岁，年轻的子贡就是在孔子周游列国的第一个春天被那颗伟大的心灵折服的。子贡年少聪慧，家里世代经商，虽无贵族世家的奢华，倒也过得殷实自在。子贡有极佳的经商天赋，少年时就帮助家里打点生意，经常有一些很好的点子。卫国虽然不大，但国都颇为繁华，子贡从来没有想到过经商之外的事情，更不用说天下大事了。

二十余年前的一个春天，子贡偶然遭遇那个长相奇怪个子高高的鲁国人，从此改变了命运。子贡被弦歌声引入孔子暂居的小院。当抚琴人抬起头时，子贡感觉心头一震，那样深邃的目光是他从来没有见过的。但自视甚高的子贡此后通过与孔子的若干次接触，才真正心悦诚服。拜入孔门的子贡开启了全新的生命历程，他的世界扩大了，关怀天下与人道的精神生命诞生了。子贡很得孔子的赏识，他知道子贡是一个什么样的人才。子贡当然也很在乎老师的看法，《论语》记载了师徒间这样一段对话——子贡问曰："赐也何如？"子曰："女，器也。"曰："何器也？"曰："瑚琏也。"（5.3）"赐"就是子贡，他的大名是端木赐，"女"即"汝"。子贡问孔子，老师，在您心中，我是怎样一个人啊？自视甚高的人往往会有这样的问题，期望自己特别看重的人对他予以正面肯定。像曾参那样鲁钝的人，是不会这样提问题的。孔子的回答很有意思，他对子贡说，你啊，就是一个器物。子贡一愣，老师没有说他是人才，而是一个器物。他不甘心，继续问，是什么样的器物呢？孔子对子贡说，你就像一个瑚琏。孔子说的瑚琏是宗庙里用来盛谷物的礼器，由竹制成，外面有玉来装饰，看起来很华贵。用贵重的礼器来比喻子贡，可见孔子的眼光。果然，不久以后，子贡随孔子周游列国，负责与各类权贵人物打交道，很得孔子器重。特别是陈蔡绝粮的危急时刻，因为子贡的灵活，才及时搬来楚国救兵解了孔门大难。但孔子也说过"君子不器"，说明他既肯定子贡的才干，也希望他敬业修德，能够由器而道。孔子去世，众弟子尽完三年孝之后，子贡又独守孤坟三年，孔门弟子只知道子贡怀念老师舍不得离开，却不知道子贡内心的困惑。

最有可能传承孔子之道的颜回早已去世，大师兄子路也先于老师而去。虽然子贡从小自视甚高，但他真正进入孔门之后，才发现在一些广大而精微的问题上，他的见识比不了颜回。子贡有时觉得孔子的道太高了，可是一经颜回的解释，再看颜回的行动，他才意识到是自己的理解有些狭窄。子贡是一个做实事的干才，孔子曾用一个"达"字在季康子面前评价他。"达"是指通达事理，用今天的话讲，就是情商智商都高。

可子贡是有自知之明的，他知道自己不是孔子之道的最佳传承者。子贡感到很矛盾，他既觉得老师关于仁义礼乐的道理都对，但又发现世界的运转方式越来越偏离老师的追求和老师用一生时间去阐发的道。子贡有时很羡慕看起来笨笨的曾参，因为他对孔子的道绝不怀疑。曾参自知资质不高，所以他的使命就是按孔子的原意去传播道。但子贡知道自己不是曾参，他的困惑是真实不虚的，而且他也不愿意做那样的曾参。子贡隐隐约约地觉得，有些迂腐的曾参，仅凭他的天赋是很难将老师的神采奕奕的道传承和发扬的。子贡有时觉得，孔子的道附着于老师这个具有独特人格魅力的个体身上，很难完整地附着于曾参这样的人身上。如今，那个活泼泼的承载道的人只剩下正在腐烂的躯体躺在地下，躺在子贡的茅屋之外。

电闪雷鸣中，夏日的雨顷刻即至。子贡正襟危坐于不漏水的角落，静静地回想着与老师的几次重要对话。其中一次对话是关于如何理解士——子贡问曰："何如斯可谓之士矣？"子曰："行己有耻，使于四方，不辱君命，可谓士矣。"曰："敢问其次。"曰："宗族称孝焉，乡党称弟焉。"曰："敢问其次。"曰："言必信，行必果，硁硁然小人哉！抑亦可以为次矣。"曰："今之从政者何如？"子曰："噫！斗筲之人，何足算也。"（13.20）就像孔子对"君子"赋予了新的人格和道德内涵一样，他也对曾经作为贵族最低阶层的士赋予了新的内涵。君子与士其实是一类人，但"君子"侧重于从修养的角度去描述，而"士"则侧重于从行动的角度去描述。子贡善于制定目标并特别看重行动的效果，所以他问孔子，怎样才有资格被称作士？

孔子的回答是：果断行动而有羞耻之心，出使各国能完成君主的使命。子贡掂量了一会儿又问，那次一等的情况是什么呢？孔子的回答是：家乡的人都称赞他懂得孝悌。子贡又掂量了一会儿，然后又问，那再次一等的情况是什么呢？孔子的回答是：说过的话一定做到，但若不问是非而固执己见就是小人，不过能做到说话算数，也算具有士的品格了，这种人可以算最末一等的士。然后子贡把话题一转，问孔子，现在那些从政的人该如何评价呢？孔子叹了一口气，说那些人啊，都是器量狭小之人，他们哪里称得上士！我们不知道这段对话发生于卫国还是鲁国，总之孔子很看不上那些长期掌权的世袭贵族。孔子的话给了子贡很大的震动和道德勇气，他暗下决心，一定要成为高等级的那种士。

　　一阵雷声从远处滚来，就像开过来了千军万马，仿佛要将子贡的茅屋震塌。这阵雷声将子贡的思绪拉向了遥远的越国。也是一个雷雨天，子贡一行连夜赶路，以最快的速度过了吴国边境到达越国。听说鲁国国君的使臣到了越国，越王勾践亲自到国都郊外去迎接。鲁国虽不强大，但鲁国的先祖周公是礼乐文明的奠基者，身为蛮夷的越国人非常仰慕文明程度很高的鲁国。况且鲁君特使一行又是从吴国而来，更加不得怠慢。毕竟吴国是越国最大的敌人，吴强越弱，若干年前越国差一点就被吴国灭掉，勾践屈辱求和，才得以苟延残喘，从此卧薪尝胆，以图东山再起。勾践并不知道，子贡此行是奉孔子的命令，目的是游说诸侯，使鲁国免遭齐国的欺凌。在来越国之前，子贡已经北上先拜访了齐国执政大臣田常，然后南下拜访了吴王夫差，凭借他的外交才能，改变了各国间的政治风向。

当时齐国的田常势力很大，已基本控制了齐国的朝政。但国内还有反对势力，他想要调动这些势力的军队去攻打鲁国，然后对这些势力实施更好的控制。齐国实力远强于鲁国，一旦开战，鲁国很难幸免于难。国难时刻，身为国老的孔子决定派一个弟子代表国君出使齐国。子路、子张这些有才干的弟子纷纷请缨，孔子都不允许，而是将这个艰巨的任务交给了子贡。孔子知道子贡的才能，这个"瑚琏"该发挥作用了。

此前，子贡曾问孔子，怎样才能做到仁。孔子对子贡的回答是："工欲善其事，必先利其器。居是邦也，事其大夫之贤者，友其士之仁者。"（15.9）孔子知道，子贡就是此次救鲁说齐的利器。相比子贡，子路显得鲁莽，子张显得自傲，而孔子当然知道外交大事需要足够的灵活性和处变不惊的定力。子贡有通达人情世故的优点，而且常年做生意，广交朋友，能够理解如何"事贤者"和"友仁者"。孔子派子贡出使齐国，已经考虑到了子贡在不同的国家都有很有分量的生意伙伴，关键时是能够有所帮助的。

果然，子贡不辱使命，他到齐国见到田常后很快就动摇了对方派兵攻鲁的想法。作为孔门辩论队的队长，子贡一见到田常就说了下面这番话，对方立刻听懵了。子贡在田常面前侃侃而谈，他说，鲁国是很难攻打的国家，因为鲁国的城墙又薄又矮，护城河又窄又浅，国君愚昧，大臣无能，士兵和百姓都厌恶打仗。然后子贡把话锋一转，对田常说，干脆您去攻打吴国吧，吴国的城墙又高又厚，护城河又宽又深，士兵好战而且善战，吴国的武器精良人才也多，比起攻打鲁国要容易多了。田常听了子贡这番话，脸色都变了，正要发作，子贡看达到了目的，要求田常屏退左右，又说了下面这番话。

这个时候，子贡就像与田常是多年的老朋友，处处替对方考虑。子贡对田常说，我知道您攻打鲁国的目的是要巩固对国内异己力量的控制。攻打鲁国是较易取得胜利的，但因为您派的是敌对势力的军队，这种胜利会将功劳算在他们的名下，反而会助长他们与您作对。攻打吴国则不一样，因为吴国本来就想与齐国争霸，如果您打赢了，这是您的政绩，当然有利于进一步控制国内政局。如果打输了，就可以借吴国的力量消灭您在国内的敌对势力。子贡最后总结道，攻打吴国就像是一次只赚不赔的买卖，何乐而不为呢？

田常大喜，没想到保守顽固的孔夫子居然有这么一个灵活务实的弟子。但田常的难处是，他已经将军队派向了鲁国，如果这个时候撤军是会授人以柄的。子贡胸脯一拍，对田常说，您只需按兵不动，我马上到吴国去，游说吴王夫差派兵伐齐。田常非常惊讶，他既赞同子贡的策略，又喜欢子贡这个人，于是送了好多贵重礼品给子贡。子贡照单全收，他知道，自己越是收礼，他走之后，田常才越不会改变主意。

子贡立刻马不停蹄南下赶往吴国，拜见吴王夫差。当时的吴国相当强大，在南方与楚国争霸，在北方与齐国对峙。子贡事先做过研究，知道吴王夫差有个弱点。这个弱点是所有暴发户都有的，那就是文化上的自卑。吴国与越国都是蛮夷之国，面对中原诸侯，总觉得气短。照理说，吴国的开国君主也是周人，但因为历史原因，他们有意与地方土著打成一片，几十代以后，早已蛮夷化了。因此吴国的君主既自卑，又想得到中原大国的承认，子贡是个经商天才，当然知道投其所好。

子贡对夫差讲，齐国想要灭掉鲁国，如果齐国得逞，实力将大涨，吴国就将面临极大的危险。如果吴国出兵救援鲁国，不仅会挫败齐国的企图，还会占据道义上的制高点，受到中原诸侯尊重，有利于以后争霸中原。吴王夫差本来就贪婪，这种名利双收的事情送到眼前，他立刻就心动了。可夫差也有担心，如果他派重兵出征，万一背后的越国捣乱怎么办呢？夫差于是想干脆先派军队灭了越国再说。

　　子贡当然要阻止吴王的这个想法，他对夫差说，您要是先攻打越国，很可能会贻误抗齐的战机，还被中原诸侯解读成是因为懦弱而不敢抗齐。此外，您要是灭掉越国，就与救援鲁国正好做了道义上相反的事情，即使达到目的，也会被中原诸侯鄙视。说了这番话以后，子贡又给夫差戴高帽子，说吴强越弱，诸侯都知道您可以随时灭越，可您不灭越反而救鲁，这不才显得您仁德吗？子贡看夫差心动，但仍然担心越国，于是又把胸脯一拍，说越国的事包在我身上了，请静候佳音。夫差很高兴，觉得礼仪之邦的使臣水平就是高，于是更加幻想能够通过救鲁抗齐而获得文明国家俱乐部的入场券。

　　正是在这种背景下，子贡南下越国见到了越王勾践。可想而知，越王勾践对子贡有多么依赖。特别是，听说吴王可能发兵灭掉越国，身为一国之君的勾践甚至向子贡叩头行大礼，感谢子贡的救国之恩。本来，孔子派子贡出行的目的只是要存鲁，但孔子根本没有料到这事居然牵扯到了那么多国家。好在子贡是一个极为灵活的人，事已至此，干脆一不做二不休，就将事情做彻底。子贡仿佛在做一个很大的买卖，将各国看成了自己可以掌控的货物，进哪些货，出哪些货，全由他说了算。

子贡想，反正老师交代的目的是存鲁，有短期考虑，也可以有长期的考虑。从长远来看，扶持越国是最有利的，因为强大的吴国若没有越国的牵制，就可以全力北上，而横在鲁国与吴国之间的只是几个弱小的国家。再加上吴王暴虐，他一旦灭了那些弱国，最终受害的反倒是鲁国。虽然齐国也强，但毕竟是中原国家，多少要受礼义约束，并没有灭亡鲁国的动机，这次田常派兵伐鲁，不过是出于国内政治的需要。想清楚这个买卖该怎么做之后，子贡决定真心帮助越王勾践，而勾践也一切都听从子贡的安排。

　　子贡首先返回了吴国。他向吴王夫差报告，越国根本就没有谋反的想法，而且为了感激吴国保存越国，勾践决心派出自己的一部分军队供吴王调遣伐齐。夫差大喜，当即决定出兵救鲁伐齐。而子贡呢，离开吴国后，又快马加鞭赶到了鲁国以西的晋国。子贡见到晋国国君，说一旦吴国打败齐国就可能侵犯晋国，晋国于是决定备战。后来的局势演变几乎都在子贡的预料之内。

　　吴王夫差北上打败齐国，然后挟胜利的威风而犯晋，但却被晋国打败。越王勾践趁机带兵袭击吴国，攻下吴国都城。夫差被迫撤兵对付越国，但接连被有备而来的勾践打败，最后强大的吴国反被弱小的越国灭掉，越国成了新的区域性霸主。孔子也没有想到，他派子贡出来走了这么一趟，就搅得天下不宁，其后十年，虽达到了存鲁的意图，却使齐国大乱，吴国灭亡，晋国变强，越国称霸。孔子果然没有看错，子贡是国之重器，具有巨大的能量。

　　仍然在茅屋中独自守孝的子贡想，这都是若干年前的事情了。回想起自己引起的各国动荡，子贡更感困惑和无助。老师主张的道虽好，但却不能行于天下，这究竟是为什么呢？但子贡对孔子毕竟是心悦诚服的。连孔子都有时代局限，看不到时势正在发生历史性的根本变化，子贡又怎能看得到呢？可随着孔子的去世，子贡觉得孔门的主心骨没有了，自己的精神生命也无可奈何地枯萎了。就像萧瑟的九月，万物凋零，秋风秋雨使茅屋破败，也使子贡的心更加零乱。

一天晚上，子贡深夜未眠，他听见蟋蟀的叫声随着秋的深入而越来越弱。他不知道自己是不是也会这样，将像落叶随风飘逝，了此余生。子贡虽有经商天分，也有治世之才，但他并不觉得那个表面上的繁华世界对他有多大的吸引力。他想，道之不存，这一切都是没有意义的。子贡不由得想起了"朝闻道，夕死可矣"，他很想知道老师的魂魄归向了哪里，是不是最终与道同体了。

子贡深深地叹了一口气，他觉得自己确实不如颜回，他根本做不到箪食瓢饮乐在其中。子贡是这样的人，仅当他觉得有使命在身的时候，才会迸发出巨大的生命力。那一夜，子贡想了很多，回想起师徒在一起的很多细节，特别是那些暖心的瞬间。子贡反复默念着这样的话：君子乐以忘忧，不忧不惧，忧道不忧贫。乐他是乐不起来的，但子贡觉得他忧的不仅仅是道，也包括他本人继续活下去的意义。

那天晚上，子贡做了一个梦。他梦见自己又回到了越国。越王勾践与他把酒言欢，感谢他为越国所做的贡献。酒过三巡之后，越王有些飘飘然了，他突然抽出宝剑，开始了舞蹈。勾践步伐踉跄，披头散发，越舞越快。只见锋利的剑将勾践的长发削成了很多小段，裹在剑风中很是好看。子贡看到勾践进入了一种疯癫的状态，手中的剑将身上刺得血肉模糊，却怎么也停不下来。情急之中，子贡抓起不远处的琴，他边弹边唱，但口里迸出的却是孔子的声音，既庄重又潇洒，既喜悦又忧愁。勾践看到子贡的演奏，听到孔子的歌声，心头一震，长剑落地，若有所思。子贡停止了抚琴和演唱，但琴声和歌声却怎么也停不下来，他既惊又喜，一觉醒来，雨停了，风静了，梦中的幻相也都消失了。

子贡怅然若失，他觉得真是人生如梦啊，他感到回放梦境与回忆过去，实在是没有多大区别。但这个梦却让子贡一整天都若有所思，他联想到"被发左衽"这个说法，回想起与孔子的一段对话——子贡曰："管仲非仁者与？桓公杀公子纠，不能死，又相之。"子曰："管仲相桓公，霸诸侯，一匡天下，民到于今受其赐。微管仲，吾其被发左衽矣。岂若匹夫匹妇之为谅也，自经于沟渎而莫之知也。"（14.18）那一次，孔子给弟子们讲历史上的重要人物，讲到了齐桓公与管仲。齐桓公活跃的时间比孔子早一百多年，那时周王的影响已经衰落，诸侯之间，诸侯与蛮夷之间，互有征战。天下大乱，需要一个强者来维护基本格局，否则四处战火，黎民悲苦。齐桓公是著名的春秋五霸之首，在管仲的大力辅佐下，打出了尊王攘夷的旗号，努力维持当时的政治格局，做出了很大的贡献。

但齐桓公的上台执政却是一个奇迹，他与管仲之间的恩怨更是传为一时的佳话。在上面那段对话中，子贡问孔子，管仲应该算不上仁人吧？子贡提问的背景是这样的：当年齐桓公还是公子小白的时候，与公子纠两人争夺君位，管仲本来是辅佐公子纠的，他差一点就杀死了公子小白，但最终小白靠智谋获胜，反过来杀死了公子纠。公子纠别的臣子都自杀殉主了，唯有管仲活了下来。管仲不仅活了下来，后来还投靠了齐桓公，成了齐国的宰相，帮助齐国成就了霸业。子贡对此感到不解，他问孔子，管仲不自杀，还要投靠并辅佐齐桓公，连最基本的忠都没有做到，他怎么能算仁呢？

孔子的回答是，管仲帮助齐桓公匡扶天下，至今人民都受其恩惠，要是没有管仲，我们恐怕也要"被发左衽"呢！"被发"就是披散头发，"左衽"就是衣襟向左敞开，代指不开化的蛮夷民风。孔子提醒子贡，像管仲这样有大才能的人，哪能像普通男女那样讲小节小信，在山沟里自杀而埋没自己呢？孔子是一个有大智慧的人，他绝不拘泥于对仁、义、礼、智等德性的机械照搬。

那一次对话给了子贡很深的印象，因为子贡本来就是同门师兄弟中灵活性很高的人。可在如何判断大是大非的问题上，孔子居然比他还灵活。孔子关心的显然是黎民百姓的福祉，是文明火种的传承，不希望文明倒退使人们重新"被发左衽"。孔子认为，管仲置自己个人的名誉而不顾，坚持将上天赋予他的才华发挥出来，造福于天下苍生，这难道不是仁吗？回想着与孔子的对话，再咀嚼那个奇怪的梦，子贡开始明白他后半生应该做什么了。

又是一个冬天，子贡独守孤坟将到第三个年头了。大雪纷飞，山川素雅，孔子的高坟与子贡的茅草屋从远处看竟然有点相像。冬天的夜仍然是那样漫长，但子贡的心又热了起来，他悟到了属于自己的使命。子贡静静地站在孔子的墓旁，他的心变得踏实而充满期盼，他觉得老师的精神力量在他身上重现了。子贡深深吸了一口寒冷的空气，他头脑异常清醒。抬头望天，子贡又看到了那些闪闪发亮的星星，它们似乎触手可及。四季的星空是不同的，唯有北极星恒定在那里，仿佛所有的星星都在围绕它而转动。

子贡想，老师就像思想上的北极星，总有一天，所有人都会认识到老师主张的道是恒久的。也许什么时候，在人间会再次诞生三代圣王那样的伟大人物，他们一定做得到"为政以德，譬如北辰，居其所而众星共之。"（2.1）但这种伟大人物的出现是有条件的，子贡想，那就是老师传承的道不能湮灭。相比孔子和诸多先贤，子贡觉得自己是一个小人物。但他是老师所说的"瑚琏"，一个器物，一个应该传播道并被道使用的器物。子贡又仔细看了看天上的群星，他看到了一颗离北极星很远的暗淡的小星星。他有一种预感，觉得那颗小星星就是很多年之后自己魂魄的归处。他将在那里继续守护老师在地上的墓，也将在那里寻找老师在天上的魂。

春天的梨花又盛开了，子贡收拾好行囊，在孔子的墓前长跪不起。子贡第一次大声对老师说出了他将要做什么，他郑重地给孔子行了三次礼，然后飘然而去。从此以后，我们看到一个经商奇才行走于春秋末年的江湖，他善于结交各类人士，上至王侯将相，下至屠夫走贩。他豪放仗义，机智灵活，见人说人话，见鬼说鬼话。但他绝不会忘记老师的教诲，行己有耻，使于四方，不辱君命。在他的心中，孔子就是他精神生命的君主，也是在人生黑暗中不断启发他寻找希望的指路明灯。随着各国战争的加剧，善于捕捉商机的子贡，终于成为名闻天下的大商人。

子贡对发财办法秘而不宣，但他出手大方，经常帮助处于困难之中的人。穷则独善其身，那是颜回，达则兼济天下，这是子贡。虽然很多底层百姓受过子贡的帮助，但真正推高子贡声望的却是各诸侯国的君主。哪个国家需要物资，子贡就调动他领导的遍布天下的商会去筹集物资。子贡经常对底层百姓予以施舍，但对各国君主和大夫却严守商道，该赚钱时绝不手软。但他言必行，行必果，总能解决上层人物的各种困难，也总能得到他们的回馈。子贡特别善于察言观色，深知人性的特点，所以他从不低调行事。子贡总是有意无意地展现着他富可敌国的财富，该铺张时绝不节约，鲜衣怒马，琳琅满目，仆童成群，真是应有尽有，一样都不少。

子贡被各国君主邀请，经常平起平坐，分庭抗礼，风光无限。天下人都知道子贡，也知道他是孔子的弟子。天下人容易被所见所闻而迷惑，子贡就是要让他们迷惑且迷恋于自己的财富和声望。子贡将天下人的迷惑和迷恋变成了传播道的器物，孔门声誉终于越来越大，而且在人们的口口相传中，越来越神奇和值得仰望。子贡的目的达到了，他知道自己只配作"瑚琏"，但做事就要做彻底，他要做传播孔门声誉的最华丽的那件礼器。

后来子贡边经商边从政，居然先后做到了卫国和鲁国的宰相。那时的子贡可谓政商两界通吃，意气风发，几乎无所不能。太过顺风顺水之后，人就可能变得自我膨胀，难免会遗忘自己的来时路，子贡也不例外。有一次，子贡去看望自己的师弟原宪。子贡排场惯了，一行车队浩浩荡荡，直奔原宪隐居的地方而去。在孔子任鲁国的大司寇时，原宪曾为孔子当过管家。当时孔子给了原宪一笔较高的收入，原宪推辞，孔子对他说，不要推辞，如果有多出来的，你可以拿出来帮助自己的乡亲们①（6.3）。原宪就是这么一个实在善良的人。原宪从自己的陋室中走出来见子贡时，穿得相当破烂，一副贫困潦倒的样子。子贡一见，忍不住就说，你这是怎么了，出了什么问题吗？

没想到原宪根本没有为子贡的富贵气势所打动，他淡淡地对子贡说，没有财物只能叫贫穷，学道而不能行道才是有问题，我这是贫穷，而不是有问题。原宪的话让子贡哑口无言，这是子贡行走天下，哪怕会见那么多王公贵族，都没有碰到过的情况。确实，那些场合下的子贡，既能惠及与他打交道的对象，还带着光耀孔门的特殊使命。在那种情况下，子贡内心是坦荡的，做的事是有利于大家的，纵论天下，谈笑风生，好不潇洒。可面对贫穷的同门师弟，子贡突然觉得遭遇了一种力量，而那本来是他独守老师三载才积聚的力量啊。子贡遭遇的是原宪传承的道德力量，不媚上，不贱己，这是贫穷也不改喜乐向善的那种达观的力量。子贡心中一惊，立刻意识到自己错了，他的耳边响起了老师的声音：君子居之，何陋之有？

子贡一生，只服膺孔子，而在平辈之中，真正使他感到自卑的只有一个人，那就是颜回。因为颜回身上有一种安贫乐道的淡定，这种力量是他自己缺乏的。这次拜访原宪，子贡再一次遭遇了类似于颜回的道德定力，让他既羞愧又惊喜。见贤思齐乃孔门弟子的基本修养，子贡于是下定决心向原宪学习，即

———————————

① 原思为之宰，与之粟九百。辞。子曰："毋，以与尔邻里乡党乎！"（《论语》，6.3）

使做不到贫而无怨，也一定要做到富而不骄。见过原宪之后，子贡决心不断提高自己的修养，他说了这么一句名言："君子之过也，如日月之食焉。过也，人皆见之；更也，人皆仰之。"（19.21）可见子贡真正是一位坦荡而不自欺的君子。

正当子贡的声望如日中天，谄媚他的声音不绝于耳。子贡有钱有势官做得又大，而且朋友遍布天下，中间还有不少王公侯伯。这种情况下，碰到有人谄媚就很容易飘飘然。但经过原宪事件之后，子贡又成为为孔子守孝时的子贡，只是表面上拥有富贵而已。他明白，只有道才是恒久的，富贵权势都是浮云。所以当听到有大臣说他比孔子更贤明更优秀的时候，子贡说了这么一番话："譬之宫墙，赐之墙也及肩，窥见室家之好。夫子之墙数仞，不得其门而入，不见宗庙之美，百官之富。得其门者或寡矣。夫子之云，不亦宜乎！"（19.23）子贡的比喻是，我家里的墙像肩那样矮，所以有一点好东西就被人家一眼看到。可是孔子家里的墙有数仞之高，一般人连门都进不去，哪里知道其中的富贵美妙呢？说那种话的人，对他而言，不是很正常吗？

还有一次，那个大臣又说孔子的坏话，子贡听到后淡淡地说："无以为也。仲尼不可毁也。他人之贤者，丘陵也，犹可逾也；仲尼，日月也，无得而逾焉。人虽欲自绝，其何伤于日月乎？多见其不知量也。"（19.24）子贡的意思是，他那样做一点用都没有，孔子怎么可能诋毁得了，其他人的贤明就像丘陵，而孔子的圣贤像日月无可超越。那些想要自绝于日月的人，对日月又有什么损害呢？这只能表明这样的人不自量力罢了！好一个伶牙俐齿的子贡，但他这次却不需要自责，刀剑可以是捍卫道的器具，口舌当然也可以。

晚年的子贡对名利富贵都看得很淡，他因长期忙于经商和从政，在学问上就不可能像曾参那样专注。子贡知道自己的局限，他选择了适合天性的路，并因此而大大传扬了孔子和弟子们的名声。子贡知道他只是道的铺路人，他希望这条路上会走出真正的圣贤而将孔子的道发扬光大。子贡做到了在老师墓前守孝时的承诺，他要使自己的后半生成为被道使用的器物。但子贡毕竟也有遗憾，他没有专心于老师的学问，传下自己的思想。子贡的大量时间都消耗在了觥筹交错之中，他看尽了人间的繁华，也不知后人会怎样评价。

临终之前，子贡想起了曾参的一句话："士不可以不弘毅，任重而道远。仁以为己任，不亦重乎？死而后已，不亦远乎？"（8.7）任重而道远，道的传承和实现也许需要一代又一代人的努力。子贡想，从学问上传承和发扬老师的道，说不定要靠着那个笨笨的曾参师弟呢。想到这里，子贡苍老的脸上露出了些许古怪而又欣慰的笑。

第十七章
文化传承

　　孔子去世后，曾参成为儒家学派最重要的传承者。在孔子之前，"儒"本来指那些靠着操持礼仪为生的职业人士，孔子年轻时就曾以这种工作挣得的收入贴补家用。因为孔子的努力，"儒"的内涵，就像君子和士的内涵，都发生了改变。孔子有一次对子夏说："女为君子儒，无为小人儒。"（6.11）这是孔子对子夏的告诫，大概子夏比较擅长礼仪典籍的细节内容，而孔子则看重礼背后的道理并特别强调对世道人心的关注。

　　曾参心无旁骛，专心教书育人，为孔子创建的儒家学派的发展做出了卓越的贡献。据说曾参有几次当大官的机会，都被他拒绝了。曾参这辈子只当老师，他最著名的学生就是孔子的孙子子思。曾参著《大学》，子思著《中庸》，子思又有再传弟子孟子，儒家因为曾参而文脉不衰。孔子的其他著名弟子，如子夏、子游、子张，都从不同的角度对儒家学派的发展做出了贡献。

儒家特别注重文化传承，孔子的"述而不作"就有这个特点。《论语》中记载了这样一件事情——子贡欲去告朔之饩羊。子曰："赐也，尔爱其羊，我爱其礼。"（3.17）"朔"是农历每月的初一，按照周礼，天子在每年的十二月，向诸侯颁发第二年的历书。诸侯将历书藏于祖庙，每月初一都要杀一只活的羊祭祖，这就是"告朔"。到了孔子和子贡的时代，鲁国国君已不再亲临祖庙举行告朔之礼，但人们还要按照过去的习惯，杀一只羊供奉祖庙。子贡觉得杀羊的做法有名无实，还要牺牲掉一只羊的性命，就想要免去每月杀羊这件事。孔子却说，子贡啊，你是爱惜羊的生命，而我却是舍不得那古老的礼！从孔子与子贡的对话可以看得很清楚，一个灵活务实，一个保守重礼。孔子明知道这个礼已经名存实亡，但他就是想要挽留这个名，想让人们知道曾经还有那么隆重的一个周礼。这是孔子的文化传承的态度，那就是，不到万不得已，不要再减损他心目中的理想的周礼。

为了保护演变中的或正在消逝的周礼，孔子生命的最后十年专门从事典籍的整理工作。孔子去世之后的三百多年，中国历史经历了孔子根本意料不到的大变局。先是由礼崩乐坏的春秋时期进入强存弱亡的战国时期，后由秦始皇统一六国，再到西汉帝国的建立。特别是到了汉武帝时期，随着皇权的巩固和"罢黜百家，独尊儒术"的政策的实施，孔子开创的儒家学说终于成为官方学说，拿今天的话讲，即成为官方意识形态。

非常有趣的是，旨在捍卫西周封建制度的儒家学说，要等到分封制被郡县制代替之后，才成为了官方意识形态。为了官方意识形态的需要，汉武帝设立所谓的"五经"博士，派专人讲解《尚书》《周易》《诗经》《礼记》《春秋》等几部古代经典。《尚书》是关于西周早期王室活动的历史记录，甚至中间还有关于商代君王的内容。因为历史的原因，特别是秦始皇"焚书坑儒"之后，到了西汉时期，《尚书》的内容已经有很多真假难辨之处。但多数历史学家认为，孔子为《尚书》的编辑成形做出过贡献。

　　《周易》本是一部占卜之书，充满了巫术和迷信内容，并混合术数与原始的哲理。但到了孔子的时代，随着人们理性精神的提升，一些不愿意被鬼神和巫术左右的贵族知识分子，就开始挖掘里面有启发的适用于人生和社会的哲理。据说《易传》是孔子所著，后人习惯将它附着于《周易》原始文献之后。从《易传》的内容看，里面对世界的理解方式与《论语》非常类似，标志着中国人的精神已经多少摆脱巫术而赢得了新的生长空间。与《周易》差不多古老的还有《诗经》，而《诗经》的成书完全要归功于孔子。

　　孔子不是《诗经》创作者，但流传至今的《诗经》是由孔子删定和编辑的。《诗经》的作品大都属于西周时期，内容十分丰富，有关于王室祭祀和庆典的，有关于周人的历史传说的，有歌颂爱情婚姻的，也有鞭笞社会黑暗。那时的周王朝设有"采诗"官，负责到各封国采集民谣，然后用官方语言重新书写出来。《诗经》里面的诗，是很多重要场合都要传唱或引用的，以达到礼乐文化希望的社会和谐。诗里面有很多象征和隐喻，在重要的场合，引用合适的诗来表达意图，显得高雅委婉，是一项十分重要的文化技能。孔子就强调，"不学《礼》无以立，不学《诗》无以言。"（16.13）可见《诗经》不是现代意义上的用于消遣的文学，里面藏有大量与周人和那个时代相关的文化密码。

如果说《尚书》《周易》和《诗经》的主要内容早已存在，孔子只是进行了编辑或补充，《春秋》则是孔子亲自编写的作品。《春秋》是鲁国的国史，用词言简意赅，几乎每个句子都有针对时事或人物的褒贬。在《春秋》中，孔子把自己主张的价值观投射进历史事件，并对人物的言行做出是非分明的判断。因为孔子的用语隐晦，后人称这种写史的方式为春秋笔法，体现微言大义。

汉武帝时期"五经"中的《礼记》，内容涉及周人的各种礼，包括政治制度、宗教仪式、教育和社会习俗等内容。《礼记》并非一人所著，但编辑成册是在西汉。曾参著的《大学》和子思著的《中庸》本来是《礼记》中的两篇，到了宋代，朱熹将其单列，并与《论语》《孟子》合称"四书"。后人常说的"四书五经"，就是明清两代用于科举考试的官方指定教材。

从以上的简述可以看出，自西汉以来，孔子及弟子们的相关著作，就一直是官方意识形态的主要构成。儒家有时又被称作儒教，"教"有教义和宗教两层含义。事实上，自西汉始，孔子就备受皇家的推崇，在漫长的历史岁月中，地位越拔越高，被历朝皇帝授予了数不清的封号，譬如"文圣尼父""至圣文宣王""大成至圣文宣先师"，不一而足。连孔子的弟子颜回、曾参等，都被授予"复圣""宗圣"等称号。在一些非官方的传说中，孔子更加被神化，甚至有呼风唤雨和未卜先知的本领。

至于为何孔门师徒会在死后若干世纪被拔得如此之高，而且他们的思想一直居于官方意识形态的主流地位，则离不开对现实政治的理解。简要地讲，政治统治仅靠暴力维系是不可能的。孔子师徒的思想强调忠孝和"温良恭俭让"，很适合西汉以后历朝历代的政治需要，甚至"君要臣死，臣不得不死"的愚忠思想，也要想办法从孔子师徒那里找到根据。被无端抬高或神化，当然不是孔子的责任，就像被从神坛上拉下来，也与孔子无关。

当进入 20 世纪时，持续了两千多年的中国传统社会结构发生了根本性的变化。从 19 世纪中期开始，中华文明就面临着发源于西欧的现代文明的冲击。中华文明的根基是农业，自周人以来的三千年就没有发生过本质上的改变。现代文明的根基是工业，以及不外于现代科学技术的世界观和思维方式。这是两个层次不同的文明之间的碰撞，工业文明对农业文明的碾压是必然的，属于"降维打击"的范畴。我们从教科书上读到的"鸦片战争"，只是两种文明碰撞的一个缩影。非常不幸的是，在这场文明冲突中，晚清政府又特别腐败无能，其好多精力和资源都用在了内忧而不是外患上。我们假设一下，假如这场文明冲突发生于盛唐时期，也许我们的学习速度要快得多，文明转型也要顺利得多。

在两种文明冲突的早期，清政府高层根本没有当回事，认为不过是遭遇了一些擅长雕虫小技的西方蛮夷。这是文化自信的巨大惯性，从孔子所说的"夷狄之有君，不如诸夏之亡也"（3.5）开始，就一直保持着这种文化自信。在与现代工业文明碰撞之前的两千多年时间里，中华文明一枝独秀，从来没有遭遇过真正的外来威胁。在儒家文化的势力范围之内，所有国家或地区都受到了影响，即使没有完全归化儒家文化的国家或地区，也没有文化实力反抗那么高级的文明。

尽管中国历史不乏被不同民族和征服的情况，但那些武力占优的游牧民族一旦进入黄河和长江流域，就会发现，他们完全没有办法只靠纯粹的武力统治地广人多的疆域。但这些游牧民族又没有高于儒家的文化资源，所以为了长期统治，他们唯一的选择就是接受儒家文化并高举孔子的大旗。开始的时候，作为侵略者的异族接受儒家文化是出于策略性的考虑，可久而久之，儒家文化的巨大优势就显现出来了，儒家文化不仅有助于统治的维护，而且能够提升异族的文化和精神层次。随着异族对儒家文化的认同越来越强烈，他们融入儒家文化也趋于必然。文化认同就这样促进了民族之间的融合。因此，中华民族实际上是文化融合的结果，是文化认同的向心力大于种族差异的离心力的历史进程的结果。

19世纪以前，中华文明也遭遇过优秀而强大的外来文化或宗教。犹太教是一个古老的宗教，犹太民族是一个古老的民族。公元2世纪，犹太聚居地被罗马帝国占领之后，犹太人被迫流亡世界各地，他们保持着自己独特的语言、宗教信仰和习俗。因为种种原因，犹太人饱受欺凌，因此刺激着他们的民族认同，也使他们更加团结。犹太人能够在彻底灭国大约一千八百年之后，于20世纪第二次世界大战以后重建自己的国家，不能不说是一个巨大的奇迹。可就是这样一个优秀自信的民族，他们中的一支于北宋时期到达开封，却没有能够保持自己的独特性，而是逐渐被以儒家文化为代表的中华文明同化了。真正成功进入中华文化的是佛教。尽管佛教带给了中国人很多新鲜的思想，但到了唐代，佛教也逐渐本土化了，最后形成了以儒家为核心的儒释道三教合流的文化景观。

以上这些背景可以解释，当19世纪身为高级知识分子的清政府官员们遭遇欧洲人时，他们会有怎样一种惯性思维。文明的冲突始于文化自信支撑的对外蔑视，终于现实耻辱和内心恐惧。终于有人明白了，这场文明碰撞必将导致"数千年未有之大变局"。过去的碰撞、冲突或融合，都是农牧文明内部不同种族或文化之间的事情，可"降维打击"却是工业文明对农业文明的冲击，具有完全不一样的性质。

即使认识到了这是数千年未有之大变局，晚清政府并没有意识到文明的转型会是一件多么艰难的事情，他们对因此而将发生的社会变革能容忍到什么程度，也没有思想上的准备。晚清政府坚持"中学为体，西学为用"的国策，愿意花大量经费购买现代化的武器装备，以达到"师夷之长技以制夷"的目的。将西方文明的国家和人民看作"夷"，而把自己看作"华夏"，这种思维模式是不折不扣三千年前的周人思维。用三千年前的思维去应对三千年未有之大变局，结果可想而知。到了晚清末年，特别是甲午海战惨败之后，中国最后一个皇权制度已经积重难返，再想改革已经没有机会了。1911年的辛亥革命，使看似强大的皇权统治轰然倒下。

进入 20 世纪后，中国历史发生了根本性的转变。一言以蔽之，如何将前现代文明转型成现代文明，是持续了整个 20 世纪并与每个中国人的命运息息相关的宏大话题。正是在 20 世纪，被历朝历代推崇备至的孔子，遭遇到了思想上的清算。"新文化运动"期间，向往现代文明的进步青年提出了"打倒孔家店"的口号，反映了当时很大一部分知识分子和民众的情绪。国家积贫积弱，在现代化的外敌面前不堪一击。作为国家意识形态的儒家学说，既不能提供孕育了现代科学技术的思维方式，也不能提供现代社会运转所需的制度方案，还因为一味强调礼义廉耻而约束了中国人的精神发展。批评者们认为，比船坚炮利更基础的是制度建设，比制度建设更基础的是文化和思想上的革命。

令批评者们痛心疾首的是，在人类历史由 19 世纪跨入 20 世纪的关口，晚清官方居然还默认和怂恿不识真相的民众发起"扶清灭洋"的运动。民众的爱国固然可嘉，但清政府相信刀枪不入的巫术可以对抗现代化的枪炮，简直荒唐可笑之极。关键是，清政府既是这场荒唐闹剧的肇始者，也是其官方意识形态儒家学说的捍卫者。以孔子为首的儒家学说，不仅在救亡图存的紧迫形势下无所作为，还因为严重束缚了国民的心智而被批评为"吃人的礼教"。

那个时期，一小部分先进的中国知识分子放眼全球，他们大口大口地呼吸着文化和思想上的新鲜空气。他们有很多新奇的发现，其中就包括对儿童的重新认识。他们发现，19 世纪的欧洲人对儿童的成长有非常不同于中国传统的看法和视角。

我们的儿童从小背诵《三字经》《弟子规》这类充满着儒家礼教的内容，它们主要教人在家中懂孝悌，在朋友间讲信义，在君臣关系上尽忠尽责。他们认为，背诵这些内容成长起来的儿童，缺乏对世界的好奇心和对社会的反思批判能力。

反观那个时期翻译成中文的安徒生童话，却为新时代的中国人展现了一个完全不同的世界。《丑小鸭》对儿童成长心理的描绘是那样惟妙惟肖，整篇故事充满童趣，充分展示了人对于自我实现的积极需求。《卖火柴的小姑娘》揭示了社会的冷漠与黑暗，强烈地冲击着读者的道德情感，并暗含着对于社会正义的深情渴望。《皇帝的新装》描述了谎言和自欺是怎么压制真相的，揭示了虚荣的皇帝与不诚实的官民如何成为共谋者而集体导演了令国家蒙羞的闹剧。透过安徒生童话的思想风景反观我们的儿童教育，差异与不足都暴露得那样明显。因此，"救救孩子"成了那个时代的良知呼唤，也与对"阿Q精神"的批判形成了协调共振。

那个时代，越来越多的知识分子认为，要推动中国社会向着现代文明进步，是不能依靠"四书五经"的。因此，在20世纪开始不久，随着清王朝的崩溃以及持续了两千多年的帝制的终结，中国社会何去何从，成了那个时代最紧迫的问题。那时的中国，社会动荡，政治黑暗，军阀混战，外敌环伺，虽有大量仁人志士投身社会改造事业，仍然无法扭转清王朝退出历史舞台之后的分裂局面，也无法抑制社会转型的巨大痛苦。在这种社会背景下，孔子的声望降到了历史的低点。

与之同时，中国先进的知识分子接触到了一位欧洲伟人。这位欧洲伟人的名字开始在中国传播，以他的思想武装起来的政党，仅仅用了二十八年就实现了中华民族的再统一，并废除了各国强加给近代中国的一系列不平等条约。这位欧洲伟人就是马克思，而他本人在生前并未料到，自己的理论将被这个遥远的东方古国接受，并使之焕发出无与伦比的社会活力。

至于为何马克思的理论能够成为指导中国革命的思想武器，这个问题不在本书的探讨范围之内。但有两个方面的原因，可以帮助我们理解马克思的理论为何会被转型时期的中国社会接受。首先，马克思的理论是无神论的，这与欧洲的宗教传统形成了鲜明的对比。在中国古代，虽然民间有各种各样的宗教信仰，并且巫术和迷信总有生存的土壤，但始于孔子的"敬鬼神而远之"的儒家文化强调人的重要性，是较易接受现代无神论思想的。其次，马克思的理论针对的是现代市场经济条件下的资本主义制度，认为这个制度隐藏着人剥削人的重大秘密。资本家不一定有主观意图剥削工人，但资本主义的制度设计是没有办法克服一部分人对另一部分人的剥削和压制的。按照这个理论，资本主义社会的贫富差距就会越来越大，持续的经济危机和社会灾难不可避免。儒家传统的政治社会理想也不喜欢过大的贫富差距，孔子在《论语》中就有"不患寡而患不均，不患贫而患不安"（16.1）的说法。虽然马克思的理论根本上区别于儒家思想，但后者却为前者在中华大地上生根作了必要的观念铺垫。

特别重要的是，中国近代史是一部被外族侵略的历史，充满着辛酸和屈辱，因此"落后就要挨打"成了中国先进知识分子的基本共识。古老的中国文化是在农业文明的基础上发展的，可农业文明最终不是现代工业文明的对手。认清这一点意味着，中国必须走工业化道路，必须实现文明的现代转型。但是，很多人并不愿意仅仅在实力上使中国赶上或超过曾经的侵略国，然后让这个世界变成一个永无休止的弱肉强食的社会。他们仍然持有儒家文化赋予的天下观念，认为世界大同，至少各国和平共处才是值得追求的目标，因此他们想要立足于更高的道德视野去看问题。马克思的理论认为社会主义优越于资本主义，而侵略中国的国家无一例外是资本主义的。因此，走社会主义的"不患寡而患不均"的道路，既适合我们的文化土壤，又能够在占据道德制高点的前提下从国力上赶超大大小小的侵略国，这个方向的社会改造的吸引力无疑是巨大的。

无论怎样，在帝制终结之后，孔子的地位就一直处于下降的趋势。尽管有"打倒孔家店"的口号，但也有一些知识分子认为，不能将历朝历代神化孔子的责任，特别是不能将中国近代在文明碰撞中屡遭失败的责任推到孔子身上。他们不反对"打倒孔家店"的说法，但却补充说，新文化运动的目的不是将文化这棵大树连根拔起，而是要剪除有碍文化整体生命力的累赘枝叶。他们说，"打倒孔家店"只是社会和文化改造的必要路径，但"救出真夫子"也是新文化运动正本清源的重要目标。按照这种较为温和的看法，中国近代问题的根源不能归咎于孔子，而应该归因于持续两千多年而不做根本改变的传统政治制度和社会观念。

然而，无论"打倒孔家店"是否要"救出真夫子"，孔子本人的真正被打倒却是 20 世纪 60 年代的事了。那个时候，政治生活处于国家统一之后的一个较为动荡的时期。就像历朝历代出于政治目的而抬高孔子一样，那个时候也出于一些政治考虑而贬低甚至丑化孔子。那个时期的儿童，很多都读过内容为贬低孔子的书。我们这里对那段时期不作评价，但需要记住的是，历史上的孔子，无论是被神化还是被丑化，都与孔子本人没有任何关系。

历史进入到 20 世纪后半叶，随着改革开放基本国策的确立，随着计划经济向市场经济的过渡，中国社会进入了一个全新的时期。中国经济的持续繁荣也迎来了文化和思想的繁荣。在知识阶层，兴起了新一轮的文化反思与批判活动。饱受列强欺凌的贫弱、分裂的中国，已经成为过去式，知识分子终于可以在相对宽松和更加从容的环境里思考文化问题。尽管中国社会的现代转型取得了极大的成功，人们的思想观念也有了根本的变化，但越来越多的人意识到，传统文化在史无前例的现代化转型中所起的作用不能简单归结为保守或守旧。

事实上，很多研究表明，相比于别的一些文化，儒家文化在面临文明转型的现代挑战时，有更大的灵活性和适应能力。特别是，儒家文化中的一些重要观念和价值取向，对于完善市场经济和遏制破坏市场经济的消极因素，都有积极的作用。随着这种认识的推进，以及国学热和传统文化热的兴起，越来越多的人希望为孔子和儒家正名。甚至有人认为，唯有回归孔子，才能解决现代社会面临的一系列问题，包括社会发展问题和人的精神空虚的问题。《论语》中对孔子有这样的描述："子绝曰：'毋意，毋必，毋固，毋我。'"（9.4）意思是，孔子杜绝了四个方面的毛病，他不主观臆测，没有定要怎样的期望，没有固执己见，不以自我为中心。在下一章，我们尽量秉承孔子的"四绝"原则，去看一看孔子的思想观念在现代文明中究竟有怎样的意义。

第十八章
再造文明

　　时光拉回到 1900 年，腐朽的清政府正举全国之力对抗大大小小的入侵者。那些侵略国虽然立国的基础不同，侵略的诉求不一，但都走在了工业现代化的道路上。其实早在 1865 年，就有英国商人在北京建起了一条用于展示的模型铁路，但被国人视为妖物，官方下令停建。历史的车轮是挡不住的，中国这条巨龙被迫拖入到现代文明的轨道上。1900 年，在中国全境投入运行的铁路里程已有近一千公里，日本有数千公里，欧洲主要大国分别有数万公里的铁路，而国土面积与中国相仿的美国，拥有的铁路里程已达二十万公里。铁路长度代表了国家的现代化水平，可见那时中国的现代化水平与列强有多大的差别。就是在世纪之交的这一年，清政府倚重文盲和流民的"扶清灭洋"不仅以惨败而告终，清政府挽救国运的最后希望也宣告破灭。想想也真有意思，大清官民一致崇拜仰望的老祖宗孔子，在两千多年前就不语"怪、力、乱、神"，而他们居然用这些东西去对抗用现代化的科学技术和思想武装起来的列强。

不为晚清官民知晓的是，他们对抗的不仅是看得见的列强的船坚炮利，更是看不见的现代文明的社会组织方式和思想观念。现代文明诞生于欧洲，这种文明样态继承了古希腊罗马文明和犹太基督教文明的文化思想资源，酝酿于中世纪，缘起于文艺复兴，发端于启蒙运动，成长于市场经济、工业革命和科学技术的突飞猛进。

现代文明具有巨大的扩张特性，诞生于其中的资本主义的生产方式使"一切固定的僵化的关系以及与之相适应的素被尊崇的观念和见解都被消除了，一切新形成的关系等不到固定下来就陈旧了。一切等级的和固定的东西都烟消云散了，一切神圣的东西都被亵渎了。"[1]1900 年的时候，现代文明已经相当成熟，它的内部虽有诸多混乱和冲突，并将因为复杂的原因而引发世界性的战争灾难，但它所具有的能量却是一切前现代文明都无法比拟的。真正可怕的不是用长矛弓箭去对付机枪大炮，而是不知道对手依靠的是什么。

晚清的官民只知道孔子是圣人，而不知道"数千年未有之大变局"的背后，是一系列伟大的头脑在推动着人类文明整体的巨变。发轫于欧洲的现代文明离不开欧洲古代和中世纪的思想的滋养，这背后是一系列巨人的名字——苏格拉底、柏

---

① 摘自 1848 年发表的《共产党宣言》。

拉图、亚里士多德、欧几里得、西塞罗、奥古斯丁、阿奎那、达·芬奇、马基雅维利、哥白尼、培根、莎士比亚，等等。上面这串耀眼名字的最后几位，意味着联结中世纪的时空隧道已经开启了现代之旅，接下来的伟大名字包括笛卡尔、莱布尼兹、牛顿、洛克、休谟、亚当·斯密、伏尔泰、孟德斯鸠、卢梭、康德、歌德、华盛顿、黑格尔、贝多芬、林肯、达尔文、马克思、尼采、凡高、弗洛伊德以及新世纪之初因几篇学术论文而登上历史舞台的爱因斯坦。列出这些巨人的名字，是为了我们能够有一个文明和思想的坐标系，才好进一步理解作为中华民族精神之父的孔子，包括理解他的思想的局限和生命力。

必须承认，孔子和他开创的儒家对科学技术在中国的孕育和发展没有明显的影响。《论语》中记载了这样一件事情——樊迟请学稼。子曰："吾不如老农。"请学圃。曰："吾不如老圃。"樊迟出。子曰："小人哉，樊须也！上好礼，则民莫敢不敬；上好义，则民莫敢不服；上好信，则民莫敢不用情。夫如是，则四方之民襁负其子而至矣，焉用稼？"（13.4）樊迟是孔子的学生，从《论语》的记载看，是非常虚心好学的，他经常向老师和同学请教，什么都要问，从较高深的道德文章到接地气的实践修行。这一次，樊迟向孔子讨教农业技术，但他问错了对象。

我们知道，孔子从小生活清贫，要帮助母亲做农活，对农事是相当熟悉的。可能樊迟问的是那个时代较高端的农业技术，孔子不一定答得上来。关键是，孔子对樊迟请教农业技术这件事不耐烦，因此将他称作"小人"。看得出来，孔子在樊迟离开后是很生气的，他强调的是礼、义和信的政治意义，而不认为支撑一个文明的物质生产方式是可以进步的。当然，在孔子的时代，还没有技术进步推动文明进步的观念。也许孔子多少意识到了技术变迁是导致礼崩乐坏的原因之一，但因为他太迷恋周礼，而看不到礼崩乐坏本身的必然性和积极意义。

无论怎样，以孔子为尊的儒家有时过于看重"君子不器"的精神意义，而忽略了文明其实是承载于各种各样的器物之中的。科学技术实际上是最能创造器物的，即使不等于道本身，也高于一般的器物。《论语》中还记载了子夏的一句话。子夏被孔子告诫不要成为"小人儒"，所以他发挥说："虽小道，必有可观者焉，致远恐泥，是以君子不为也。"（19.4）"小道"就是指各种技术。子夏承认技术中有可取的东西，但强调的却是"致远恐泥"，也就是否认技术能够通达精神的远方。以我们今天的视野来看，这当然是错误的。我们这个时代强调"工匠精神"，就是因为看到了技术促进文明发展的特有力量。解释所谓的"李约瑟难题"①，大概也离不开对儒家轻视技术和商业的反思。

但孔子及儒家学说毕竟不是关于科学技术的，而是关于人的道德修养和社会组织方式的。所以我们要问，孔子的思想与现代社会所要求的民主与法治究竟有什么关系？ 20世纪皇权体制终结之后不久，当时中国的先进知识分子深入反思了"孔家店"是如何压制思想的，以及"吃人的礼教"是怎么吃

---

① 英国学者李约瑟在其编著的《中国科学技术史》中提出一个疑问：中国古代对技术有很多重要的贡献，但为什么中国没有能够发展出现代意义上的科学，也没有产生改变世界文明秩序的工业革命？

人的。他们提出要引进两位先生，一位是"赛先生"，一位是"德先生"。"赛先生"就是科学，不仅仅是技术，而是一套探索自然世界的思维方式。科学思维方式的关键是要用数学工具确立变量之间的关系，并用观察或实验去证实或证伪基于变量关系的对于现实世界的猜测性描述。

科学真理的最高标准是逻辑和事实，与权威大小无关。科学真理的出场方式是科学家共同体内部的辩论甚或争吵，要求有一个充分竞争的观念市场并严格遵循优胜劣汰的法则。科学家共同体内部的言论自由和对异端的宽容，是科学进步的根本前提。因此科学真理处于思想的阳光之下，所有人都可以重复证明或验证。科学是高深的，但却不是神秘的，就算是天赋不高的人，即使不能在科学前沿做贡献，也可以通过自己的艰苦努力在一定程度上理解科学真理。因此科学与巫术是两个极端，前者坦荡，后者晦暗，前者可以清晰言说，后者害怕公开表达，前者可以重复验证，后者只能勉强自圆其说。遗憾的是，我们这个民族从来没有诞生过严格的科学思维，所以一百年前的中国先进知识分子要引进"赛先生"。

与"赛先生"同时被提倡的还有"德先生"，意指民主。当时的先进知识分子认为，皇权体制是导致国弱民贫的根本原因，他们发现世界上先进的国家要么实行君主立宪，要么实行宪政民主。无论哪种政体，在社会组织和国家治理中，都有民主的因素。民主既是现代国家的一种组织方式，民主也代表着一种现代价值观。经过现代启蒙运动洗礼的人士普遍认为，尽管人与人之间具有事实上的区别，智商、寿命、性别、志向、信仰、兴趣、家庭出身、社会地位、财富水准都是因人而异的，但是每个人都有平等的道德地位。这就意味着，每个人都有基本的权利，包括生存权、追求幸福的权利和自由表达的权利。这些权利又可以细化为一系列的政治、社会、经济和教育权利，一个国家的治理方式是否具有合法性，就要看能否保障和提升这些基本权利。按照民主的政治观念，代表国家的政府既没有天然的合法性，也没有神圣性，政府不过是人民为了实现个人权利的需要而将部分权利予以让渡的结果。因为这种让渡，才产生了政府组织，包含立法机构、行政机构和司法机构。按照这种政治观，一个国家的强大，是尊重人民权利的自然结果，而不是国家的目的。

有理由认为，孔子及儒家的政治观念在很多方面与现代民主政治的要求是不一致的。孔子注重礼教，西周封建制度显然不适合现代国家的治理。现代国家治理模式是奠基于基本人权之上的法治，遵循"法不禁止即为自由"的原则，在法权面前，并无君子与小人之别。这就意味着，在现代社会，人们的价值观、人生观和世界观注定是不一致的，社会多元化是必然的。具有不同宗教信仰的人或无神论者，都可以在一起和平相处，各种人生追求都不相互代替，一些人有鸿鹄之志，另一些人只看重眼前幸福，有的人道德自觉性高，有的人习惯随波逐流。但他们的基本权利都是一样的，只要愿意，都可以在公平的游戏规则下创办企业或竞争各种稀缺的社会职位。当然，每一个人都有言论的自由，可以在法律允许的范围内批判任何现实人物或历史人物，包括批判孔子。

现代社会的民主理念意味着，要有能够得到共识的政治原则去治理社会。这些原则的确立和对它们的证明，类似于科学家共同体内部对真理的确立，是不能够以宗教或文化的理由预先划定探讨禁区的。因此，从科学真理与民主真理的出场方式来看，"赛先生"与"德先生"都有类似的诉求，那就是，要在"公平、公正、公开"的阳光下追求真理。这也意味着，必须有自由言论和探讨的阳光，才能将真理与披着真理外衣的谬误甄别出来。没有证据表明，孔子及后世儒家明白这些现代理念。但始于孔子的儒家支持人道，强调民本，譬如在孟子那里就非常突出"民贵君轻"的观念。

无论怎样，始于孔子的人道主义与现代民主和民权观念是不冲突的，特别是他的德治思想，可以弥补现代法治强调制度建设而轻视人的德性的不足。尽管如此，现代社会治理却不可能仅仅奠基于处于上位的君子的德性。毕竟现代社会是一个极为复杂的系统，是西周以来的封建制度和此后两千多年的皇权体制所不可比拟的。现代社会作为一个系统，其复杂性远远超出了仅仅诉求个人道德就可以实现社会良治的思维方式。以上描述都是为了说明，无论孔子作为中华民族的精神之父有多么重要的历史地位，我们都不可能通过简单地回归孔子的学说而应对现代社会的问题。特别是随着互联网时代的到来，社会组织方式和信息传播方式都有越来越强的去中心化趋势，那种以周天子或秦汉之后的皇权为中心的政治思维模式，注定要成为历史的遗迹。

然而，无论是"赛先生"还是"德先生"，都不足以为我们提供关于这个世界的完备解释。

我们是谁？按照中国传统的说法，人是与天地并列的"三才"之一。要是没有人的存在，天就不会知道自己有多大，地也不会知道自己有多广。如果人是天地之间唯一具有思维和灵性的存在者，难道人的存在只是源于偶然，或者只是生物盲目进化的结果？

孔子的孙子子思所著的《中庸》开篇是这样说的："天命之谓性，率性之谓道，修道之谓教。"这几句话的意思是：天所赋予的是人的普遍本性，遵从人的普遍本性才能通达道，学习和实践道才能使人教化。看来子思没有受过牛顿以来的自然科学的洗礼，有一个有别于现代物理学的"天"的概念。但就算整合了现代科学的所有知识，也仍然免不了对于人之存在有深深的惊奇：在宇宙上百亿年的演化历程中，偏偏要诞生出可以向宇宙发问的存在者，难道这只是没有意义的偶然，而不是出于人所不知的必然？这种发问已经超越了科学的范围，属于形而上的追问。但人之所以能够进行这样的追问，不正意味着人有支撑这种追问的本性吗？

在《中庸》的作者看来，人的这种本性是所有特殊个体本来具有的，因此是普遍的。关键是，并不是所有人都能遵循人的普遍本性。特别是在现代社会，消费主义价值观流行，越来越多的人沉溺于满足感官刺激和攀比虚荣的生活方式，他们的形而上的好奇心被封闭了，不能"率性"，也就不能通达道。当然了，道不仅仅具有形而上的含义，还具有儒家特别强调的道德含义。沉溺于狭隘的感官生活的人，会视道德为一种约束或负担。

然而，还没有丢失普遍本性的人，是知道道德能将人与他人联结起来并最终成就人的。道德不是外在的东西，实际上能带给人内心的愉悦，因此人的普遍本性就包含着人的道德本性。我们在日常生活中也能观察到，有较高德性的人更容易凝聚人，并推动人们为某个值得追求的目标而奋斗。因此，在形而上的维度或道德维度上遵循和发扬人的普遍本性，才能通达道。承认这一点，就是承认，普遍人性里含有仰望天空的愿望和能力。现代人很容易迷失在城市的霓虹灯和追求感官快乐而又不可持久的焦虑中，这样的人仰望天空的愿望和能力会越来越弱。他们丧失了超越当下的能力而不自知，易于陷入"五色令人目盲，五音令人耳聋，五味令人口爽，驰骋畋猎令人心发狂，难得之货令人行妨"①的境地。

因此，在《中庸》的作者子思看来，人应该保持和发扬自己的普遍本性，应该通过学习和实践道而获得教化。简言之，现实经验中的人，必须保持对天道的敬畏，才懂得如何保持和发扬源于天而又吻合道的普遍本性。然而现代科学的思维方式并没有带给人足够的向上提升的空间。科学习惯于对象化地肢解人和理解人，仅仅把人当作自然世界的一个部分来处理。与之对比，中国传统文化中将人作为"三才"之一予以单列，则充分考虑到了人面向天道的内在超越性。科学思维没有办法处理人的精神的内在超越现象，因为这种现象拒绝适用于别的自然物的单一的因果解释或概率解释。强调人的精神的内在超越性，并不是为了否定人是自然世界的一部分。指出人有向上超越的精神，无非是强调不能将人作为一般的自然物来看待。若失去了这种超越性，人就不再是人。所以，我们有时骂一个人，说他简直不是人，说他是禽兽或禽兽不如，说的就是他完

---

① 摘自《老子·道经·第十二章》。

全放弃了自身的超越性，而将自己放逐于感官刺激或条件反射的偶然性之中。

被称作"赛先生"的科学对于人的理解和发展是不完备的，但还有"德先生"可以求助。然而民主理念和原则，即使相对于皇权政治更有利于现代国家治理，但在如何支撑人的向上发展上，仍然是不完备的。民主理念强调要公平地对待各种信仰或价值，称这种立场是"价值中立"的。然而这本身就是一种价值立场，也意味着否认民主理念有能力在不同价值之间进行判断，否认由民主理念支撑的政府有判断的责任。这就意味着，民主理念要将人的教化责任让位给各种多元价值，而无论这些价值对人的普遍本性的偏离有多大。

正是在这一个关键点上，即使是不反对现代文明的儒家价值的信奉者也不愿意妥协。他们认为，不是任何人或任何价值观都能够承担教化责任或有教化资格的。孔子之所以被尊为"万世师表"，不仅仅因为他首开私学，更因为他坚持引导每个人按照人的秉性走向上发展之路。从人的内在发展的视野来看，德性的修炼和提升就是具有优先地位的事情。即使在孔子的时代，他也感慨 *"知德者鲜矣"* （15.3）。但这正说明敬德修业的向上提升之路是艰苦的，需要人不断反省和践行才能认识到自己的本性和天命。

奠基于公平理念的现代民主思想，不偏袒多元价值中任何一种立德树人的指导方案，就会有两个方面的风险。第一个风险是，有些价值观根本不在乎立德树人，有些价值观即使表面上支持立德树人但却明显地偏离或有悖于人的向上的本性。特别是，这些价值观在市场经济和新传媒技术的条件下，对青少年的负面影响越来越大。在这种情况下，该怎么办呢？在科技发达的时代，一切都变得那么简单，所有人都成了被大数据追踪的对象，如果不能通过发展德性而捍卫人的本性，人类就有集体堕落的可能。在"娱乐至死"的消费主义时代，这种担心越来越有根据。奠基于基本人权的法治和民主理念都无法回答这样的问题，因为"人权""民主""法治"都是政治观念，回答不了比政治更加丰富细腻的人的内在发展问题。

第二个风险是，如果任由各种价值观和信仰自由竞争，会不会出现全世界都变成一个样子的情况呢？飞机高铁互联网已经大大缩小了人们交往沟通的时空距离，从全球范围看，文化多样性有可能在价值中立的民主原则下遭到破坏。属于政治法律领域的公共文化会越来越相似，因为摆脱了血缘关系的现代公共文化都会提倡公平、公正、人权等核心理念。再加上市场经济条件下的消费主义价值观的盛行，会不会有更多的人变成只信奉科学技术的实用性且表面上遵纪守法的精致的利己主义者呢？

要防止这种趋势的蔓延，从民族文化中挖掘能够帮助人摆脱浅薄的感官主义、技术主义和消费主义的文化精神资源，就显得尤为重要。尽管各个民族都有自己的文化精神传统，但作为中国人的我们愿意自己变成某种外来文化或宗教的追随者从而丧失自己的民族性吗？这个问题听起来有点外在，毕竟深陷文化沙漠的民族不会面临这样的问题。就像中华大地上曾经的"蛮夷"早已是中华民族的一分子，他们被更高级的文化同化而不是被暴力征服，实在是一件好事。因此我们要问，从我们的民族精神之父孔子那里，究竟有哪些思想文化资源值得继承和发扬，从而既能保护民族特性又能捍卫人的精神向上提升之路？

在结束这一章之前，让我们小结一下，从这一趟孔子精神和《论语》名句的旅行中，我们究竟遭遇了怎样的风景？《论语》全书的最后一句话是："不知命，无以为君子也；不知礼，无以立也；不知言，无以知人也。"（20.3）在第八章"天地之问"中，我们初步理解了孔子为何要强调"知命"。在第十六章"任重道远"中，我们也读到了继承孔子思想的曾参的名言："士不可以不弘毅，任重而道远。仁以为己任，不亦重乎？死而后已，不亦远乎？"（8.7）重读这两句话，并结合孔子在《论语》中的教诲，我们对"人生在世"这件事就会有更深刻的理解。人是有天命在身的，但很多人不知道自己的天命。意识到天命的人会很自然地发出看似矛盾实则一致的惊叹：人生之路真是艰苦啊，人生之路真是愉悦啊！

我们降生于偶然，偶然性使我们成为这种性别的人而不是那种性别的人，成为天资愚笨或天赋优异的人，成为身体羸弱或健康长寿的人，成为相貌平平或英俊美丽的人。命的偶然性也使我们摆脱不了家庭带给我们的局限，贫或富，粗鄙或文雅，过多的爱或过少的爱，开阔或局限的家庭文化的视野。人生是一个漫长的过程，我们不得不经历很多挫折和失败，有时甚至会对人生感到失望，觉得人生有些荒诞。但为了领略生命的风景，为了与道同在，我们就不能漠视或放弃人生的内在超越性。

精神生命的这种内在超越性，不需要鬼神的担保，这是"天命之性"。我们唯有不断提升自己的修养，在人生的不同阶段做好自己的本职工作，同时根据人际关系应有的礼和义将我们与他人关联在一起，才能走上精神生命的提升之路。这是一条艰难的路，我们要从自己的命的偶然性中超越出来，即使在卑微痛苦或颠沛流离中也要焕发人性的光辉。走在这样的人生道路上，我们才知道什么是"德不孤，必有邻"（4.25），才能体会到"以文会友，以友辅仁"的妙处（12.24）。走在这样的人生道路上，我们才懂得为何学习是如此重要，才懂得"学而时习之"的内心喜乐实在是对自强不息的生命的最好见证。走在这样的人生道路上，就是在遵循和发扬人的普遍本性。这是一条教化之路，需要我们以先哲圣贤为师，也要在现实生活中做到"三人行，必有我师焉。择其善者而从之，其不善者而改之。"（7.21）

以这种方式提升精神生命，才能从左右我们的偶然性中超越出来，从而悟到什么是与道同体的必然性的天命。不埋怨偶然性，不以偶然性为借口，不怨天不尤人，坚持向"知者不惑，仁者不忧，勇者不惧"（9.28）的目标看齐，即使他人不堪其忧，自己也不改其乐。这样一种既沉重又乐观，既无所依靠又自主自律的精神，正是我们这个民族受教于孔子并上下延续了三千年的宝贵财富。哪怕在最黑暗的历史时期，我们这个民族也有"人生自古谁无死，留取丹心照汗青"的惊天地泣鬼神的潇洒，也有"苟利国家生死以，岂因祸福避趋之"的明知不可为而为之的豪迈。宇宙混沌，天地未开，因为有了这盏精神之灯的照耀，才看得见行者跋涉之悲壮，听得见生命高歌之美丽。这种精神，使我们这个民族与别的民族区别开来，也使中华民族成为唯一一个矗立于世数千年、历经大风大雨而不倒的民族。

我们曾傲立于人类文明的巅峰，也曾跌落至历史的低谷。特别是近代以来，中华民族一度迷失在自己的积弱积贫之中，我们在灾难耻辱中向外睁开了惶恐而好奇的眼睛。尽管接连遭遇失败，但我们这个民族有很强的生存意志，一旦决定向强者学习，就有学而不厌、下学上达的劲头。巨龙翻身，我们在一百年的时间里再次走上了民族复兴的强国之路，并取得了举世瞩目的伟大成就。一百年很长，需要几代人的付出，一百年又很短，在我们兴衰交替的民族史中只是一个瞬间。

中华民族能够再次崛起于世界民族之林，无论如何也离不开孔子带给我们的诚实、坦荡、仁爱和勇敢的精神。当然我们这个民族也有自欺和可笑的时候，那也就是社会灾难要降临的时候。因此摆在我们面前的问题只能是，如何发扬民族精神中优良的内容，通过学习和吸收别的民族的优秀思想和观念，使国家走在持续繁荣富强的道路上。我们也希望，国家富强之后能够向世界贡献更多的东西，包括引导现代文明的价值观。在礼崩乐坏的春秋后期，孔子是坚决主张人类价值的普遍有效性的。我们禁不住要问，是否有支撑人类现代文明的、具有普遍有效性的价值，回归孔子能带给我们什么启示吗？我们也有理由好奇，假如孔子重生并穿越到当代，他会怎样看待我们的世界？

生于公元前 551 年的孔子，如果带着那个时代的经验和认知穿越到今天，他的所见所闻一定会颠覆他在穿越过程中事先激发的所有想象。我们假设孔子穿越到了 2100 年的未来中国，并假设他通过快速学习明白了这个时代的社会组织和运行方式，知道了现代文明兴起以来人类看待世界和自己的方式发生了怎样的重大变化。考虑到孔子有极强的学习能力，我们假设他很快懂得了现代科学的一些重要知识，熟悉了马克思、弗洛伊德、相对论和量子力学对现代人世界观的改造，知道了基因编辑技术的既令人期待也令人担忧的前景，懂得了量子计算、人工智能与万物互联意味着什么。在这些假设的基础上，他会怎样看待两千六百年后的子孙呢？他会对我们有什么希望或寄语吗？

有理由猜测，孔子一定不希望我们丧失民族的特性。哪怕三千年以来的华夷之分已没有了意义，哪怕在全球一体化的今天，人类文明内部的差异性越来越小，孔子也希望我们尽可能保留一些民族的东西。就像他不忍心"子贡欲去告朔之饩羊"（3.17）那样，孔子肯定不希望历史文化的血脉被文明范式的变迁和科学技术的发展完全割断。只要人类文明还在继续，只要这个世界还没有被人机一体的新物种或超级人工智能统治，孔子肯定会希望我们民族的语言和文化符号能够持续流传。

语言是存在的家园，文化是精神的故乡。孔子肯定希望尽可能保留我们这个民族在漫长的历史长河中才酝酿出来的感知世界的方式。哪怕礼乐不再是现代文明和社会的经纬线，他一定也希望我们的社会生活不能只有法而不懂礼。法是刚性的，礼是柔性的，因此礼才有可能与音乐、与美联系在一起。孔子一定不希望看到我们的社会是一个充满着利益或权利诉讼的机械的法治社会，他肯定更希望看到我们的社会是一个集美善于一身的柔性生命体。

可以忍受困顿彷徨的孔子，却不能忍受美的缺失。孔子肯定不希望我们读到"冠者五六人，童子六七人，浴乎沂，风乎舞雩，咏而归"（11.25）这样的句子时，再也没有感动，再也感受不到只有在汉字和我们的民族精神中才能显现的美。因为，这种美隐含着的是人对天的敬畏，向往的是越功利而任自然的境界。穿越到 2100 年的孔子知道，这种美，以及这种自然境界是不会向没有感知能力的机器显现的，哪怕机器之心已经由量子计算来驱动。习惯于敬鬼神而远之的孔子，一定也会与人造的新物种或机器之神保持一定的距离。

我们尚不清楚，穿越到 2100 年的孔子能否遭遇一部真正能够读懂《论语》并能被感动的机器。假如人类创造了只能按照机器的方式"读懂"《论语》的机器，而这样的机器又反过来改变了人类感知和思考世界的方式，孔子能够关心的就只有一点——那样的机器或那样的"人类"还会不会对天保持敬畏？当然了，在现代人或后现代的机器的语言系统中，应该用精确定义的符号去替代孔子视野中的"天"。孔子很可能会想，无论使用哪个词，一个对天没有敬畏的文明是不值得留恋的。没有敬畏，很可能不懂美，在各种高科技的社会控制技术下，仁义良善甚至将变得没有意义，君子与小人的差异将不复存在，形而上和形而下的区分再也无人能懂。但孔子一定会坚持认为，他心中的道不是那样的。

能够穿越到 2100 年的孔子想必也能从那个年代穿越回去。在离开未来的人类世界时，孔子留下了一个测试文明等级的方法。孔子用来测试文明等级的，不是文明能够调动的能量的级别，也不是文明的总体算力，而是记录在《论语》中的一句话。孔子的那句话没有被鲁钝的曾参理解，也没有被聪明的子贡悟透。也许，在未来的文明里，具有超级算力的机器试图解码孔子的那句话但却总是无功而返，因为它们读到的是——"朝闻道，夕死可矣"（4.8）。

《论语》的主题思想

学与思

　　"学"字在《论语》中一共出现了65次，"思"字出现了25次。

　　《论语》开篇第一句话即是："学而时习之，不亦说乎？"（1.1）"学"是《论语》排在首位的关键词，可见孔子及他的弟子们对学的重视程度。学习技艺固然重要，但《论语》更强调学以成人的重要性。孔子有一次自言自语道："不怨天，不尤人。下学而上达，知我者其天乎？"（14.37）"下学上达"中的"下学"指学人事，"上达"指达天命。知道天命，才知道自己的使命。《论语》论"学"，不仅指技能练习或知识获取，而且含有学以成人和下学上达的深刻内涵。

　　子夏有一次说："贤贤易色，事父母能竭其力，事君能致其身，与朋友交，言而有信。虽曰未学，吾必谓之学矣。"（1.7）"贤贤易色"中的"贤贤"是指尊重有才德的贤人，"易色"是指不要将声色世界看得太重。配得上"贤"字的人，是不会沉溺于感官世界或声色世界的，不是说要逃离充满偶然性的感官世界，而是说要能够超越。子夏的意思是，如果一个人做到了自我提升（"贤贤易色"），做到了孝敬父母，在公共事务上能够尽责尽职（"事君"），并将言而有信贯穿在社会交往中（"与朋友交"），这样的人实际上已经完成了"下学"的任务而可以"上达"了。子夏指出，但要说这样的人不通过学而抵达这种境界，是不可能的。

孔子对一个人是否好学的理解是这样的："君子食无求饱，居无求安，敏于事而慎于言，就有道而正焉，可谓好学也已。"（1.14）真正好学的人，是不会过于在乎物质条件的，他们对事勤敏，对言谨慎，以有道之人为榜样而纠正自己的不足。判断一个人是否好学，关键在于"就"和"正"，要见贤思齐，要知错则改。

在孔子看来，好学之人，不断进取的人，才可以被称作"君子"。孔子强调："君子不重则不威。学则不固。主忠信。无友不如己者。过，则勿惮改。"（1.8）君子是自带威严的，但这份威严不是源于他的权力，而是源于他的厚重，源于君子不断学习以突破他的固陋。忠和信是君子的立身之本，因此君子结交朋友很是谨慎，不会与忠和信上明显不如自己的人交朋友，否则就做不到"就有道而正焉"。唯有懂得不断学习和超越自我的人，才做得到"过，则勿惮改"。

对于孔子而言，学绝不仅仅是博闻强记。子贡是孔子弟子中极其聪明的，他惊叹于孔子的博学。《论语》记载了孔子与子贡的一段对话——子曰："赐也！女以予为多学而识之者与？"对曰："然，非与？"曰："非也。予一以贯之。"（15.2）"赐"指子贡，孔子问他，你以为我倡导的学就是博闻强记吗？可能那时子贡刚入孔子门下，他此前正是这样理解的。孔子告诉子贡，不，不是这样的，我有一个东西始终贯穿于学之中的。那是什么东西呢？对孔子而言，学的对象包括各种技艺和知识，但最终的追求是道，因此，以道为目标才能一以贯之。但孔子并不认为学仅仅是通达道的手段，如果那样，学的地位就是有限的，不配放于《论语》的开篇。事实上，在孔子看来，学是合于道的人的存在样态，学本身就吻合人道。可以说，学在道中方为学，道在学中显其道。

学绝非简单的博闻强记，因为学的目标是道，而通达道则离不开思。孔子有句名言："学而不思则罔，思而不学则殆。"（2.15）这句话强调学与思之间的内在关系：缺乏思的引领，学是无效的，缺乏学的奠基，思是浅薄漂浮的。学和思都是为了成人悟道，不是为了其他外在的理由，所以孔子又说："古之学者为己，今之学者为人。"（14.25）

对为什么学的根本问题有了澄清之后，《论语》中也有很多关于学的具体探讨。孔子说他自己是："吾尝终日不食，终夜不寝，以思，无益，不如学也。"（15.30）学是为了思，思是为了道，但道也在学和思中。不食不寝的思则过于焦虑，一点好处都没有。思维枯竭的时候，最应该通过学来充实自己。这样的人，都不是不学而知的。孔子总结说："生而知之者，上也；学而知之者，次也；困而学之，又其次也；困而不学，民斯为下矣。"（16.9）但按照孔子对学的理解，根本就没有生而知之的"上"人。孔子自己也说，他"非生而知之者，好古，敏以求之者也。"（7.19）好古，是因为孔子相信，礼乐的完备形态是在西周早期。孔子追求的道与周礼是关联在一起的，他对这方面的事情特别敏感，因此有源源不断的学习动力。在孔子的一生中，学而知之，困而学之，是他的常态。"生而知之"对所有人都是不可能的，"困而不学"对君子是不可能的。

在《论语》中，除了孔子，子夏谈论"学"是最多的。子夏说："仕而优则学，学而优则仕。"（19.13）"优"指有余力，当然也可以理解成优秀者才有余力。有研究者怀疑子夏的这两句话可能是转抄时抄反了，应为"学而优则仕，仕而优则学"，学是起点，应在仕之前。学是为了悟道，仕是为了行道，悟道与行道最终是浑然一体的。在孔子的时代，当官从政（仕）是改造社会的唯一路径。在现代社会，可对子夏这句话做广义理解，那就是，学业优秀的人，可以成为不同行业的佼佼者或领导者。即使作这样的广义理解，也需懂得"博学而笃志，切问而近思，仁在其中矣"（19.6）。志，指志于道，以人为本的仁道。

《论语》中有一段孔子与子路的对话，记录了孔子对学的系统理解。君子必须好学，不学无以为君子。孔子对何为君子有很丰富的阐释，他有一句脍炙人口的话是这样的："质胜文则野，文胜质则史。文质彬彬，然后君子。"（6.16）"野"，质朴但却粗鲁；"史"，有文化但却过于烦琐。按照子路的性格，他稍不注意，就可能成为"质胜文则野"的人。为了帮助子路由学而文，文质谐和而成君子，孔子说了下面这段话——"好仁不好学，其蔽也愚；好知不好学，其蔽也荡；好信不好学，

其蔽也贼；好直不好学，其蔽也绞；好勇不好学，其蔽也乱；好刚不好学，其蔽也狂。"（17.8）

好仁不好学，是不能获得智慧的。没有智慧的支撑，仁心就可能受到愚弄。一个愚昧的好好先生缺乏是非判断力，同情心无度而泛滥，喜欢"和稀泥"，是说不上仁的。针对这样的好好先生，孔子很不客气地批评道："乡原，德之贼也。"（17.13）"乡原"也作"乡愿"，是指那种看起来朴实的老实人，但他们人云亦云，没有批判思维能力，这种人看起来善良，其实是在败坏道德，反而是"德之贼"。

好智不好学，是很矛盾的一件事。前述引文的"知"通"智"，声称自己爱好智慧，或者看见有智慧的人而有所羡慕，唯一的办法就是学。如果这样的人居然不爱学，其弊端就是"荡"，必然是根基虚弱，好高骛远，大而无当。孔子说："知者不惑，仁者不忧，勇者不惧。"（9.28）仁、智、勇，后人所谓的三"达德"在孔子那里是缺一不可的。不智和不勇，都不可能仁。不好学而好智，就像不爱人而好仁，所作所为与目标是南辕北辙的。

好信不好学，就可能有所伤害。诚信是做人的根本，孔子是这样强调的："人而无信，不知其可也。大车无輗，小车无軏，其何以行之哉？"（2.22）輗和軏都是指车上套牛或马的地方，没有它们，车就无法被拉着行走。诚信虽然重要，但也需要学习。哪些事情应该答应，哪些承诺应该有或不应该有，都需要当事人清楚地知道背后的道理和分寸。否则，就会"其蔽也贼"，意思是，反而会伤害诚信，也会伤害自己。

好直不好学，也容易出问题。直率本来是一种好的品质，但人也很容易被自己的直率蒙蔽。我们身边都可能出现过这样的人，他们为人直率，眼睛里容不得沙子，看似很锐利，实际上是他们理解问题的方式很狭窄。他们理解人和事的能力有限，以过于简单的黑白二分的方式去裁剪复杂而丰富的世界，既显尖刻又不近情理，这就是"其蔽也绞"。

好勇不好学，就不可能知道什么事情该勇敢，或什么时候该勇敢。孔子说："见义不为，无勇也。"（2.24）可见，支撑勇的是义，而不是没有目标或不计后果的斗狠。何为义，如何行义，是特别需要学习的。义的标准并非一个人以为自己在行义。有的时候，人会以"义"的名义干出违背义的事情。天性好勇的人，如果不加强学习和自我约束，其弊就是"乱"于义而不自知。

好刚不好学，这样的人面临的问题，类似于好直不好学的人。正常情况下，有刚强或坚强意志力的人，要强于柔弱或遇事就退的人。但是，刚强的人也容易犯刚愎自用的错误。因为刚强而缺乏柔性，他们不容易看到复杂事物的另一端。孔子说他的智慧是这样来的："吾有知乎哉？无知也。有鄙夫问于我，空空如也。我叩其两端而竭焉。"（9.7）懂得叩其两端，即懂得从冲突的视野来看待复杂的事物，这是天性刚强的人特别需要学习的。否则，就会"其弊也狂"，坐井观天，因刚而狂，这种人并不少见。

《论语》如此看重学，孔子也很自豪自己是个好学的人。孔子有一次说："十室之邑，必有忠信如丘者焉，不如丘之好学也。"（5.27）确实，学是特别难能可贵的品质，孔子不仅具有这个品质，而且明确了学在人生之路上的首要地位。因为掌握了学的秘密，孔子说："默而识之，学而不厌，诲人不倦，何有于我哉？"（7.2）"学而不厌，诲人不倦"，这正是孔子一生的写照。还有一次，孔子谦虚地说："若圣与仁，则吾岂敢？抑为之不厌，诲人不倦，则可谓云尔已矣。"（7.33）弟子公西华听到孔子这样说之后，他感慨道，学不厌，教不倦，这正是我们想学没有学到的啊！

一个"学"字，《论语》谈得如此透彻，值得我们好好学习呢。学的路上，我们才能理解，为何"学而时习之"会令精神如此愉悦！

君子与小人

　　"君子"在《论语》中出现了107次,"小人"出现了48次,君子与小人是一双对立的概念。

　　有的时候,君子指位高权重的人,小人指社会地位低下的人。譬如,"*君子学道则爱人,小人学道则易使也*"(17.4),其中的"君子"与"小人"就是指统治者与被统治者。有一次孔子谈及著名政治家子产,说子产有"*君子之道四焉:其行己也恭,其事上也敬,其养民也惠,其使民也义*"(5.15)。在这一段话中,"事上""养民""使民"都是指居于高位的君子才有可能履行的职责。"事上"的对象是君主,"养民"和"使民"的对象是居于下位的小人。

　　还有一次,孔子说:"*侍于君子有三愆:言未及之而言谓之躁,言及之而不言谓之隐,未见颜色而言谓之瞽。*"(16.6)这里的"君子"也是指居于上位的人,而居于下位的人容易犯三种过失:没有被问到就

说话是急躁，问到了却不说是隐瞒，不懂得察看君子的脸色而错过进言的时机就是欠缺观察能力。《论语》中，有不少此类人生智慧的提炼。

对于居于上位的君子，孔子的学生曾参也说："君子思不出其位。"（14.28）居于上位的贵族成员的职务大小是变动的，曾参强调居于上位的君子只应该操心他的正式职务范围内的事。这样说是为了防止僭越，以便各安其位，政令统一，类似于孔子说的"不在其位，不谋其政"（8.14）。当然，"君子思不出其位"也可引申为做事要本分，要做好目前该做的事情，这个时候，"君子"这个术语就是在道德修养的意义上使用。多数时候，《论语》都是在道德修养的意义上使用"君子"和"小人"这对概念的。

《论语》对君子的论述常常提及小人，从而形成鲜明的对比。我们先举几个例子来感受一下。孔子说："君子坦荡荡，小人长戚戚。"（7.36）君子心胸宽广遇事坦然，小人则因为患得患失而烦忧不断。之所以君子与小人有这么大的区别，就在于"君子喻于义，小人喻于利"（4.16）。小人因为心中只有利益之争，不懂得什么是义，什么是合理的谦让，他们为了一己之利不惜拉帮结派。所以孔子说："君子周而不比，小人比而不周。"（2.14）"周"是遍及、厚待的意思，"比"是偏私、勾结的意思。君子把个人利益看得很淡，他们更关心合于道的事业，所以君子尽可能团结一切人。小人则相反，他们为了自己的利益结党营私，心中没有正义感，想要通过一切手段打击妨碍他们获取利益的异己之人。

因为做人的出发点不同，君子与小人的人生境界也大相径庭，"君子成人之美，不成人之恶。小人反是。"（12.16）君子无私，所以能成人之美，君子坦荡，所以能容纳异己，区别就是"君子和而不同，小人同而不和"（13.23）。人格和境界差异也意味着两类人所关心的事情是有差异的："君子怀德，小人怀土；君子怀刑，小人怀惠"（4.11）。君子怀德，他随时想到的是"德之不修，学之不讲，闻义不能徙，不善不能改，是吾忧也"（7.3）。君子怀刑，要考虑刑罚是否恰当，君子有家国情怀，关心公共生活，也必然会关心政治治理的当或不当。小人怀土，"土"代表现实生活，只知油盐酱醋，不知天下兴亡。小人怀惠，他的心中只有利益而无道义，只有局促的私人生活，而无宽广的公共生活。

要注意，《论语》是从不同的角度对君子和小人予以对比的。有生活视野的对比，有境界高低的对比，但更多的是道德修养上的对比。这三类对比是关联的，但也有区别。一般而言，道德修养好的君子，他们的生活视野更开阔，生活境界更高。当然，在现实生活中，一个标准得分高的人，在另一个标准上得分未必一定高。毕竟，生活和人性是丰富而复杂的。

《论语》中"君子""小人"的二元划分，以及将两类人区别开来的内容，为我们观察人的世界提供了一个参照系。但"君子""小人"的这个划分不是机械的，具体的应用需要生活的智慧，特别需要判断者提升自身的修养，不断从生活的各种际遇中学习。判断他人是小人有时是容易的，但要判断自己是小人则不是那么容易。如果做不到"君子求诸己，小人求诸人"（15.20），则很容易自欺。君子遇事责己，小人遇事责人，前者愿意找内因，后者习惯找外因或借口，两类人的高下立判。进一步讲，君子闻过则喜，小人文过饰非，所以子夏说"小人之过也必文"（19.8）。

《论语》强调学的重要性，不学不足以成人，成人就是要成为君子。但《论语》中没有对"君子"作任何定义，就像没有对"仁""道""德""义"等概念作明确的定义。大概是因为这些概念的内涵太丰富，任何简单的定义都会挂一漏万。融会贯通是需要时间的，就像只有在时间中才能够将生活智慧酝酿出来和沉淀下去。所以《论语》不是一本读一遍就可以丢在一旁的书。阅读《论语》不同于学习确定的知识。没有人弄懂了小学数学还会重复阅读相应的课本，但《论语》中的名句是需要不断体会和鉴赏的。随着人生阅历的丰富，体会者和所鉴赏的人生风景都在发生变化，带着不断更新的人生体悟进入《论语》，孔子师徒的智慧才会以新的内涵和高度向我们不断展现，并给我们以惊喜、启迪和慰藉。

《论语》开篇强调了"学而时习之，不亦说乎"之后，紧接着就说"有朋自远方来，不亦乐乎？人不知而不愠，不亦君子乎？"（1.1）君子自强不息，即使不为人所知，甚至被人误解也不会恼怒。君子务本，本立而道生，君子之本在仁与义。君子以仁德为做人的底色，以礼义为行事的准绳。有一次孔子感慨道："君子义以为质，礼以行之，孙以出之，信以成之。君子哉！"（15.17）句中的"质"是"本质"或"原则"的意思，"孙"通"逊"，谦逊的意思。孔子强调，君子以义为原则，以礼为规范，君子懂得谦逊，有言出必践的信用。

义和礼将君子与他人积极地关联在了一起。孔子说"君子上达，小人下达"（14.24），就是在强调，唯有在义和礼的支撑下，君子才能上达于道，才有仰望天空的愿望和视野。小人斤斤计较于各种利益，他们有的是小聪明，但却不能够承担合于道义的大事业；君子则正好相反，所以孔子强调："君子不可小知而可大受也，小人不可大受而可小知也。"（15.33）小人有一点点小成绩就会骄傲，他们因此显得轻浮，君子则相反，君子庄重而不易骄傲，孔子对此的总结是："君子泰而不骄，小人骄而不泰。"（13.26）

如果我们想要成为一个君子，仔细体会《论语》中关于如何成为一个君子的告诫就特别有意义。有一次，子贡问孔子怎样才能成为一个君子。针对子贡能言善辩的特征，孔子的回答是："先行其言而后从之。"（2.13）言行不一致是人很容易犯的毛病，这种毛病一旦改不过来，就会成为言而无信的小人。小人对他人和自己都不讲信用，说过的话，发过的誓，做不到就找各种借口为自己开脱。总是对自己失信的人不可能建立自信，总是对他人失信的人不可能赢得信任。一旦失去了自信和信任，人要堂堂正正立足于世就很难了，因此言行一致是成为君子的大前提。孔子向子贡强调的是，要先做后说，而不要先说后做。孔子的表达是简洁的，看问题却是透彻的。常常把将要做什么挂在嘴边的人，很不明智。因为当事人会立刻成为他人关注的对象，稍有闪失，就会被别人指指点点，平添无谓的干扰和失信的风险。因此孔子强调"君子耻其言而过其行"（14.29），还强调"君子欲讷于言而敏于行"（4.24）。

君子并不是天生的，所以《论语》才那样强调"学"的重要性。有一次，子路问孔子如何成为一个君子。孔子回答说，要"修己以敬"（14.45），意思是要修炼自己，要敬重该敬重的，如仁义礼智信。子路又问，这样就够了吗？孔子回答说，要"修己以安人"（14.45），意思是要修炼自己，还要凭着自己的德性使周围的人安居乐业。这个意义上的君子既指居于上位者，也指道德修养高的人，他们有"安人"的责任。子路进一步追问，这样就够了吗？孔子的回答是："修己以安百姓。修己以安百姓，尧舜其犹病诸！"（14.45）"百姓"是指不认识的人，天下的人。如果做到了使天下人都能安居乐业，那还不是圣人吗？从孔子与子路的问答中可以看出，即使是居于上位的君子，自我修炼和学习也是极为重要的，普通人就更是如此了。

学以成人和自我修炼是要坚持一生的事业。要成为一个君子，或保持一个君子的品性，孔子强调在人生的不同阶段有三戒："少之时，血气未定，戒之在色；及其壮也，血气方刚，戒之在斗；及其老也，血气既衰，戒之在得。"（16.7）人生是一个完整的过程，每一个阶段都有要特别注意的事项。年少时不要为"色"所困，用今天的话讲，不能满脑子都是与帅哥美女相关的两性话题。壮年时不要争强斗勇，无论是文斗还是武斗都要不得，皆为君子所不屑。即使到了老年，只要人生之路还没有走完，自我修炼就不能中断。人老了，人生的辉煌已过，不能贪得无厌，"向天再借五百年"的奢望实在是非分之想。所以，孔子才强调："不知命，无以为君子也。"（20.3）也许在高科技的未来，人真能活上五百年。但若不能像君子那样实现对有限性的内在超越，活得久无非是活得小的人生格局的无意义延续。也许，未来的人们阅读《论语》会读出别样的滋味吧。

君子要实现自我超越，孔子认为必须做到以下九点，他说："君子有九思：视思明，听思聪，色思温，貌思恭，言思忠，事思敬，疑思问，忿思难，见得思义。"（16.10）"视思明"强调的是，看人看事是否看明白了。"听思聪"强调的是，听人家说话是不是听明白了。"色思温"强调的是，随时要考虑到自己的脸色是不是温和，特别是在有压力和焦虑的情况下。"貌思恭"强调的是，要随时端正自己的容貌，对他人一定要保持谦恭。"言思忠"强调的是言行一致，要随时反思自己的行为是否忠于自己的言论。"事思敬"强调的是，办事要谨慎严谨，勤奋敬业，一丝不苟。"疑思问"强调的是，遇有困惑或疑问，是不是习惯于向他人请教，是不是习惯于自我反思。"忿思难"强调的是，忿忿不平时，要考虑到发脾气会有什么后患。"见得思义"强调的是，在有好处或利益可得的时候，获得这些东西是否吻合义的要求。"九思"中，有的是智慧上的考虑，有的是道德上的考虑。无论怎样，这些非常具有操作性的实践指导，有助于人向着君子的方向成长。

通过实践和内省，真正做到了上述"九思"的人，就会达到"君子不忧不惧"（12.4）的境界。这样的君子能够"博学于文，约之以礼"（6.25），能够"矜而不争，群而不党"（15.21），还做得到"不以言举人，不以人废言"（15.22）。这样的君子"忧道不忧贫"（15.31），他们喜欢"以文会友，以友辅仁"（12.24），他们坦荡愉悦，因此吻合"君子病无能焉，不病人之不己知也"（15.18）的严于律己宽以待人的准则。孔子指出，这样的君子也有担心，那就是"疾没世而名不称焉"（15.19）。孔子的意思是，君子只担心身后之名，因为身前之名是虚名，身后之名才是真正衡量一个人的修养和对社会或人类所做贡献的标准。孔子的意思当然不是为了追求身后之名而做人做事，那是外在的功利，而不是君子的行径。但即使死后真是万事空，君子也希望给世界留下一些东西，以见证他一生的奋斗和追求。君子之名需有人称颂，因为君子之道需代代相传。

君子代表孔子师徒心中的理想人格。君子亲近仁义道德，排斥使人成为小人的那些东西。《论语》中记载了孔子与子贡的一段对话——子贡曰："君子亦有恶乎？"子曰："有恶。恶称人之恶者，恶居下流而讪上者，恶勇而无礼者，恶果敢而窒者。"（17.24）孔子说，君子厌恶宣扬他人坏处的人，厌恶身居下位而无端诽谤居于上位的人，厌恶勇敢而无礼的人，厌恶看起来率直果敢却不明理的人。孔子又问子贡，那你厌恶什么呢？子贡的回答是："恶徼以为知者，恶不孙以为勇者，恶讦以为直者。"（17.24）子贡的意思是，他厌恶拾人牙慧的人，厌恶将桀骜不驯当作勇敢的人，厌恶那些自以为直率而攻击别人短处的人。从孔子与子贡的对话中可以看出，君子绝非好好先生而是敢爱敢恨的人。当然了，君子是善于反省的，要首先避免成为被自己厌恶的人。君子也是心胸开阔的，他们知道人无完人，因此要尽可能做到"尊贤而容众，嘉善而矜不能"（19.3）。

在《论语》中，君子与士都是指道德修养高尚的人，这样的人"可以托六尺之孤，可以寄百里之命"（8.6），这样的人"任重而道远。仁以为己任"（8.7）。只有君子才可能成为志士仁人，关键的时候，他们居然可以"无求生以害仁，有杀身以成仁"（15.8）。这是人格的力量，也是天地间令人惊叹的精神现象！

仁与德

"仁"字在《论语》中出现了109次,"德"字出现了40次。

"仁"是孔子学说的核心概念,甚至有后人将孔子学说称之为"仁学"。《论语》没有对"仁"作明确的定义,就像没有对"君子"有明确的定义。但君子毕竟是一类人,理解起来较为直观,而仁究竟是什么,却可以有各种各样的阐释。我们以《论语》文本为依据,来看一看孔子如何理解"仁"以及与之关联的"德"。

《论语》第一次出现"仁"是在有若的一段话中——有子曰:"其为人也孝弟而好犯上者,鲜矣;不好犯上而好作乱者,未之有也。君子务本,本立而道生。孝弟也者,其为仁之本与?"(1.2)孝是子女对父母的态度,弟(即悌)是弟弟对兄长的态度,这两种态度或行为规范,按照有若的说法,就是仁的根本或

基础。有若的话只是谈到了仁的根基，而没有说什么是仁。但至少可以说，不孝顺父母和不尊重兄长的人不可能有仁爱之心。我们经常说，一个孝顺父母的人，再坏也坏不到哪里去，因为孝顺之人一般是有爱心的。在《论语》中，还没有"仁爱"连用的例子，但《论语》有这么一条记录——樊迟问仁。子曰："爱人。"问知。子曰："知人。"（12.22）因此，不懂得爱的人肯定不是仁人。从《论语》的记载来看，"仁"的内涵又要比"爱"丰富很多，而且仁和智（知）也是有关联的。

《论语》第二次出现"仁"是紧接着有若的上面那段话——子曰："巧言令色，鲜矣仁。"（1.3）孔子这是在强调，仁者需要有率真的品性，那些喜欢以花言巧语和讨好的脸色来迎合他人的人，往往不是仁者。仁者是杜绝虚伪的人，所以孔子说："唯仁者能好人，能恶人。"（4.3）巧言令色之人不太可能是仁人，孔子的相反的说法是："刚、毅、木、讷，近仁。"（13.27）在孔子看来，刚强、坚韧、朴实、言语谨慎，具有这些品德的人就接近于仁。确实，仁者固然要爱人，但还要有更多品德的支撑，才能固守或实现仁道而不退缩。用子夏的话来讲，就是"博学而笃志，切问而近思，仁在其中矣"（19.6）。是否具有求仁和行仁的笃定志向，是鉴别一个人是不是仁者的重要标准。

孔子有一句他终身践行的名言——子曰："志于道，据于德，依于仁，游于艺。"（7.6）表面上看，道、德、仁、艺是并列的关系。不过，从语言演化的角度来看，这些概念的内涵有交叉也有相近，所以后来才会有"道德""仁道""仁德"等词语的诞生。后世儒家将"仁、义、礼、智、信"并称为

"五常之道"，也可说是五种恒常的德。从孔子和后世儒家对"仁"的强调上看，可以把仁理解为诸德之首。

《论语》中对孔子如何理解仁有一些看似矛盾的记载。有的时候，孔子似乎认为通达仁是容易的，如他所说："仁远乎哉？我欲仁，斯仁至矣。"（7.29）这句话强调仁不外于人的心，所以后来有"仁心"这个词，既然仁居于我的内心，我任何时候想要召唤仁，仁都会呈现在我的心中。更多的时候，孔子却强调维持或实现仁的难度。孔子曾说："回也其心三月不违仁，其余则日月至焉而已矣。"（6.5）据孔子观察，在他的学生中，只有颜回能够做到长久不违仁，其他人都无法做到。

有一次，有人问孔子，他的哪些弟子达到了仁的标准。有人问到子路，孔子的回答是："由也，千乘之国，可使治其赋也，不知其仁也。"（5.7）有人问到冉求，孔子的回答是："求也，千室之邑，百乘之家，可使之为之宰也，不知其仁也。"（5.7）有人问到公西华，孔子的回答是："赤也，束带立于朝，可使与宾客言也，不知其仁也。"（5.7）子路、冉求、公西华都是孔子弟子中的杰出者，孔子肯定他们各不相同的才干，但对于他们是否达到了仁的标准，却始终不作评价。看来，孔子的意思是，每个人呼唤自己的内心，都能呼唤出仁，但要长久维系仁或在更大的范围实现仁的理想，却是有相当难度的。

有一次，孔子在弟子面前谦虚地说："若圣与仁，则吾岂敢？抑为之不厌，诲人不倦，则可谓云尔已矣。"（7.33）可能是孔子为弟子们讲什么是圣，什么是仁，弟子们觉得自己的老师就配得上圣与仁，孔子才加以否定的。孔子强调，他只是不厌倦地追求圣与仁的境界，愿意将自己的所学所获传授给他人，不敢称自己是圣人。这种谦虚是正常的，因为圣人都是后人对前人的尊称，孔子也是在去世以后才被尊为圣人的。可仁就像爱一样，是存于内心的，随时可以呼唤出来，为什么孔子也不愿意承认自己达到了仁呢？

我们再来看一段话——子张问曰："令尹子文三仕为令尹，无喜色；三已之，无愠色。旧令尹之政，必以告新令尹。何如？"子曰："忠矣。"曰："仁矣乎？"曰："未知。焉得仁？"（5.18）子文当了三次楚国的宰相，没见他高兴的样子，又三次被免职，也没有不高兴的样子，对接替他的人总是实话实说，非常尽职尽责。对于这样一个人，孔子最多用"忠"来表示赞叹，而不肯用"仁"来予以肯定。还有一次，有人问孔子，好胜、自夸、怨恨、贪欲这四种毛病都没有了，可以算是仁吗？孔子的回答是："可以为难矣，仁则吾不知也。"（14.2）孔子可以赞扬一个人有这样那样的德，但却不轻易承认一个人是仁者。

但《论语》中有一个例外，那就是孔子对管仲的评价。管仲是春秋时期辅助齐桓公称霸天下的人。孔子曾感慨道："管仲之器小哉！"（3.22）孔子的负面评价在于，管仲不具有俭朴的德性，还有违礼的行为。违礼在孔子眼中是了不得的事情，所以他才会在季氏"八佾舞于庭"之后，发出"是可忍，孰不可忍"的感慨。虽然，礼有轻重大小之别，管仲的违礼与季氏僭越君权的违礼是不同性质的，但一个奢侈和违礼之人，肯定不是一个道德上的完人。对于这样一个具有道德缺陷的人，孔子却认为，管仲是一个仁者。

《论语》中记录了子路与孔子的一段对话——子路曰："桓

公杀公子纠，召忽死之，管仲不死。"曰："未仁乎?"子曰："桓公九合诸侯，不以兵车，管仲之力也。如其仁，如其仁。"（14.17）齐桓公与公子纠争夺君位而险胜，公子纠死后，追随公子纠的召忽自杀了。但是，同样追随公子纠的管仲不仅没有自杀以尽忠，后来还投靠了齐桓公。在子路看来，相比召忽，管仲显然不具有"忠"的品德。仁是诸德之首，仁德要统领诸德，不忠之人怎么可能仁呢? 然而，孔子却回答说，管仲辅助齐桓公多次会盟诸侯，实现了世界和平，这就是仁，这就是仁啊!

从孔子对管仲的评价可以看出两点。第一，孔子并不要求仁者是一个道德完人，或一个十全十美的人。譬如，子夏就认为："大德不逾闲，小德出入可也。"（19.11）闲，指界限。子夏的意思是，关键要看一个人在大是大非事情上的表现，只要大节能够挺立，即使在一些小节上有亏，并不影响对一个人是仁或不仁的评价。反过来讲，有些人道德上看似无可指责，但却不一定配得上"仁"的称谓，如上面所说的子文。第二，管仲之所以被孔子称为仁人，是因为管仲将自己的仁心扩展到了天下，以世界和平的方式实现了仁。

我们再来看看子张向孔子问仁的一段话——子张问仁于孔子。孔子曰："能行五者于天下为仁矣。"请问之。曰："恭、宽、信、敏、惠。恭则不侮，宽则得众，信则人任焉，敏则有功，惠则足以使人。"（17.6）恭敬、宽厚、诚信、勤敏、慈惠，这些都是做人的品德，特别是政治人物应具备的品德。孔子的意思是，拥有这些品德还不能算是仁，要将这些品德充分实现出来以利天下人，才算得上仁。要将仁实现于天下，是相当困难的一件事，所以孔子说："如有王者，必世而后仁。"（13.12）孔子的意思是，就是有王者兴起，使天下归仁也需要一世（三十年）的时间。当然王者是可遇不可求的，孔子评价一个人是否达到了"仁"的标准，主要看的是这个人是否尽到了自己的最大努力坚持行仁。

像管仲这样具有大才干的人，使天下之人受益是他坚持行仁、不懈努力的结果。在孔子看来，如果不是管仲心怀天下，有大仁大义，他是不可能忍受被世人指责为不忠的屈辱的。但是，对于绝大多数人，不可能有管仲那样的才干，也没有被志在天下的明君接纳的机缘。孔子的意思是，只要有仁心，有合乎仁的价值关怀和社会理想，普通人也可以是仁人。但要鉴别一个怀有仁心的普通人最终是不是一个仁人，是要到关键时候才看得出来的。不少人将仁义道德挂在嘴边，他们在日常生活中也算是知礼之人，但到了必须牺牲自己的核心利益以将仁落到实处的关键时刻，他们的行为就会变样，就可能为了明哲保身而做出违背仁的信念或价值的事情。所以孔子才会说，谁称得上志士仁人，谁就应该在极端情况下做到"无求生以害仁，有杀身以成仁"（15.8）。

简言之，在孔子看来，每个人都可以有仁心。但要成为真正的仁人，要么必须像管仲那样有合乎仁的巨大成就，要么，必须在关键时刻经得起考验，宁愿牺牲包括生命在内的核心利益也不做害仁残仁的事情。因为唯有仁者才能够为了心中的仁或道而不耻恶衣恶食，才能够做到"贫而无怨"或"富而无骄"（14.11）。所以孔子才说："不仁者不可以久处约，不可以长处乐。仁者安仁，知者利仁。"（4.2）总之，一个人是不

是仁人，必须通过各种考验才能够得出结论，孔子形象地比喻说："岁寒然后知松柏之后彫也。"（9.27）

孔子对人的理解是深刻的，他说，要观察一个人，只需要注意如下几点："视其所以，观其所由，察其所安，人焉廋哉？人焉廋哉？"（2.10）一个人是君子还是小人，有没有仁心，是不是经得起考验的仁人，只需要挖掘他言行的动机，观察他实现目标的路径，判断他在什么事情上心安什么事情上不心安。抓住了这三点，就相当于拥有了一双洞悉人生百态的慧眼。孔子还说："人之过也，各于其党。观过，斯知仁矣。"（4.7）人总是要犯错误的，看他究竟会犯怎样的错误，就知道这个人有没有仁心，是不是仁人。在孔子这双慧眼的扫描之下，所有的人都无从遁形。当然了，要练就这样一双慧眼，离不开对人性的深入理解，特别是要深入理解人有哪些美德或恶习，以及它们的源起及意义。仁，作为诸德之首，最能起到擦亮这双慧眼的作用，因为唯仁者能好人能恶人。失去仁心的人，即使再聪明，也只能仅仅将人想象成利益的争斗者或权谋的运用者。失去仁心的人以为看清楚了人的本质，殊不知，人依于仁而拥有的内在超越性，才是人的丰富性和真实性的根本保证。

仁是平常的，任何一个人都可以召唤自己的仁心。仁又是困难的，无论是经历仁的考验，还是行仁于天下，都是非常不容易的。仁之平常与仁之不易，体现了人的丰富性和复杂性，所以《论语》论仁实际上是在论人。能够理解仁之平常与仁之不易的紧张，才能够理解《论语》中对仁的看似矛盾的描述。一般情况下，孔子不愿意承认某人是仁人，有的时候，他甚至不愿意承认有"好仁者"——子曰:"我未见好仁者,恶不仁者。好仁者,无以尚之;恶不仁者,其为仁矣,不使不仁者加乎其身。有能一日用其力于仁矣乎?我未见力不足者。盖有之矣,我未之见也。"(4.6)

在上面这段话中,孔子居然说,他没有见过喜爱仁的人,也没有见过厌恶不仁的人。他接着补充说,喜爱仁当然是再好不过了,而厌恶不仁的人,想尽办法不使不仁的东西影响自己,这已经可以算得上仁了。很显然,在孔子的眼中,仁者的较高标准是"好仁",较低标准是"恶不仁"。说清楚两个标准之后,孔子立刻反问道,有人能把一天的精力都用在仁上吗?这个反问的答案很明确,就是他没有见过。但孔子又补充说,他没有见过精力不够的,就算有这样的人,他也没有见过。这一段话,将仁之平常与仁之不易的紧张关系表达得十分清楚。孔子的意思是,每个人都能行仁,但却很难有全力以赴行仁的人。

在另一处,孔子说:"苟志于仁矣,无恶也。"(4.4)也就是说,唯有志于仁才能避免恶。要判断一个人是不是真有志向,就是要看他是否在自己的志向上用尽了全力。在现实生活中,我们能看到这样的人,他们会公开说自己有什么志向,但却从没有看见他们为此而拼尽全力,这是典型的知行不一。孔子的担忧是,不拼尽全力行仁的人,一旦到了关键时候,就可能因内心的防线失守而向恶妥协。基于这种担心,孔子才说他没有看见过好仁之人,也没有见过恶不仁之人。当然了,孔子在说这段话时的语境是不清楚的,也许有弟子对孔子说,既然仁心是容易呼唤的,所以行仁也是顺理成章的事。以这个标准来看，世界上到处都是仁人。孔子思想的深刻在于，他反对这种浅薄的乐观主义。大概是经历了很多事，阅了无数的人，思考了很多东西，孔子才练就了一双被仁点亮的慧眼。

有一次，孔子的学生司马牛问怎样才算是仁。司马牛很善于言谈，性子还较为急躁。孔子针对司马牛的回答是，仁者在表达上大都是迟钝的，这应和着"巧言令色，鲜矣仁"的说法。司马牛觉得孔子的这个回答不能令自己服气，就反问孔子，难道说话迟钝就能够叫作仁吗？孔子也来一个反问回答司马牛——"为之难，言之得无讱乎？"（12.3）孔子强调，行仁是多难的一件事啊，难道说话不该迟钝吗，难道不该"先行其言而后从之"吗？类似的说法在《论语》里有不同的记载——或曰："雍也仁而不佞。"子曰："焉用佞？御人以口给，屡憎于人，不知其仁。焉用佞？"（5.4）句中的"雍"指冉雍，有人在孔子面前说冉雍有仁德但却没有口才。孔子倒没有直接评价冉雍是否称得上有仁德。但却认为，"佞"人喜欢与人辩论，常招人讨厌。在孔子看来，真正的仁者是实干家而不是辩论家，因为人总是要靠自己的行动才能证明自己。

仁是诸德之首，仁心容易召唤，行仁却很艰苦。仁者往往是孤独的跋涉者，但孔子却坚信："德不孤，必有邻。"（4.25）不过，就像知仁行仁是不易的，孔子有一次也在子路面前感慨："由！知德者鲜矣。"（15.3）有各种各样的德，仁、义、礼、智、勇、恭、宽、信、敏、惠、劳、威、泰、忍、恒，这些德在人格中分别占据什么样的地位，与仁这个诸德之首有什么样的关系，《论语》中有丰富的言说，需要阅读者好好体会。德弥漫在人生在世的方方面面，但德却是珍贵的，必须善待才能发展。有一次，有人问孔子，既然做一个有德之人这么重要，如果他人对我们有怨恨，是不是该以德报怨呢？孔子立刻反问那个人并说出了自己的观点："何以报德？以直报怨，以德报德。"（14.36）要发扬仁心，要善待德性，这就是融理想与现实为一体的孔子。

礼与义

《论语》中"礼"字出现了 71 次,"义"字出现了 23 次。

在孔子的时代,"礼"与"刑"是对立的概念,所谓"礼不下庶人,刑不上大夫"。但"礼"与"法"这两个概念则有交叉关系。"法"在狭义上特指"刑法",在古代中国,没有现代意义上以平等的人权为基础的民法概念。在实际的社会生活中,有别于刑法的民法,既存在于礼之中,也存在于广义的法之中。所以,在接近民法的意义上,"礼"与"法"可以连用为"礼法"。到春秋后期,法更多以成文的形式表现,礼有时指不成文法。

"礼"也有公法的含义,表现为体现政治权利和义务的礼乐或礼仪。当孔子不满意季氏而发出"是可忍,孰不可忍"的吼声时,他实际上是在表达对季氏破坏封建公法秩序的不满。因为"礼"在不同的语境下有不同的内涵，阅读《论语》时需要根据语境来判断。《论语》中记载了子张与孔子的一段对话——子张问："十世可知也？"子曰："殷因于夏礼，所损益可知也；周因于殷礼，所损益可知也。其或继周者，虽百世可知也。"（2.23）一世是三十年，十世就是三百年。子张问孔子，可以预先知道三百年以后的事吗？子张是一个很有雄心的弟子，别的弟子大概不会提出这样的问题。在面对子张的宏大问题时，孔子一改"知之为知之，不知为不知"（2.17）的谨慎，居然说，要是周礼能够得到继承，就是一百世之后的事都是能够知道的。

实际上，孔子的时代，正是礼崩乐坏的加速期。因为时代局限，孔子并没有意识到时代的洪流正在奔向与西周封建制完全不同的方向。但孔子的时代局限性又承载着他的超越时代的思想，由于存在这种矛盾，对于生活在现代文明中的我们而言，简单地崇孔或贬孔都不得要领。孔子之所以对子张的宏大问题如此有信心，也因为农业社会的技术发展极其缓慢，几乎感觉不到技术进步对于社会秩序的冲击。不像我们今天，每个人都能够感受到科技发展对于社会组织方式甚至文明结构的冲击。从人类工业革命之后的19世纪开始，"未来"才成为一个充满不确定性的概念，而在孔子的时代，根本就没有真正的"未来"概念。"四时行焉，百物生焉，天何言哉"（17.19），农业文明的缓慢演变与总体稳定，是孔子论述"礼"的一个大前提。

孔子的社会理想无疑是保守的，总想恢复距他已有数百年的西周早期的礼乐制度。孔子的政治悲剧和道德崇高，都不外乎他的保守主义与理想主义的结合。因为孔子的人道理想，他

才可能抨击当时的违礼现象。《论语》中有不少相关记录，孔子有一次感慨道："居上不宽，为礼不敬，临丧不哀，吾何以观之哉？"（3.26）位高权重之人不宽厚待人，意味着老百姓要时时面临严刑峻法而得不到体恤和同情。孔子讨厌完全由政令和刑法来管控的社会，那样会出现"道之以政，齐之以刑，民免而无耻"（2.3）的状况，与之对比，孔子喜欢德治和礼教的社会，强调"道之以德，齐之以礼，有耻且格"（2.3）的理想。从孔子办私学就可以看出，他想要改变"礼不下庶人"的格局。秦汉以后，中国政治是持续了两千多年的内法外儒的皇权体系，直至 20 世纪初，皇权政治才在与现代文明的冲撞中彻底崩溃。孔子的礼教理想被历朝历代的统治者利用，成为服务于现实统治需求的意识形态工具。必须承认，随着现代法治思想在中国政治转型中被逐步确立，孔子关于礼的很多看法或做法，在今天已经失去了意义。

《论语》的"乡党"篇记录了不少孔子面对正在崩溃的周礼时的言行举止。其中一条记录是这样的："执圭，鞠躬如也，如不胜。上如揖，下如授。勃如战色，足蹜蹜如有循。享礼，有容色。私觌，愉愉如也。"（10.5）"圭"是一种玉器，使节出使邻国的时候，圭代表君主的授权。孔子举着圭，恭敬到举不起来的样子，可见有多么谨慎郑重。当然，这并不是因为圭有多重，而是因为圭象征着君权，孔子特别看重的君臣大义就体现在对待这个信物的态度和方式上。

孔子有一次抱怨说："事君尽礼，人以为谄也。"（3.18）孔子是在按照心中神圣的古礼行事，同朝称臣的人，要么认为孔子过于迂腐，要么认为他是在以这种姿态谄媚君主。事实上，孔子是言行一致和知行合一的典范，言行不过是孔子内心信念的外在表达。所以孔子举着圭，像是在作揖，放下圭，也是双手捧着向前伸，像是要递东西给别人的样子。从面部表情上看，可以看到孔子是战战兢兢的，从脚步上看，孔子迈着小碎步，一副如履薄冰的样子。在向他国国君献礼的时候，孔子脸色凝重，而在私下会见的场合，孔子才会有轻松愉快的表情。《论语》中关于孔子的这类合乎礼的举止，有很多细腻生动的描述。正是这种原汁原味的记载，使我们能够强烈感到古代礼治与现代法治的本质区别。

简要地说，中国古代礼治与现代法治的区别源于集体本位与个人本位的区别，源于巫术世界的祛魅不完全与现代世界的完全理性化的区别。第一重区别的意思是，礼治是建立在社会对群体等级的"天然"默认的基础上的，而法治是建立在个人权利和自由的基础上。在中国古代封建等级社会里，阶层之间的权利义务划分是社会长期默认的结果，对各个阶层的个人而言，这是"天然的"或"天经地义"的。在现代法治社会，个人最终落在哪个阶层，虽有偶然因素如天赋和出身在起作用，但个人的选择和奋斗却是阶层流动的重要原因。

因为阶层流动反而成了"天然的"事情，现代社会的法的确立和运行就必须经过每个人原则上都可参与的充分探讨，而探讨的依据就像科学研究一样，只能诉诸人类共同的理性。反观西周封建社会，流传下来的礼治虽然得到了包括孔子、孟子、荀子等思想家的合理化解释，但礼乐并没有与其母体——原始巫术——彻底切割开来。礼乐制度混合着神秘象征、情感抚慰与合理化的说明，无论好或不好，都与现代法治有根本的区别。清楚了这种区别之后，再去阅读《论语》中的一些段落，才能清楚知道在说什么。譬如这么一段话——或问禘之说，子曰："不知也。知其说者之于天下也，其如示诸斯乎!"指其掌。（3.11）

"禘"是一种祭祀的古礼，到了孔子的时代，人们已经不知道这种礼的操作流程了。世人都知道孔子是关于礼的"百科全书"，就有人向他询问关于禘祭的规定和含义。孔子既觉得这种古礼非常了不起，但又说不出来具体内容。于是，孔子只好对提问的人说，如果谁懂这种礼，他治理天下就如同将东西放入手掌那么容易。孔子说了这番话还意犹未尽，特意指了指自己的手掌。至于为何一种礼有那么大的作用，就在于古人相信礼具有对于包括人在内的天地万物的规范作用，这就是巫术世界的祛魅不完全的结果。孔子虽然明确表示敬鬼神而远之，但他却不可能超越自己的时代而洞悉礼乐制度的源起和局限。

尽管如此，孔子为礼乐注入的新的内涵，提供的新的解读，却又超越了自己的时代。关于礼乐，孔子有这样的反问："礼云礼云，玉帛云乎哉？乐云乐云，钟鼓云乎哉？"（17.11）孔子以另一个反问回答了前面的反问："人而不仁，如礼何？人而不仁，如乐何？"（3.3）孔子这是在强调，仁才是礼乐制度的支撑和内核。仁的内涵是有情感内容的，因此礼乐制度也是无法完全基于理性的，这与现代意义上的法形成了根本的区别。因为奠基于仁的礼没有完全将情感因素排斥出去，这就构成了中国人的文化无意识：我们更趋向于情与理的平衡，喜欢既合情又合理的东西，而不喜欢从理性的纯粹运用中确立法的根据。

虽然孔子是一个文化保守主义者，但他却创造性地为礼赋予了新的内涵。在孔子看来，周公制礼作乐，不仅仅是为了统治的需要，而是为了行仁于天下。礼是仁的载体，处于上位的人的言行就更要合乎礼的规定，才能真正体现仁。所以孔子强调，"君使臣以礼，臣事君以忠。"（3.19）因为挖掘了礼的道德内涵，孔子才对自己心中的礼治有绝对的信心。不知在什么情景下，孔子再一次反问："能以礼让为国乎？何有？不能以礼让为国，如礼何？"（4.13）孔子是在强调，礼因为有仁作为后盾而能抓住人心，因此用礼和依于礼的谦让来治理国家怎么会有困难呢？反过来讲，如果礼和谦让都不能治理国家，礼又有什么意义呢？必须承认，孔子的这种想法是那个时代极富政治想象力的观念。

将"仁义礼智信"连在一起讲，是孔子之后的儒家学者的工作。从排序可以看出，仁居首位，义居次。这吻合孔子的思想，没有仁和义，礼就没有根基，就会成为"虚礼"。"义"在现代汉语中有"义务""正义""私义""公义"等用法，从不同的角度反映了《论语》中"义"的内涵。不过，在现代社会中，公义与私义是分得很清楚的，"正义"主要用于描述或判断公共制度是否具有合理性，有时也用来描述或判断个人言行或一些非公共机构的所作所为。但在具体语境中，"正义"究竟指什么是分得很清楚的。在孔子的时代，人们普遍信奉"正心、修身、齐家、治国、平天下"，习惯将个人道德与社会良治视为一体。

《论语》中有这么一段记录——或谓孔子曰："子奚不为政？"子曰："《书》云：'孝乎惟孝，友于兄弟。'施于有政，是亦为政，奚其为为政？"（2.21）这段对话可能发生于孔子在鲁国正式走上从政道路之前。有人问孔子，你为什么不从政呢？这人的问题是狭义的，意思是，孔子为什么不去当官呢。孔子引用《尚书》的回答则是广义的：在家中做好孝悌之事，就是在实践从政的道理，这就是从政，难道不是吗？孔子有意答非所问，但也反映了那个时代家政同体的社会秩序。

因为"礼"既有习俗也有公法的含义，我们可以把礼理解成"制度"和"良俗"。如果把"仁"理解成人道的根本，"义"则既指制度背后的合乎仁的道理，也指做人的最重要的道理。简言之，仁要通过义和礼才能实现出来，而义则是联结仁和礼的桥梁。"礼"体现着良秩，只有在礼的支撑和规范下，个人言行中的各种德才是合宜的或合乎"义"的。所以，孔子才会说"恭而无礼则劳，慎而无礼则葸，勇而无礼则乱，直而无礼则绞"（8.2）。孔子的意思是，不以礼为指导，恭敬就会变成劳苦，谨慎就会变成畏惧，勇敢就会变成作乱，直率就会变成尖刻。当然，孔子的心中的礼，都是指依于仁且合于义的周礼。因为礼的背后总有"义"的支撑，所以才是"义以为质，礼以行之"（15.17）。

懂得仁、义、礼三者之间的关系，并坚持在生活中尊礼、行仁、求义的人，才称得上君子。所以孔子才说："君子之于天下也，无适也，无莫也，义之与比。"（4.10）君子的动机是仁，言行的唯一标准是义，其他则可以灵活，可左可右，可上可下。有一次，子路问孔子，怎么样才能成为一个完全的人，孔子的回答是："见利思义，见危授命，久要不忘平生之言。"（14.13）在利益的诱惑面前，以义来约束自己，这是做人的最重要的前提。在有礼约束的地方，尊礼而行，要做到"克己复礼为仁"（12.1）。在没有礼约束的地方，也要合义而行。在具体的真实生活中，特别是在没有礼来节制的情况下，什么是合于义的，就要凭借自己的仁心来判断了。但孔子师徒相信，大多数情况下，合于义的周礼都对各种行为做出了规范。对于礼的功用，有若用"美"来予以概述："礼之用，和为贵。先王之道斯为美。"（1.12）总之，《论语》为我们描述了这样一个理想世界：有仁爱才有阳光，有合乎义的礼乐，才有和谐，才有美和人道的实现。

道与命

　　《论语》中"道"字出现了89次，"命"字出现了24次。

　　"道"有各种层次的含义，包括"真理""方法""原则""路径""引导""治理""秩序""规范""道德""道路"，等等。要根据《论语》中出现"道"的语境，来判断究竟"道"是在什么意义上被使用的。孔子在讲射箭的要求时，说"射不主皮，为力不同科，古之道也"（3.16）。孔子的意思是，射箭比的是准确而不是力道，每个人的力量天生不同，不需看谁能把箭靶射穿，这是自古以来的原则。孔子说"道千乘之国，敬事而信，节用而爱人，使民以时"（1.5），他是在强调"敬""信""爱""时"的重要性，这里的"道"是"治理"的意思。"君子谋道不谋食""君子忧道不忧贫"（15.31），这里的"道"，就更接近现代汉语的"真理"。孔子说"道听而涂说，德之弃也"

（17.14），他是在强调不要传播流言蜚语，这里的"道"，就是指道路。阅读《论语》，要敏感于同一个词出现的语境，对于"道"是这样，对于"命""仁""义""礼""德"等关键词，莫不如此。

　　大概是在孔子周游列国期间，孔子师徒来到了一个名叫"仪"的地方。《论语》记载了那里的地方官求见孔子的情况——仪封人请见，曰："君子之至于斯也，吾未尝不得见也。"从者见之。出曰："二三子何患于丧乎？天下之无道也久矣，天将以夫子为木铎。"（3.24）"仪封人"很自信，说凡是有身份有地位的人，到了他的地盘上，是不可能见不到的。这位官员如愿以偿地见到了孔子，但这段话没有记录他与孔子交流的任何细节，只是出门后告诉孔子的弟子们，你们害怕丧失什么呢？确实，跟随孔子周游列国的弟子们，要么丢了官位，要么抛开家人，他们普遍感到前途茫茫，正处于"丧"的状态。这位地方官反问弟子们之后，居然说了一番很有见识的话，他说，天下无道很久了，上天将派孔子来警醒天下人。原文中的"木铎"是古时铜铃的木舌，要摇动木舌才敲得响铜铃，"仪封人"以此为比喻，认为唯有孔子才具有发现和传播真理的地位与使命。"仪封人"阅人无数，他肯定是被孔子深深折服了。

　　孔子自己也说："天下有道，则礼乐征伐自天子出；天下无道，则礼乐征伐自诸侯出。"（16.2）这里的"道"，特指合理的秩序或规范。孔子还说："邦有道，危言危行，邦无道，危行言孙。"（14.4）句中的"危"是高峻陡直的意思，通"正"，"危言"即正直的言论，"危行"指正直的行为。这是

261

孔子的政治智慧和操守，无论是邦有道还是邦无道，都要行为正直，但在邦无道的时候，言语要低调，不要整天将"仁义道德"挂在嘴边。前面引文中的"道"，都含有规范、秩序的意思，也就是政治治理之道。

通读《论语》，可以看出，要通达孔子认可的政治治理之道，就意味着仁、义、礼、智、信一样都不能缺。统治者若无仁心，则绝不可能有仁道。若处于上位的君和处于下位的臣都只讲利不讲义，结果肯定是邦无道。礼崩乐坏当然是天下无道的体现，因此要实现政治治理之道就必须恢复周礼。但政治是需要智慧的，在处理很多具体事情的时候，仅仅坚持原则是不够的，还要懂得灵活权变。信是做人和立国之本，无论哪个阶层的人都要做到"言忠信，行笃敬"（15.5），这是孔子强调的"民无信不立"（12.7）。《论语》中论及的政治之道或为人之道，都属于"人道"的范畴，精辟但却平易近人，阅读者没有跨越时空的隔膜之感。

有一次，弟子原宪问孔子，什么是可耻的事。孔子的回答是："邦有道，穀；邦无道，穀，耻也。"（14.1）孔子的意思是，如果邦无道，不能堂堂正正为国家做事还拿着俸禄，就是可耻的。在另一处，孔子也说："邦无道，富且贵焉，耻也。"（8.13）在春秋晚期，大概没有哪一个诸侯国合乎孔子心中的道。礼乐氛围最浓厚的鲁国，一度被孔子寄予了很大的希望，所以他说："齐一变，至于鲁；鲁一变，至于道。"（6.22）齐国太讲实用了，应该学习鲁国的礼乐，鲁国若能解决"三桓"等权臣的僭越问题，就可以达到先王的政道了。当然，"三桓"问题既是礼崩乐坏的结果，也是进一步偏离周礼的原因。孔子的从政悲剧，源于他的治国理想与现实政治的冲突。但孔子对于政治理想，也就是对于政道的追求，一直伴随他终生。

在失意的时候，孔子也有过"道不行，乘桴浮于海"（5.6）的念想，但却从未失去"笃信好学，守死善道"（8.13）的韧劲。孔子对善恶问题特别敏感，因为那是君子与小人的关键区分，所以他的标准是"见善如不及，见不善如探汤"（16.11），就算是从政道路上失意，也要力争做到"隐居以求其志，行义以达其道"（16.11）。

柳下惠是受孔子肯定的一位有贤德的人，《论语》中记载了柳下惠的一些言行。柳下惠做狱官，三次被罢免。在这种情况下，有人问柳下惠，你为什么不考虑离开鲁国另谋高就呢？那人没想到，柳下惠居然是这样回答的："直道而事人，焉往而不三黜？枉道而事人，何必去父母之邦？"（18.2）柳下惠的意思是，按正道尽忠于君，多次被罢免也是正常的，如果要按邪道行事，还用得着离开祖国吗？句中的"道"，是指柳下惠坚持的政治和伦理原则，与孔子追求的道是一致的。

以上例子都说明，孔子心中的道首先是落实于现实政治与人生的理想、原则或方法。这个意义上的道不是玄远超验的，所以孔子强调"人能弘道，非道弘人"（15.28）。有一次，孔子对曾参说，他的道"一以贯之"。其他弟子不知道孔子的意思，曾参的解释是："夫子之道，忠恕而已矣。"（4.15）所谓的"忠"，就是尽己之能做到"己欲立而立人，己欲达而达人"（6.28），所谓"恕"就是"己所不欲，勿施于人"（12.2）。

曾参话中的"而已矣"，就是"不过"的意思，曾参是在强调"忠恕"就是孔子之道的全部内容。然而，有的时候，孔子谈道却有超越世俗的含义，而且是与"命"连在一起谈的。公伯寮是孔子的一名学生，却在鲁国的执政者面前做了对不起孔子和子路的事情。鲁国的一位高官与孔子关系很好，他说自己可以想办法杀死公伯寮，以消除他给孔子师徒带来的不利影响。孔子却对那位高官说："道之将行也与，命也；道之将废也与，命也。公伯寮其如命何？"（14.38）

可以看出，孔子心中的道，不仅仅是"仁义礼智信"的政道，也不仅仅是吻合"忠恕"的人道。孔子的道，多少有一种天命所归的目的论色彩，他才不将道之兴衰寄托于一些偶然的事情上。在周游列国期间，孔子被宋国的大司马桓魋追杀，在危急时刻，孔子高声叫道："天生德于予，桓魋其如予何？"（7.22）孔子的意思是，上天将使命赋予了自己，桓魋怎么能奈何得了天呢？

可是，《论语》中也记载了子贡的一个说法："夫子之文章，可得而闻也；夫子之言性与天道，不可得而闻也。"（5.12）据子贡说，孔子几乎不在弟子们面前谈人性或天道等形而上的话题。但对子贡的这个报告，要有所鉴别。首先，子贡入孔门，是孔子开始周游列国到达卫国之后。那时的孔子已经五十几岁了，经历了从政生涯的大起大落。孔子年轻时曾拜访过老子，这两位深刻影响了中国人精神的思想者之间，应该有过相当深入的交流。《论语》中有一些段落透露了这方面的信息，譬如，孔子说："无为而治者，其舜也与？夫何为哉？恭己正南面而已矣。"（15.4）无为而治显然是道家思想，孔子借用并对其加以了改造。

子贡之所以没有听到孔子谈人性与天道，有一个可能的解释。孔子特别注重因材施教，在不同的弟子面前经常说看似相反的话。《论语》记载了孔子对子贡的看法："赐不受命，而货殖焉，亿则屡中。"（11.18）"赐"指子贡，"货殖"指经商，"亿"通"臆"，意思是，子贡有经商天分，能够通过预测行情而挣大钱。关键是，其中的"命"指什么，"不受命"指什么？

　　子贡可能是最能干的弟子，但孔子最喜欢的弟子却是颜回。颜回死之后，孔子居然哀叹"天丧予！天丧予！"（11.8），意思是天要我的命啊！事实上，在孔子的心中，颜回是继他之后能够承担天命的人。孔子根本想不到承担天命的颜回会短命，他如此伤心，既有对颜回个人的悲痛，还有对自己的生命即将走向尽头而看不到天命实现的悲伤。孔子说子贡"不受命"，很可能指子贡宁愿将时间精力用于商业活动，而没有像颜回那样主动承担天命。子贡是一位实干型的人才，他没有承担将孔子的思想发扬光大的责任，但却承担了捍卫孔子形象并在王公贵族之间传播孔子思想的责任。可能孔子知道，向子贡这样经世致用的人才谈论人性或天道难以被他完全理解，反而会增加他的困惑，所以孔子对子贡的启发更多限于政治和生活实践的范围内。很有可能，无论曾参还是子贡，都没有能够把握孔子论道的全部内容。

　　上述解释可以在孔子的如下感慨中得到印证——"朝闻道，夕死可矣。"（4.8）孔子从不玄谈生死，强调"未知生，焉知死"（11.11）。但在前面那句感慨中，孔子所说的道绝不可能仅仅是政道或日常伦理之道，因为世俗意义上的道不具有使人愿意立刻抛弃世俗生命的感召力。有理由认为，"朝闻道"的道一定具有关联于天命的形而上的意义，可让孔子立刻赴死的道一定是囊括人道而又难以完全被人理解的天道。孔子强调："君子有三畏：畏天命，畏大人，畏圣人之言。"（16.8）敬畏以承认无知为前提。孔子说他"五十而知天命"，他所知道的是自己的天命，自己生命的归宿与意义。但即使知道降临到自己身上的天命，也不等于知道超越自己个体生命的天命的全部内涵和目的。天命，或天道之目的或必然性，因为完全超越了有限性的人，同时又以不为人所知的方式影响或主宰着人的世界，难道不需要敬畏吗？

尽管孔子敬畏天道或天命，但在孔子的精神中却丝毫不见宿命论的色彩。即使在人生的最低谷，也有"明知山有虎偏向虎山行"的"知其不可而为之"的气概，就像孔子自己所说："苟志于仁矣，无恶也。"（4.4）"恶"不一定指做坏事，在不可预知的偶然的困难面前放弃自己成为一个仁者的志向，那是一切恶的根源。仁是生命意志的底色，是诸德之首，在孔子看来，仁也是创化万物并使人感知生命奇迹的伟大力量。我们能够感知这种力量，但对这种力量又做不到全知全晓，所以要敬重天道和敬畏天命，同时将这份"敬"贯穿于对人道的理解和践行上。人毕竟为天地所生，天地是人的故乡，也是最终的归途。人因为有仁心，所以才有仰望天空的能力。宇宙洪荒，大化流行，群星璀璨，但唯有心才能理解并礼赞这一切，才能"与天地参"。

孔子一生都在倡导"志于道，据于德，依于仁，游于艺"（7.6），志是关键，无志则不可能知道和行道，所以孔子才强调"三军可夺帅也，匹夫不可夺志也"（9.25）。由于天道要通过不违仁的人道来表达，所以孔子才强调"志士仁人，无求生以害仁，有杀身以成仁"（15.8）。类似地，笃行人道而深悟天道的人才配得上这样的赞叹："可以托六尺之孤，可以寄百里之命，临大节而不可夺也。君子人与？君子人也。"（8.6）

　　这样的人并不需要时时将天道和天命挂在嘴边，他们只需在日常生活中做到"信近于义，言可复也；恭近于礼，远耻辱也"（1.13）。这样的人"致广大而尽精微，极高明而道中庸"，他们在平凡的生活中做自己该做的事情，思不出位，行不逾界，居易不行险，一点一滴积蓄生命的力量，并在享受生命的过程中静候天命的召唤。这样的人在日常生活中见贤思齐，在利益冲突中见得思义，在人道受损的关键时刻见危知命。这是《论语》向我们昭示的境界，也是孔子及其同道者在上下数千年的文明兴衰中为我们这个民族奠定的精神底色。仁即美，德不孤，义必勇，大道之行，万世不竭。

《论语》阅读建议

　　《论语》成书历时久远，如何阅读《论语》是一个值得探讨的话题。在讨论阅读《论语》的方法之前，先让我们来梳理一下阅读《论语》的目的，以及阅读《论语》会面临哪些困难。

一、阅读理由

　　不同的人阅读《论语》有不同的缘由。有些人想要阅读《论语》，是因为看到他人借用《论语》中的事例探讨问题，觉得这种方式很有趣。有些人想要阅读《论语》，是因为看到他人引用《论语》中的句子写出很好的文章，希望自己也能通过阅读《论语》而增加文采。还有一些人，听说《论语》是国学入门读物，想要学习国学而开始阅读《论语》。只要能促使我们阅读《论语》，这些理由都能成立。但这些理由都是偶然而外在的，我们需要理解阅读《论语》的更重要的理由。

阅读《论语》是每一个中国人开阔精神视野和提升精神境界的重要路径。生活在其他文化中的人们也要阅读历史中传承下来的经典，每一个伟大的民族都有自己必读的经典。若要问，中国人有什么必读的经典，无论这个书单怎么列，都不可能没有《论语》。

阅读《论语》能够增强我们的文化认同和自我理解。文化是个体精神的母体。何谓一个中国人？我们的哪些信念、行为或文化层面上的集体无意识使我们与其他国家的人区别开来？"我是一个中国人"的身份认同的最终根据在哪里？阅读《论语》会帮助我们找到答案。

阅读《论语》能使我们回到孔子的时代，在获得精神滋养的同时，学习必要的文史知识。《论语》中有很多有趣的人物和对话，孔子师徒的言行是那个时代的一个缩影。借助《论语》，我们上可接夏商周三代，下可通秦汉唐宋元明清，直至中华文明的现代转型。要是欠缺有历史视野的阅读和思考，我们会觉得生活世界中的一切都是当然的，易于变得浅薄、偏狭或自负。

二、阅读困难

以上列举的阅读《论语》的理由并不完全，还可以有其他的补充。基于前述的阅读理由，我们来谈一谈阅读《论语》可能面临的困难。

首先是阅读文言文的困难。语言演变是一个缓慢的过程，但因为距今两千多年，现代读者对先秦时期的文言文有隔膜之感是很正常的。克服语言障碍的最简单的办法，就是找到权威的《论语》注解本，有关键词解释，也有白话文翻译。借助权威学者的注解本，可以有效突破语言障碍，也可借助阅读《论语》的机会学习古文。

其次是历史背景和相关知识上的欠缺。《论语》段落之间的关系大都很松散，人名和专有名词众多。若没有相应的文史知识为背景，阅读者很容易迷失在缺乏逻辑关联的凌乱感觉中。要克服背景知识不足的困难，一般的读者可根据自己的需要，通过工具书或上网进行搜索，大部分问题都能得到解决。

但最大的困难是理解上的困难。《论语》中有些句子看似很好理解，实则不然。用现代人习以为常的方式去理解，恰好可能会抑制理解。唯有还原到当时的语境，才能使真正的理解成为可能。为了使理解真实地发生，需要在我们的想象中穿越回那个时代，与孔子师徒进行对话，也与他们的所思所想发生共情。

阅读《论语》是可以不断重复和升级的精神之旅，最大的困难是如何进入古人的精神世界。毕竟每个读者都是理解的主体，需要逐渐形成自己独立的判断。人云亦云地崇拜或贬低孔子，都会为理解《论语》造成不必要的障碍。

三、阅读推荐

对于初学者而言，最通常的阅读方法是按《论语》各篇的顺序从前往后读。这种阅读方法可以使人尽可能全面地熟悉《论语》，但却不是深度阅读的最佳方法。毕竟《论语》中的信息是碎片化的，按先后顺序的阅读难以将碎片化的信息贯穿起来。

与顺序阅读形成对比的是主题阅读。主题阅读需要读者专注《论语》中主题思想，将散布在全书中的内容，分别整合在不同的主题之下。在此基础上，要按照与主题关联的远近，挑选最重要的句子反复理解或背诵。主题阅读是一种深度阅读，对阅读者的信息整合能力和思维能力有较高的要求。若要真正读懂《论语》，在主题阅读上下功夫是不可缺少的。

本书的第二部分"《论语》的主题思想"就是主题阅读的一种尝试，分别围绕"学与思""君子与小人""仁与德""礼与义""道与命"等十个关联的主题进行了内容解读。根据主题将碎片化的信息聚类并予以前后关联的解读，有助于读者深入理解《论语》的核心思想。基于主题的深度阅读尽管要付出较多的时间和精力，但收获却是实在的，对于《论语》这样的绝对经典值得一试。当然，读者也可以自行尝试其他阅读方式。为了帮助读者阅读《论语》，下面推荐一些参考书。

若要选一本适合现代人的《论语》作为常备书，杨伯峻的《论语译注》(中华书局)、钱逊的《如沐春风——论语读本》(中华书局)都是很好的选择。陈小云的《给孩子讲〈论语〉》(四册)(团结出版社)，对于中小学生也是不错的选择。这些书都有注解和白话文翻译，有利于克服语言障碍。

若要对《论语》有更细腻的理解，钱穆的《论语新解》(生活·读书·新知三联书店)非常有帮助。想要更深入阅读《论语》的读者，朱熹的《论语集注》(商务印书馆)、李泽厚的《论语今读》(中华书局)、丁纪的《论语读诠》(巴蜀书社)都值得推荐。

对于想要系统理解孔子的时代背景而又没有精力阅读大量古典文献的读者，推荐如下著作。钱穆的《孔子传》（九州出版社）是一本扎实的读物。这本书结合了孔子生平、历史文献和《论语》内容摘要，为读者展现了一幅融历史背景与孔门师徒言行于一体的立体画卷。这部著作是研究《论语》及孔子生平的学者的重要参考书，但对一般读者可能略显生涩。对于一般的读者，更合适的选择是李山的《永不妥协的大生命：孔子的一生》（江西人民出版社），或鲍鹏山的《孔子》（中国青年出版社）。李硕的《孔子大历史：初民、贵族与寡头们的早期华夏》（上海人民出版社）是一本有意思的历史读物，史料翔实，视野开阔，对孔子的生平和思想提供了多少不同于"正统"著作的解读。此外，日本文学家井上靖所著的历史小说《孔子》（北京出版集团）值得一读。这本书很多情节虽是虚构，却可以将我们带回那个矛盾的时代，并以一种新颖的方式遭遇孔门师徒——那个时代特别鲜活的一群人。

《论语》原文检索 ①

学而第一

1.1　子曰："学而时习之，不亦说乎？（P13、164、223）有朋自远方来，不亦乐乎？人不知而不愠，不亦君子乎？"（P45、234）

1.2　有子曰："其为人也孝弟而好犯上者，鲜矣；不好犯上而好作乱者，未之有也。君子务本，本立而道生。孝弟也者，其为仁之本与？"（P160、161、239）

1.3　子曰："巧言令色，鲜矣仁。"（P241）

1.4　曾子曰："吾日三省吾身。为人谋而不忠乎？与朋友交而不信乎？传不习乎？"（P162—163）

1.5　子曰："道千乘之国，敬事而信，节用而爱人，使民以时。"（P259）

1.6　子曰："弟子入则孝，出则弟，谨而信，泛爱众，而亲仁。行有余力，则以学文。"

1.7　子夏曰："贤贤易色，事父母能竭其力，事君能致其身，与朋友交，言而有信。虽曰未学，吾必谓之学矣。"（P223）

1.8　子曰："君子不重则不威。学则不固。主忠信。无友不如己者。过，则勿惮改。"（P224）

1.9　曾子曰："慎终，追远，民德归厚矣。"

1.10　子禽问于子贡曰："夫子至于是邦也，必闻其政，求之与？抑与之与？"子贡曰："夫子温、良、恭、俭、让以得之。夫子之求之也，其诸异乎人之求之与？"

1.11　子曰："父在，观其志；父没，观其行。三年无改于父之道，可谓孝矣。"（P37）

1.12　有子曰："礼之用，和为贵。先王之道斯为美，小大由之。有所不行，知和而和，不以礼节之，亦不可行也。"（P159、P258）

1.13　有子曰："信近于义，言可复也；恭近于礼，远耻辱也；（P267）因不失其亲，亦可宗也。"

1.14　子曰："君子食无求饱，居无求安，敏于事而慎于言，就有道而正焉，可谓好学也已。"（P224）

1.15　子贡曰："贫而无谄，富而无骄，何如？"子曰："可也。未若贫而乐，富而好礼者也。"子贡曰："《诗》云：'如切如磋，如琢如磨。'其斯之谓与？"子曰："赐也，始可与言《诗》已矣，告诸往而知来者。"

1.16　子曰："不患人之不己知，患不知人也。"

为政第二

2.1　子曰："为政以德，譬如北辰，居其所而众星共之。"

（P82、P184）

2.2　子曰："《诗》三百，一言以蔽之，曰：'思无邪。'"

2.3　子曰："道之以政，齐之以刑（P92），民免而无耻（P253）；道之以德，齐之以礼，有耻且格。"（P86、253）

2.4　子曰："吾十有五而志于学，三十而立，四十而不惑（P33），五十而知天命，六十而耳顺，七十而从心所欲，不逾矩。"

2.5　孟懿子问孝，子曰："无违。"樊迟御，子告之曰："孟孙问孝于我，我对曰无违。"樊迟曰："何谓也?"子曰："生，事之以礼；死，葬之以礼，祭之以礼。"

2.6　孟武伯问孝，子曰："父母唯其疾之忧。"

2.7　子游问孝，子曰："今之孝者，是谓能养。至于犬马，皆能有养；不敬，何以别乎?"

2.8　子夏问孝，子曰："色难。有事，弟子服其劳；有酒食，先生馔，曾是以为孝乎?"

2.9　子曰："吾与回言，终日不违如愚。退而省其私，亦足以发，回也不愚。"

2.10　子曰："视其所以，观其所由，察其所安，人焉廋哉? 人焉廋哉?"（P246）

2.11　子曰："温故而知新，可以为师矣。"

2.12　子曰："君子不器。"（P154）

2.13　子贡问君子。子曰："先行其言而后从之。"（P235）

2.14　子曰："君子周而不比，小人比而不周。"（P232）

2.15　子曰："学而不思则罔，思而不学则殆。"（P225）

2.16　子曰："攻乎异端，斯害也已。"

2.17 子曰："由，诲女知之乎！知之为知之，不知为不知（P251），是知也。"

2.18 子张学干禄，子曰："多闻阙疑，慎言其余，则寡尤；多见阙殆，慎行其余，则寡悔。言寡尤，行寡悔，禄在其中矣。"

2.19 哀公问曰："何为则民服？"孔子对曰："举直错诸枉，则民服；举枉错诸直，则民不服。"

2.20 季康子问："使民敬、忠以劝，如之何？"子曰："临之以庄，则敬；孝慈，则忠；举善而教不能，则劝。"

2.21 或谓孔子曰："子奚不为政？"子曰："《书》云：'孝乎惟孝，友于兄弟。'施于有政，是亦为政，奚其为为政？"（P256—257）

2.22 子曰："人而无信，不知其可也。大车无輗，小车无軏，其何以行之哉？"（P227）

2.23 子张问："十世可知也？"子曰："殷因于夏礼，所损益可知也；周因于殷礼，所损益可知也。其或继周者，虽百世可知也。"（P251）

2.24 子曰："非其鬼而祭之，谄也。见义不为，无勇也。"（P228）

八佾第三

3.1 孔子谓季氏："八佾舞于庭，是可忍也，孰不可忍也？"（P15—16）

3.2 三家者以雍彻。子曰："'相维辟公，天子穆穆'，奚取于三家之堂？"

3.3　子曰："人而不仁，如礼何？人而不仁，如乐何？"（P86、255）

3.4　林放问礼之本。子曰："大哉问！礼，与其奢也，宁俭；丧，与其易也，宁戚。"

3.5　子曰："夷狄之有君，不如诸夏之亡也。"（P117、195）

3.6　季氏旅于泰山，子谓冉有曰："女弗能救与？"对曰："不能。"子曰："呜呼！曾谓泰山不如林放乎？"（P167）

3.7　子曰："君子无所争，必也，射乎！揖让而升，下而饮，其争也君子。"（P50、85）

3.8　子夏问曰："'巧笑倩兮，美目盼兮，素以为绚兮。'何谓也？"子曰："绘事后素。"曰："礼后乎？"子曰："起予者商也，始可与言《诗》已矣。"（P153）

3.9　子曰："夏礼吾能言之，杞不足徵也；殷礼吾能言之，宋不足徵也。文献不足故也。足，则吾能徵之矣。"

3.10　子曰："禘，自既灌而往者，吾不欲观之矣。"

3.11　或问禘之说，子曰："不知也。知其说者之于天下也，其如示诸斯乎！"指其掌。（P255）

3.12　祭如在，祭神如神在。子曰："吾不与祭，如不祭。"

3.13　王孙贾问曰："与其媚于奥，宁媚于灶，何谓也？"子曰："不然。获罪于天，无所祷也。"

3.14　子曰："周监于二代。郁郁乎文哉，吾从周。"（P68）

3.15　子入太庙，每事问。或曰："孰谓鄹人之子知礼乎？入太庙，每事问。"子闻之，曰："是礼也。"（P26）

3.16　子曰："射不主皮，为力不同科，古之道也。"（P259）

3.17　子贡欲去告朔之饩羊。（P218）子曰："赐也，尔爱

其羊，我爱其礼。"（P190）

3.18　子曰："事君尽礼，人以为谄也。"（P253）

3.19　定公问："君使臣，臣事君，如之何？"孔子对曰："君使臣以礼，臣事君以忠。"（P132、161、256）

3.20　子曰："《关雎》，乐而不淫，哀而不伤。"

3.21　哀公问社于宰我，宰我对曰："夏后氏以松，殷人以柏，周人以栗，曰：使民战栗。"子闻之，曰："成事不说，遂事不谏，既往不咎。"

3.22　子曰："管仲之器小哉！"（P243）或曰："管仲俭乎？"曰："管氏有三归，官事不摄，焉得俭？""然则管仲知礼乎？"曰："邦君树塞门，管氏亦树塞门；邦君为两君之好有反坫，管氏亦有反坫。管氏而知礼，孰不知礼？"

3.23　子语鲁大师乐，曰："乐其可知也：始作，翕如也；从之，纯如也，皦如也，绎如也，以成。"

3.24　仪封人请见，曰："君子之至于斯也，吾未尝不得见也。"从者见之。出曰："二三子何患于丧乎？天下之无道也久矣，天将以夫子为木铎。"（P260）

3.25　子谓《韶》，尽美矣，又尽善也；谓《武》，尽美矣，未尽善也。

3.26　子曰："居上不宽，为礼不敬，临丧不哀，吾何以观之哉？"（P253）

里仁第四

4.1　子曰："里仁为美，择不处仁，焉得知？"（P10）

4.2　子曰："不仁者不可以久处约，不可以长处乐。仁者

安仁，知者利仁。"（P245）

4.3　子曰："唯仁者能好人，能恶人。"（P62、84、241）

4.4　子曰："苟志于仁矣，无恶也。"（P247、266）

4.5　子曰："富与贵是人之所欲也，不以其道得之，不处也；贫与贱是人之所恶也，不以其道得之，不去也。（P57）君子去仁，恶乎成名？君子无终食之间违仁，造次必于是，颠沛必于是。"（P119）

4.6　子曰："我未见好仁者，恶不仁者。好仁者，无以尚之；恶不仁者，其为仁矣，不使不仁者加乎其身。有能一日用其力于仁矣乎？我未见力不足者。盖有之矣，我未之见也。"（P247）

4.7　子曰："人之过也，各于其党。观过，斯知仁矣。"（P246）

4.8　子曰："朝闻道，夕死可矣。"（P154、220、265）

4.9　子曰："士志于道，而耻恶衣恶食者，未足与议也。"（P121）

4.10　子曰："君子之于天下也，无适也，无莫也，义之与比。"（P134、257）

4.11　子曰："君子怀德，小人怀土；君子怀刑，小人怀惠。"（P233）

4.12　子曰："放于利而行，多怨。"

4.13　子曰："能以礼让为国乎？何有？不能以礼让为国，如礼何？"（P256）

4.14　子曰："不患无位，患所以立；不患莫己知，求为可知也。"

4.15　子曰："参乎，吾道一以贯之。"曾子曰："唯。"子出，门

人问曰："何谓也?"曾子曰："夫子之道，忠恕而已矣。"（P154、263）

4.16　子曰："君子喻于义，小人喻于利。"（P54、232）

4.17　子曰："见贤思齐焉，见不贤而内自省也。"（P90）

4.18　子曰："事父母几谏，见志不从，又敬不违，劳而不怨。"（P36、169）

4.19　子曰："父母在，不远游，游必有方。"

4.20　子曰："三年无改于父之道，可谓孝矣。"（参见1.11）

4.21　子曰："父母之年，不可不知也。一则以喜，一则以惧。"（P36）

4.22　子曰："古者言之不出，耻躬之不逮也。"

4.23　子曰："以约失之者鲜矣。"

4.24　子曰："君子欲讷于言而敏于行。"（P235）

4.25　子曰："德不孤，必有邻。"（P103、216、248）

4.26　子游曰："事君数，斯辱矣；朋友数，斯疏矣。"

公冶长第五

5.1　子谓公冶长："可妻也。虽在缧绁之中，非其罪也。"以其子妻之。子谓南容："邦有道，不废；邦无道，免于刑戮。"以其兄之子妻之。

5.2　子谓子贱："君子哉若人，鲁无君子者，斯焉取斯?"

5.3　子贡问曰："赐也何如?"子曰："女，器也。"曰："何器也?"曰："瑚琏也。"（P174）

5.4　或曰："雍也仁而不佞。"子曰："焉用佞? 御人以口给，屡憎于人，不知其仁。焉用佞?"（P248）

5.5　子使漆雕开仕。对曰："吾斯之未能信。"子说。

5.6　子曰："道不行，乘桴浮于海，（P263）从我者其由与？"子路闻之喜。子曰："由也好勇过我，无所取材。"

5.7　孟武伯问："子路仁乎？"子曰："不知也。"又问。子曰："由也，千乘之国，可使治其赋也，不知其仁也。"（P242）"求也何如？"子曰："求也，千室之邑，百乘之家，可使之为之宰也，不知其仁也。"（P242）"赤也何如？"子曰："赤也，束带立于朝，可使与宾客言也，不知其仁也。"（P242）

5.8　子谓子贡曰："女与回也孰愈？"对曰："赐也何敢望回？回也闻一以知十（P59），赐也闻一以知二（P59）。"子曰："弗如也。吾与女弗如也。"

5.9　宰予昼寝。子曰："朽木不可雕也，粪土之墙不可杇也。于予与何诛？"子曰："始吾于人也，听其言而信其行；今吾于人也，听其言而观其行。于予与改是。"

5.10　子曰："吾未见刚者。"或对曰："申枨。"子曰："枨也欲，焉得刚？"

5.11　子曰："我不欲人之加诸我也，吾亦欲无加诸人。"子曰："赐也，非尔所及也。"

5.12　子贡曰："夫子之文章，可得而闻也；夫子之言性与天道，不可得而闻也。"（P73、264）

5.13　子路有闻，未之能行，唯恐有闻。

5.14　子贡问曰："孔文子何以谓之文也？"子曰："敏而好学，不耻下问，是以谓之文也。"

5.15　子谓子产："有君子之道四焉：其行己也恭，其事上也敬，其养民也惠，其使民也义。"（P69、230）

5.16　子曰："晏平仲善与人交，久而敬之。"（P84）

5.17　子曰:"臧文仲居蔡,山节藻棁,何如其知也?"

5.18　子张问曰:"令尹子文三仕为令尹,无喜色;三已之,无愠色。旧令尹之政,必以告新令尹。何如?"子曰:"忠矣。"曰:"仁矣乎?"曰:"未知。焉得仁?"(P243)

"崔子弑齐君,陈文子有马十乘,弃而违之。至于他邦,则曰:'犹吾大夫崔子也。'违之。之一邦,则又曰:'犹吾大夫崔子也。'违之。何如?"子曰:"清矣。"曰:"仁矣乎?"曰:"未知。焉得仁?"

5.19　季文子三思而后行。子闻之,曰:"再,斯可矣。"

5.20　子曰:"宁武子,邦有道,则知;邦无道,则愚。其知可及也,其愚不可及也。"(P90)

5.21　子在陈,曰:"归与!归与!吾党之小子狂简,斐然成章,不知所以裁之。"(P115)

5.22　子曰:"伯夷、叔齐不念旧恶,怨是用希。"

5.23　子曰:"孰谓微生高直?或乞醯焉,乞诸其邻而与之。"

5.24　子曰:"巧言、令色、足恭,左丘明耻之,丘亦耻之。匿怨而友其人,左丘明耻之,丘亦耻之。"

5.25　颜渊季路侍。子曰:"盍各言尔志?"子路曰:"愿车马衣轻裘,与朋友共,敝之而无憾。"颜渊曰:"愿无伐善,无施劳。"子路曰:"愿闻子之志。"子曰:"老者安之,朋友信之,少者怀之。"

5.26　子曰:"已矣乎!吾未见能见其过而内自讼者也。"

5.27　子曰:"十室之邑,必有忠信如丘者焉,不如丘之好学也。"(P74、228)

雍也第六

6.1　子曰："雍也可使南面。"仲弓问子桑伯子。子曰："可也，简。"仲弓曰："居敬而行简，以临其民，不亦可乎？居简而行简，无乃大简乎？"子曰："雍之言然。"

6.2　哀公问："弟子孰为好学？"孔子对曰："有颜回者好学，不迁怒，不贰过，不幸短命死矣。今也则亡，未闻好学者也。"

6.3　子华使于齐，冉子为其母请粟。子曰："与之釜。"请益。曰："与之庾。"冉子与之粟五秉。子曰："赤之适齐也，乘肥马，衣轻裘。吾闻之也：君子周急不济富。"原思为之宰，与之粟九百。辞。子曰："毋，以与尔邻里乡党乎！"（P186）

6.4　子谓仲弓，曰："犁牛之子骍且角，虽欲勿用，山川其舍诸？"

6.5　子曰："回也其心三月不违仁，其余则日月至焉而已矣。"（P242）

6.6　季康子问："仲由可使从政也与？"子曰："由也果，于从政乎何有？"曰："赐也可使从政也与？"曰："赐也达，于从政乎何有？"曰："求与可使从政也与？"曰："求也艺，于从政乎何有？"

6.7　季氏使闵子骞为费宰，闵子曰："善为我辞焉！如有复我者，则吾必在汶上矣。"

6.8　伯牛有疾，子问之，自牖执其手，曰："亡之，命矣夫！（P71）斯人也而有斯疾也！斯人也而有斯疾也！"

6.9　子曰："贤哉回也！一箪食，一瓢饮，在陋巷，人不堪其忧，回也不改其乐。贤哉回也！"（P59）

6.10　冉求曰："非不说子之道，力不足也。"子曰："力不足者，中道而废。今女画。"（P169）

6.11　子谓子夏曰："女为君子儒，无为小人儒。"（P189）

6.12　子游为武城宰。子曰："女得人焉尔乎？"曰："有澹台灭明者，行不由径；非公事，未尝至于偃之室也。"

6.13　子曰："孟之反不伐。奔而殿，将入门，策其马，曰：'非敢后也，马不进也。'"

6.14　子曰："不有祝鲍之佞，而有宋朝之美，难乎免于今之世矣。"

6.15　子曰："谁能出不由户，何莫由斯道也？"

6.16　子曰："质胜文则野，文胜质则史。文质彬彬，然后君子。"（P136、226）

6.17　子曰："人之生也直，罔之生也幸而免。"

6.18　子曰："知之者不如好之者，好之者不如乐之者。"

6.19　子曰："中人以上，可以语上也；中人以下，不可以语上也。"

6.20　樊迟问知。子曰："务民之义，敬鬼神而远之，（P69）可谓知矣。"问仁。曰："仁者先难而后获，可谓仁矣。"

6.21　子曰："知者乐水，仁者乐山；知者动，仁者静；知者乐，仁者寿。"（P90）

6.22　子曰："齐一变，至于鲁；鲁一变，至于道。"（P262）

6.23　子曰："觚不觚，觚哉！觚哉！"

6.24 宰我问曰:"仁者虽告之曰井有仁焉,其从之与?"子曰:"何为其然也?君子可逝也,不可陷也;可欺也,不可罔也。"(P134)

6.25 子曰:"君子博学于文,约之以礼,(P237)亦可以弗畔矣夫。"

6.26 子见南子,子路不说。夫子矢之曰:"予所否者,天厌之!天厌之!"(P109)

6.27 子曰:"中庸之为德也,其至矣乎!民鲜久矣。"

6.28 子贡曰:"如有博施于民而能济众,何如?可谓仁乎?"子曰:"何事于仁?必也圣乎!尧舜其犹病诸。夫仁者,己欲立而立人,己欲达而达人。能近取譬,可谓仁之方也已。"(P138—140,P155、263)

述而第七

7.1 子曰:"述而不作,信而好古(P49),窃比于我老彭。"

7.2 子曰:"默而识之,学而不厌,诲人不倦,何有于我哉?"(P229)

7.3 子曰:"德之不修,学之不讲,闻义不能徙,不善不能改,是吾忧也。"(P71、233)

7.4 子之燕居,申申如也,夭夭如也。

7.5 子曰:"甚矣吾衰也!久矣吾不复梦见周公!"(P149)

7.6 子曰:"志于道,据于德,依于仁,游于艺。"(P60、241、266)

7.7 子曰:"自行束脩以上,吾未尝无诲焉。"(P70)

7.8　子曰："不愤不启，不悱不发。（P164）举一隅不以三隅反，则不复也。"

7.9　子食于有丧者之侧，未尝饱也。子于是日哭，则不歌。

7.10　子谓颜渊曰："用之则行，舍之则藏，（P108）惟我与尔有是夫！"子路曰："子行三军，则谁与？"子曰："暴虎冯河，死而不悔者，吾不与也。必也临事而惧，好谋而成者也！"

7.11　子曰："富而可求也，虽执鞭之士，吾亦为之。如不可求，从吾所好。"（P57）

7.12　子之所慎：齐、战、疾。

7.13　子在齐闻韶，三月不知肉味，曰："不图为乐之至于斯也。"（P166）

7.14　冉有曰："夫子为卫君乎？"子贡曰："诺，吾将问之。"入，曰："伯夷、叔齐何人也？"曰："古之贤人也。"曰："怨乎？"曰："求仁而得仁，又何怨。"出，曰："夫子不为也。"（P128—130）

7.15　子曰："饭疏食，饮水，曲肱而枕之，乐亦在其中矣。不义而富且贵，于我如浮云。"（P56—57）

7.16　子曰："加我数年，五十以学《易》，可以无大过矣。"

7.17　子所雅言，《诗》《书》、执礼，皆雅言也。

7.18　叶公问孔子于子路，子路不对。子曰："女奚不曰，其为人也，发愤忘食，乐以忘忧，不知老之将至云尔。"（P124）

7.19　子曰："我非生而知之者，好古，敏以求之者也。"
（P49、P225—226）

7.20　子不语怪、力、乱、神。（P150、157）

7.21　子曰："三人行，必有我师焉。择其善者而从之，其不善者而改之。"（P216）

7.22　子曰："天生德于予，桓魋其如予何？"（P114、264）

7.23　子曰："二三子以我为隐乎？吾无隐乎尔。吾无行而不与二三子者，是丘也。"（P164）

7.24　子以四教：文、行、忠、信。

7.25　子曰："圣人，吾不得而见之矣！得见君子者，斯可矣。"子曰："善人，吾不得而见之矣！得见有恒者，斯可矣。亡而为有，虚而为盈，约而为泰，难乎有恒矣。"

7.26　子钓而不纲，弋不射宿。

7.27　子曰："盖有不知而作之者，我无是也。多闻，择其善者而从之，多见而识之，知之次也。"

7.28　互乡难与言，童子见，门人惑。子曰："与其进也，不与其退也，唯何甚？人洁己以进，与其洁也，不保其往也。"

7.29　子曰："仁远乎哉？我欲仁，斯仁至矣。"（P141、242）

7.30　陈司败问："昭公知礼乎？"孔子曰："知礼。"孔子退，揖巫马期而进之，曰："吾闻君子不党。君子亦党乎？君取于吴，为同姓，谓之吴孟子。君而知礼，孰不知礼？"巫马期以告。子曰："丘也幸，苟有过，人必知之。"（P115）

7.31　子与人歌而善，必使反之，而后和之。

7.32　子曰："文莫吾犹人也。躬行君子，则吾未之有得。"

7.33　子曰："若圣与仁，则吾岂敢？抑为之不厌，诲人不倦，则可谓云尔已矣。"（P229、242）公西华曰："正唯弟子不能学也。"

7.34　子疾病，子路请祷。子曰："有诸？"子路对曰："有之。诔曰：'祷尔于上下神祇。'"子曰："丘之祷久矣。"

7.35　子曰："奢则不孙，俭则固。与其不孙也，宁固。"

7.36　子曰："君子坦荡荡，小人长戚戚。"（P59、232）

7.37　子温而厉，威而不猛，恭而安。（P120）

泰伯第八

8.1　子曰："泰伯其可谓至德也已矣。三以天下让，民无得而称焉。"

8.2　子曰："恭而无礼则劳，慎而无礼则葸，勇而无礼则乱，直而无礼则绞。（P257）君子笃于亲，则民兴于仁；故旧不遗，则民不偷。"

8.3　曾子有疾，召门人弟子曰："启予足，启予手。《诗》云：'战战兢兢，如临深渊，如履薄冰。'而今而后，吾知免夫！小子！"

8.4　曾子有疾，孟敬子问之。曾子言曰："鸟之将死，其鸣也哀；人之将死，其言也善。君子所贵乎道者三：动容貌，斯远暴慢矣；正颜色，斯近信矣；出辞气，斯远鄙倍矣。笾豆之事，则有司存。"

8.5　曾子曰："以能问于不能，以多问于寡；有若无，实若虚；犯而不校，昔者吾友尝从事于斯矣。"

8.6　曾子曰："可以托六尺之孤，可以寄百里之命（P238）；临大节而不可夺也。君子人与？君子人也。"（P267）

8.7　曾子曰："士不可以不弘毅，任重而道远。仁以为己任，不亦重乎？死而后已，不亦远乎？"（P188、215、238）

8.8　子曰："兴于《诗》，立于礼，成于乐。"（P165）

8.9　子曰："民可使由之，不可使知之。"

8.10　子曰："好勇疾贫，乱也。人而不仁，疾之已甚，乱也。"

8.11　子曰："如有周公之才之美，使骄且吝，其余不足观也已。"

8.12　子曰："三年学，不至于穀，不易得也。"

8.13　子曰："笃信好学，守死善道，危邦不入，乱邦不居。天下有道则见，无道则隐。邦有道，贫且贱焉，耻也；邦无道，富且贵焉，耻也。"（P75、81、120、262、263）

8.14　子曰："不在其位，不谋其政。"（P232）

8.15　子曰："师挚之始，《关雎》之乱，洋洋乎盈耳哉！"

8.16　子曰："狂而不直，侗而不愿，悾悾而不信，吾不知之矣。"

8.17　子曰："学如不及，犹恐失之。"

8.18　子曰："巍巍乎，舜禹之有天下也而不与焉！"

8.19　子曰："大哉尧之为君也！巍巍乎，唯天为大，唯尧则之。荡荡乎，民无能名焉。巍巍乎其有成功也，焕乎其有文章。"

8.20　舜有臣五人而天下治。武王曰："予有乱臣十人。"孔子曰："才难，不其然乎？唐虞之际，于斯为盛。有妇人焉，九人而已。三分天下有其二，以服事殷。周之德，其可谓至德也已矣。"

8.21　子曰："禹，吾无间然矣。菲饮食而致孝乎鬼神，恶衣服而致美乎黻冕，卑宫室而尽力乎沟洫。禹，吾无间然矣。"

子罕第九

9.1　子罕言利，与命与仁。

9.2　达巷党人曰："大哉孔子！博学而无所成名。"子闻之，谓门弟子曰："吾何执？执御乎？执射乎？吾执御矣。"

9.3　子曰："麻冕，礼也；今也纯，俭。吾从众。拜下，礼也；今拜乎上，泰也。虽违众，吾从下。"

9.4　子绝曰："毋意，毋必，毋固，毋我。"（P201）

9.5　子畏于匡，曰："文王既没，文不在兹乎？天之将丧斯文也，后死者不得与于斯文也；天之未丧斯文也，匡人其如予何？"（P107）

9.6　太宰问于子贡曰："夫子圣者与？何其多能也？"子贡曰："固天纵之将圣，又多能也。"子闻之，曰："太宰知我乎！吾少也贱，故多能鄙事。（P13）君子多乎哉？不多也。"牢曰："子云，吾不试，故艺。"

9.7　子曰："吾有知乎哉？无知也。有鄙夫问于我，空空如也。我叩其两端而竭焉。"（P228）

9.8　子曰："凤鸟不至，河不出图，吾已矣夫！"

9.9　子见齐衰者、冕衣裳者与瞽者，见之，虽少必作；过之必趋。

9.10　颜渊喟然叹曰:"仰之弥高,钻之弥坚,瞻之在前,忽焉在后。夫子循循然善诱人,博我以文,约我以礼,欲罢不能。(P163)既竭吾才,如有所立卓尔。虽欲从之,末由也已。"

9.11　子疾病,子路使门人为臣。病间,曰:"久矣哉,由之行诈也。无臣而为有臣。吾谁欺?欺天乎?且予与其死于臣之手也,无宁死于二三子之手乎?且予纵不得大葬,予死于道路乎?"(P147)

9.12　子贡曰:"有美玉于斯,韫匵而藏诸?求善贾而沽诸?"子曰:"沽之哉,沽之哉!我待贾者也。"(P112)

9.13　子欲居九夷。或曰:"陋,如之何?"子曰:"君子居之,何陋之有?"(P119)

9.14　子曰:"吾自卫反鲁,然后乐正,《雅》《颂》各得其所。"

9.15　子曰:"出则事公卿,入则事父兄,丧事不敢不勉,不为酒困,何有于我哉?"

9.16　子在川上曰:"逝者如斯夫,不舍昼夜。"(P101)

9.17　子曰:"吾未见好德如好色者也。"(P127)

9.18　子曰:"譬如为山,未成一篑,止,吾止也;譬如平地,虽覆一篑,进,吾往也。"

9.19　子曰:"语之而不惰者,其回也与!"

9.20　子谓颜渊曰:"惜乎!吾见其进也,未见其止也。"

9.21　子曰:"苗而不秀者有矣夫;秀而不实者有矣夫!"

9.22　子曰:"后生可畏,焉知来者之不如今也?四十五十而无闻焉,斯亦不足畏也已。"

9.23　子曰："法语之言，能无从乎？改之为贵。巽与之言，能无说乎？绎之为贵。说而不绎，从而不改，吾未如之何也已矣。"

9.24　子曰："主忠信。无友不如己者。过，则勿惮改。"（重出，参见1.8章）

9.25　子曰："三军可夺帅也，匹夫不可夺志也。"（P267）

9.26　子曰："衣敝缊袍，与衣狐貉者立而不耻者，其由也与？'不忮不求，何用不臧？'"子路终身诵之。子曰："是道也，何足以臧？"

9.27　子曰："岁寒然后知松柏之后彫也。"（P246）

9.28　子曰："知者不惑，仁者不忧，勇者不惧。"（P94、216、227）

9.29　子曰："可与共学，未可与适道；可与适道，未可与立；可与立，未可与权。"（P55）

9.30　"唐棣之华，偏其反而。岂不尔思，室是远而。"子曰："未之思也，夫何远之有？"

乡党第十

10.1　孔子于乡党，恂恂如也，似不能言者。其在宗庙朝廷，便便言，唯谨尔。

10.2　朝，与下大夫言，侃侃如也；与上大夫言，訚訚如也。君在，踧踖如也，与与如也。

10.3　君召使摈，色勃如也，足躩如也。揖所与立，左右手，衣前后，襜如也。趋进，翼如也。宾退，必复命曰："宾不顾矣。"

10.4　入公门，鞠躬如也，如不容。立不中门，行不履阈。过位，色勃如也，足躩如也，其言似不足者。摄齐升堂，鞠躬如也，屏气似不息者。出，降一等，逞颜色，怡怡如也。没阶，趋进，翼如也。复其位，踧踖如也。

10.5　执圭，鞠躬如也，如不胜。上如揖，下如授。勃如战色，足蹜蹜如有循。享礼，有容色。私觌，愉愉如也。（P253）

10.6　君子不以绀緅饰，红紫不以为亵服。当暑，袗絺绤，必表而出之。缁衣，羔裘；素衣，麑裘；黄衣，狐裘。亵裘长，短右袂。必有寝衣，长一身有半。狐貉之厚以居。去丧，无所不佩。非帷裳，必杀之。羔裘玄冠不以吊。吉月，必朝服而朝。

10.7　齐，必有明衣，布。齐，必变食，居必迁坐。

10.8　食不厌精，脍不厌细。食饐而餲，鱼馁而肉败，不食。色恶，不食。臭恶，不食。失饪，不食。不时，不食。割不正，不食。不得其酱，不食。（P121）肉虽多，不使胜食气。惟酒无量，不及乱。沽酒市脯不食。不撤姜食，不多食。祭于公，不宿肉，祭肉不出三日。出三日，不食之矣。食不语，寝不言。虽疏食菜羹，瓜祭，必齐如也。

10.9　席不正，不坐。（P121）

10.10　乡人饮酒，杖者出，斯出矣。乡人傩，朝服而立于阼阶。

10.11　问人于他邦，再拜而送之。康子馈药，拜而受之。子曰："丘未达，不敢尝。"

10.12　厩焚。子退朝，曰："伤人乎？"不问马。

10.13　君赐食，必正席先尝之。君赐腥，必熟而荐之。君赐生，必畜之。侍食于君，君祭，先饭。疾，君视之，东首，加朝服，拖绅。君命召，不俟驾行矣。

10.14　入太庙，每事问。（P26）（重出，参见 3.15）

10.15　朋友死，无所归，曰："于我殡。"朋友之馈，虽车马，非祭肉，不拜。

10.16　寝不尸，居不容。见齐衰者，虽狎，必变。见冕者与瞽者，虽亵，必以貌。凶服者式之。式负版者。有盛馔，必变色而作。迅雷风烈必变。（P36）

10.17　升车，必正立，执绥。车中不内顾，不疾言，不亲指。

10.18　色斯举矣，翔而后集。曰："山梁雌雉，时哉，时哉！"子路共之，三嗅而作。

先进第十一

11.1　子曰："先进于礼乐，野人也；后进于礼乐，君子也。如用之，则吾从先进。"

11.2　子曰："从我于陈、蔡者，皆不及门也。"德行：颜渊、闵子骞、冉伯牛、仲弓。言语：宰我、子贡。政事：冉有、季路。文学：子游、子夏。

11.3　子曰："回也，非助我者也，于吾言无所不说。"（P165）

11.4　子曰："孝哉闵子骞！人不间于其父母昆弟之言。"

11.5　南容三复白圭，孔子以其兄之子妻之。

11.6　季康子问："弟子孰为好学？"孔子对曰："有颜回者好学，不幸短命死矣，今也则亡。"

11.7　颜渊死。颜路请子之车以为椁。子曰："才不才，亦各言其子也。鲤也死，有棺而无椁。吾不徒行以为之椁。以吾从大夫之后，不可徒行也。"

11.8　颜渊死，子曰："噫！天丧予！天丧予！"（P147、265）

11.9　颜渊死，子哭之恸。从者曰："子恸矣。"曰："有恸乎？非夫之人为恸而谁为？"（P147）

11.10　颜渊死，门人欲厚葬之。子曰："不可！"门人厚葬之。子曰："回也视予犹父也，予不得视犹子也。非我也，夫二三子也。"

11.11　季路问事鬼神。子曰："未能事人，焉能事鬼？"曰："敢问死。"曰："未知生，焉知死？"（P150、265）

11.12　闵子侍侧，誾誾如也；子路，行行如也；冉有、子贡，侃侃如也。子乐。"若由也，不得其死然。"

11.13　鲁人为长府。闵子骞曰："仍旧贯，如之何？何必改作？"子曰："夫人不言，言必有中。"

11.14　子曰："由之瑟，奚为于丘之门？"门人不敬子路。子曰："由也升堂矣，未入室也。"（P166）

11.15　子贡问："师与商也孰贤？"子曰："师也过，商也不及。"曰："然则师愈与？"子曰："过犹不及。"

11.16　季氏富于周公，而求也为之聚敛而附益之。子曰："非吾徒也。小子鸣鼓而攻之，可也。"（P170）

11.17　柴也愚，参也鲁，师也辟，由也喭。（P162）

11.18　子曰："回也其庶乎，屡空。赐不受命，而货殖焉，亿则屡中。"（P265）

11.19　子张问善人之道，子曰："不践迹，亦不入于室。"

11.20　子曰："论笃是与，君子者乎？色庄者乎？"

11.21　子路问："闻斯行诸？"子曰："有父兄在，如之何其闻斯行之？"冉有问："闻斯行诸？"子曰："闻斯行之。"公西华曰："由也问闻斯行诸，子曰有父兄在，求也问闻斯行诸，子曰闻斯行之。赤也惑，敢问。"子曰："求也退，故进之；由也兼人，故退之。"（P166）

11.22　子畏于匡，颜渊后。子曰："吾以女为死矣。"曰："子在，回何敢死？"（P107）

11.23　季子然问："仲由、冉求可谓大臣与？"子曰："吾以子为异之问，曾由与求之问。所谓大臣者，以道事君，不可则止。今由与求也，可谓具臣矣。"曰："然则从之者与？"子曰："弑父与君，亦不从也。"

11.24　子路使子羔为费宰。子曰："贼夫人之子。"子路曰："有民人焉，有社稷焉，何必读书，然后为学？"子曰："是故恶夫佞者。"（P165）

11.25　子路、曾皙、冉有、公西华侍坐。子曰："以吾一日长乎尔，毋吾以也。居则曰不吾知也，如或知尔，则何以哉？"子路率尔而对曰："千乘之国，摄乎大国之间，加之以师旅，因之以饥馑，由也为之，比及三年，可使有勇，且知方也。"夫子哂之。"求，尔何如？"对曰："方六七十，如五六十，求也为之，比及三年，可使足民。如其礼乐，以俟君子。""赤，尔何如？"对曰："非曰能之，愿学焉。宗庙之事，如会同，端章甫，愿为小相焉。""点，尔何如？"鼓瑟希，铿尔，舍瑟而作，对曰："异乎三子者之撰。"子曰："何伤乎？亦各言其志也。"曰："莫春者，春服既成。冠者五六人，童子六七人，浴乎沂，风乎舞雩，咏而归。"（P103、219）夫子喟然叹曰："吾与点也!"三子者出，曾皙后。曾皙曰："夫三子者之言何如?"子曰："亦各言其志也已矣。"曰："夫子何哂由也?"曰："为国以礼。其言不让，是故哂之。""唯求则邦也与?""安见方六七十如五六十而非邦也者?""唯赤则非邦也与?""宗庙会同，非诸侯而何? 赤也为之小，孰能为之大?"

颜渊第十二

12.1　颜渊问仁。子曰："克己复礼为仁。一日克己复礼，天下归仁焉。为仁由己，而由人乎哉?"颜渊曰："请问其目。"子曰："非礼勿视，非礼勿听，非礼勿言，非礼勿动。"颜渊曰："回虽不敏，请事斯语矣。"（P135、258）

12.2　仲弓问仁。子曰："出门如见大宾，使民如承大祭；己所不欲，勿施于人；在邦无怨，在家无怨。"仲弓曰："雍虽不敏，请事斯语矣。"（P138、139、155、263）

12.3　司马牛问仁。子曰："仁者其言也讱。"曰："其言也讱，斯谓之仁已乎?"子曰："为之难，言之得无讱乎?"（P248）

12.4　司马牛问君子。子曰："君子不忧不惧。"（P237）曰："不忧不惧，斯谓之君子已乎?"子曰："内省不疚，夫何忧何惧?"

12.5　司马牛忧曰："人皆有兄弟，我独亡。"子夏曰："商闻之矣：死生有命，富贵在天。君子敬而无失，与人恭而有礼，四海之内，皆兄弟也。（P71）君子何患乎无兄弟也?"

12.6　子张问明。子曰："浸润之谮，肤受之愬，不行焉，可谓明也已矣。浸润之谮，肤受之愬，不行焉，可谓远也已矣。"

12.7　子贡问政。子曰："足食，足兵，民信之矣。"子贡曰："必不得已而去，于斯三者何先？"曰："去兵。"子贡曰："必不得已而去，于斯二者何先？"曰："去食。自古皆有死，民无信不立。"（P92、262）

12.8　棘子成曰："君子质而已矣，何以文为？"子贡曰："惜乎，夫子之说君子也，驷不及舌。文犹质也，质犹文也。虎豹之鞟犹犬羊之鞟。"

12.9　哀公问于有若曰："年饥，用不足，如之何？"有若对曰："盍彻乎？"曰："二，吾犹不足，如之何其彻也？"对曰："百姓足，君孰与不足？百姓不足，君孰与足？"

12.10　子张问崇德、辨惑，子曰："主忠信，徙义，崇德也。爱之欲其生，恶之欲其死；既欲其生，又欲其死，是惑也。'诚不以富，亦祇以异。'"

12.11　齐景公问政于孔子。孔子对曰："君君、臣臣、父父、子子。"公曰："善哉！信如君不君，臣不臣，父不父，子不子，虽有粟，吾得而食诸？"（P81）

12.12　子曰："片言可以折狱者，其由也与？"子路无宿诺。

12.13　子曰："听讼，吾犹人也。必也使无讼乎！"（P93）

12.14　子张问政。子曰："居之无倦，行之以忠。"

12.15　子曰："博学于文，约之以礼，亦可以弗畔矣夫！"（重出，参见6.25章）

12.16　子曰："君子成人之美，不成人之恶。小人反是。"

（P137、233）

12.17　季康子问政于孔子。孔子对曰："政者正也。子帅以正，孰敢不正?"（P145）

12.18　季康子患盗，问于孔子。孔子对曰："苟子之不欲，虽赏之不窃。"

12.19　季康子问政于孔子曰："如杀无道以就有道，何如?"孔子对曰："子为政，焉用杀? 子欲善而民善矣。君子之德风，小人之德草。草上之风必偃。"（P91、145）

12.20　子张问曰："士何如斯可谓之达矣?"子曰："何哉，尔所谓达者?"子张对曰："在邦必闻，在家必闻。"子曰："是闻也，非达也。夫达也者，质直而好义，察言而观色，虑以下人。在邦必达，在家必达。夫闻也者，色取仁而行违，居之不疑。在邦必闻，在家必闻。"

12.21　樊迟从游于舞雩之下，曰："敢问崇德、修慝、辨惑。"子曰："善哉问! 先事后得，非崇德与? 攻其恶，无攻人之恶，非修慝与? 一朝之忿，忘其身，以及其亲，非惑与?"

12.22　樊迟问仁。子曰："爱人。"问知。子曰："知人。"（P241）樊迟未达。子曰："举直错诸枉，能使枉者直。"樊迟退，见子夏曰："乡也吾见于夫子而问知，子曰'举直错诸枉，能使枉者直'，何谓也?"子夏曰："富哉言乎! 舜有天下，选于众，举皋陶，不仁者远矣。汤有天下，选于众，举伊尹，不仁者远矣。"

12.23　子贡问友。子曰："忠告而善道之，不可则止，毋自辱焉。"

12.24　曾子曰："君子以文会友，以友辅仁。"（P216、237）

子路第十三

13.1　子路为政。子曰："先之劳之。"请益。曰："无倦。"

13.2　仲弓为季氏宰，问政。子曰："先有司，赦小过，举贤才。"曰："焉知贤才而举之？"曰："举尔所知。尔所不知，人其舍诸？"

13.3　子路曰："卫君待子为政，子将奚先？"子曰："必也正名乎！"子路曰："有是哉，子之迂也！奚其正？"子曰："野哉，由也！君子于其所不知，盖阙如也。（P9）名不正则言不顺，言不顺则事不成，事不成则礼乐不兴，礼乐不兴则刑罚不中，刑罚不中则民无所错手足。故君子名之必可言也，言之必可行也。君子于其言，无所苟而已矣。"（P128）

13.4　樊迟请学稼。子曰："吾不如老农。"请学圃。曰："吾不如老圃。"樊迟出。子曰："小人哉，樊须也！上好礼，则民莫敢不敬；上好义，则民莫敢不服；上好信，则民莫敢不用情。夫如是，则四方之民襁负其子而至矣，焉用稼？"（P206）

13.5　子曰："诵《诗》三百，授之以政，不达；使于四方，不能专对。虽多，亦奚以为？"

13.6　子曰："其身正，不令而行；其身不正，虽令不从。"

13.7　子曰："鲁卫之政，兄弟也。"（P100）

13.8　子谓卫公子荆："善居室。始有，曰：'苟合矣。'少有，曰：'苟完矣。'富有，曰：'苟美矣。'"

13.9　子适卫，冉有仆。子曰："庶矣哉！"冉有曰："既

庶矣，又何加焉？"曰："富之。"曰："既富矣，又何加焉？"曰："教之。"（P104）

13.10 子曰："苟有用我者，朞月而已可也，三年有成。"（P110）

13.11 子曰："'善人为邦百年，亦可以胜残去杀矣。'诚哉是言也。"

13.12 子曰："如有王者，必世而后仁。"（P245）

13.13 子曰："苟正其身矣，于从政乎何有？不能正其身，如正人何？"

13.14 冉子退朝。子曰："何晏也？"对曰："有政。"子曰："其事也？如有政，虽不吾以，吾其与闻之。"

13.15 定公问："一言而可以兴邦，有诸？"孔子对曰："言不可以若是其几也。人之言曰：'为君难，为臣不易。'如知为君之难也，不几乎一言而兴邦乎？"曰："一言而丧邦，有诸？"孔子对曰："言不可以若是其几也。人之言曰：'予无乐乎为君，唯其言而莫予违也。'知其善而莫之违也，不亦善乎？如不善而莫之违也，不几乎一言而丧邦乎？"

13.16 叶公问政。子曰："近者说，远者来。"（P123）

13.17 子夏为莒父宰，问政。子曰："无欲速，无见小利。欲速则不达，见小利则大事不成。"

13.18 叶公语孔子曰："吾党有直躬者，其父攘羊，而子证之。"孔子曰："吾党之直异于是：父为子隐，子为父隐，直在其中矣。"（P123）

13.19 樊迟问仁。子曰："居处恭，执事敬，与人忠。虽之夷狄，不可弃也。"

13.20　子贡问曰:"何如斯可谓之士矣?"子曰:"行己有耻,使于四方,不辱君命,可谓士矣。"曰:"敢问其次。"曰:"宗族称孝焉,乡党称弟焉。"曰:"敢问其次。"曰:"言必信,行必果,硁硁然小人哉!抑亦可以为次矣。"曰:"今之从政者何如?"子曰:"噫!斗筲之人,何足算也。"(P175)

13.21　子曰:"不得中行而与之,必也狂狷乎!狂者进取,狷者有所不为也。"

13.22　子曰:"南人有言曰:'人而无恒,不可以作巫医。'善夫!""不恒其德,或承之羞。"子曰:"不占而已矣。"

13.23　子曰:"君子和而不同,小人同而不和。"(P135、P233)

13.24　子贡问曰:"乡人皆好之,何如?"子曰:"未可也。""乡人皆恶之,何如?"子曰:"未可也。不如乡人之善者好之,其不善者恶之。"

13.25　子曰:"君子易事而难说也。说之不以道,不说也;及其使人也,器之。小人难事而易说也。说之虽不以道,说也;及其使人也,求备焉。"(P136)

13.26　子曰:"君子泰而不骄,小人骄而不泰。"(P235)

13.27　子曰:"刚、毅、木、讷,近仁。"(P241)

13.28　子路问曰:"何如斯可谓之士矣?"子曰:"切切偲偲,怡怡如也,可谓士矣,朋友切切偲偲,兄弟怡怡。"

13.29　子曰:"善人教民七年,亦可以即戎矣。"

13.30　子曰:"以不教民战,是谓弃之。"

宪问第十四

14.1　宪问耻。子曰:"邦有道,穀;邦无道,穀,耻也。"

（P262）

14.2 "克、伐、怨、欲不行焉，可以为仁矣？"子曰："可以为难矣，仁则吾不知也。"（P243）

14.3 子曰："士而怀居，不足以为士矣。"

14.4 子曰："邦有道，危言危行；邦无道，危行言孙。"（P260）

14.5 子曰："有德者必有言，有言者不必有德。仁者必有勇，勇者不必有仁。"

14.6 南宫适问于孔子曰："羿善射，奡荡舟，俱不得其死然。禹稷躬稼而有天下。"夫子不答。南宫适出。子曰："君子哉若人！尚德哉若人！"

14.7 子曰："君子而不仁者有矣夫，未有小人而仁者也。"

14.8 子曰："爱之，能勿劳乎？忠焉，能勿诲乎？"

14.9 子曰："为命，裨谌草创之，世叔讨论之，行人子羽修饰之，东里子产润色之。"

14.10 或问子产。子曰："惠人也。"问子西。曰："彼哉！彼哉！"问管仲。曰："人也。夺伯氏骈邑三百，饭疏食，没齿无怨言。"

14.11 子曰："贫而无怨难，富而无骄易。"（P120、245）

14.12 子曰："孟公绰为赵、魏老则优，不可以为滕、薛大夫。"

14.13 子路问成人。子曰："若臧武仲之知，公绰之不欲，卞庄子之勇，冉求之艺，文之以礼乐，亦可以为成人矣。"曰："今之成人者何必然？见利思义，见危授命，久要不忘平生之言，（P257）亦可以为成人矣。"

14.14　子问公叔文子于公明贾曰："信乎，夫子不言、不笑、不取乎？"公明贾对曰："以告者过也。夫子时然后言，人不厌其言；乐然后笑，人不厌其笑；义然后取，人不厌其取。"子曰："其然，岂其然乎？"

14.15　子曰："臧武仲以防求为后于鲁，虽曰不要君，吾不信也。"

14.16　子曰："晋文公谲而不正，齐桓公正而不谲。"

14.17　子路曰："桓公杀公子纠，召忽死之，管仲不死。"曰："未仁乎？"子曰："桓公九合诸侯，不以兵车，管仲之力也。如其仁，如其仁。"（P243—244）

14.18　子贡曰："管仲非仁者与？桓公杀公子纠，不能死，又相之。"子曰："管仲相桓公，霸诸侯，一匡天下，民到于今受其赐。微管仲，吾其被发左衽矣。岂若匹夫匹妇之为谅也，自经于沟渎而莫之知也。"（P182）

14.19　公叔文子之臣大夫僎与文之同升诸公。子闻之曰："可以为'文'矣。"

14.20　子言卫灵公之无道也，康子曰："夫如是，奚而不丧？"孔子曰："仲叔圉治宾客，祝鮀治宗庙，王孙贾治军旅，夫如是，奚其丧？"（P104）

14.21　子曰："其言之不怍，则为之也难。"

14.22　陈成子弑简公。孔子沐浴而朝，告于哀公曰："陈恒弑其君，请讨之。"公曰："告夫三子。"孔子曰："以吾从大夫之后，不敢不告也。君曰告夫三子者。"之三子告，不可。孔子曰："以吾从大夫之后，不敢不告也。"

14.23　子路问事君。子曰："勿欺也，而犯之。"

14.24　子曰："君子上达，小人下达。"（P234）

14.25　子曰："古之学者为己，今之学者为人。"（P225）

14.26　蘧伯玉使人于孔子，孔子与之坐而问焉。曰："夫子何为？"对曰："夫子欲寡其过而未能也。"使者出，子曰："使乎，使乎！"（P108）

14.27　子曰："不在其位，不谋其政。"（重出，参见8.14）

14.28　曾子曰："君子思不出其位。"（P162、232）

14.29　子曰："君子耻其言而过其行。"（P235）

14.30　子曰："君子道者三，我无能焉：仁者不忧，知者不惑，勇者不惧。"（P89）子贡曰："夫子自道也。"（重出，参见9.28）

14.31　子贡方人。子曰："赐也贤乎哉！夫我则不暇。"

14.32　子曰："不患人之不己知，患其不能也。"

14.33　子曰："不逆诈，不亿不信，抑亦先觉者，是贤乎！"

14.34　微生亩谓孔子曰："丘，何为是栖栖者与？无乃为佞乎？"孔子曰："非敢为佞也，疾固也。"

14.35　子曰："骥不称其力，称其德也。"

14.36　或曰："以德报怨，何如？"子曰："何以报德？以直报怨，以德报德。"（P249）

14.37　子曰："莫我知也夫！"子贡曰："何为其莫知子也？"子曰："不怨天，不尤人。下学而上达，知我者其天乎？"（P223）

14.38　公伯寮愬子路于季孙。子服景伯以告，曰："夫子固有惑志于公伯寮，吾力犹能肆诸市朝。"子曰："道之将行也与，命也；道之将废也与，命也。公伯寮其如命何？"
（P264）

14.39 子曰："贤者辟世，其次辟地，其次辟色，其次辟言。"

14.40 子曰："作者七人矣。"

14.41 子路宿于石门。晨门曰："奚自？"子路曰："自孔氏。"曰："是知其不可而为之者与？"

14.42 子击磬于卫，有荷蒉而过孔氏之门者。曰："有心哉，击磬乎！"既而曰："鄙哉！硁硁乎！莫己知也，斯己而已矣。深则厉，浅则揭。"（P109）子曰："果哉！末之难矣。"

14.43 子张曰："《书》云：'高宗谅阴，三年不言。'何谓也？"子曰："何必高宗？古之人皆然。君薨，百官总己以听于冢宰三年。"

14.44 子曰："上好礼，则民易使也。"

14.45 子路问君子。子曰："修己以敬。"（P235）曰："如斯而已矣？"曰："修己以安人。"（P236）曰："如斯而已乎？"曰："修己以安百姓。修己以安百姓，尧舜其犹病诸！"（P236）

14.46 原壤夷俟。子曰："幼而不孙弟，长而无述焉，老而不死，是为贼。"以杖叩其胫。

14.47 阙党童子将命。或问之曰："益者与？"子曰："吾见其居于位也，见其与先生并行也。非求益者也，欲速成者也。"

卫灵公第十五

15.1 卫灵公问陈于孔子。孔子对曰："俎豆之事则尝闻之矣；军旅之事，未之学也。"明日遂行。在陈绝粮，从者病，莫能兴。子路愠见曰："君子亦有穷乎？"子曰："君子固穷，小人穷斯滥矣。"（P120）

15.2　子曰："赐也！女以予为多学而识之者与？"对曰："然，非与？"曰："非也。予一以贯之。"（P224—225）

15.3　子曰："由！知德者鲜矣。"（P213、248）

15.4　子曰："无为而治者，其舜也与？夫何为哉？恭己正南面而已矣。"（P264）

15.5　子张问行。子曰："言忠信，行笃敬（P262），虽蛮貊之邦行矣。言不忠信，行不笃敬，虽州里行乎哉？立则见其参于前也，在舆则见其倚于衡也，夫然后行。"子张书诸绅。

15.6　子曰："直哉史鱼！邦有道，如矢；邦无道，如矢。君子哉蘧伯玉！邦有道，则仕；邦无道，则可卷而怀之。"（P108）

15.7　子曰："可与言而不与之言，失人；不可与言而与之言，失言。知者不失人，亦不失言。"

15.8　子曰："志士仁人，无求生以害仁，有杀身以成仁。"（P238、245、267）

15.9　子贡问为仁。子曰："工欲善其事，必先利其器。居是邦也，事其大夫之贤者，友其士之仁者。"（P177）

15.10　颜渊问为邦。子曰："行夏之时，乘殷之辂，服周之冕，乐则《韶》舞。放郑声，远佞人。郑声淫，佞人殆。"

15.11　子曰："人无远虑，必有近忧。"

15.12　子曰："已矣乎！吾未见好德如好色者也。"

15.13　子曰："臧文仲其窃位者与！知柳下惠之贤而不与

立也。"

15.14　子曰："躬自厚而薄责于人，则远怨矣。"

15.15　子曰："不曰'如之何，如之何'者，吾末如之何也已矣。"

15.16　子曰："群居终日，言不及义，好行小慧，难矣哉！"

15.17　子曰："君子义以为质，礼以行之，孙以出之，信以成之。君子哉！"（P234、257）

15.18　子曰："君子病无能焉，不病人之不己知也。"（P237）

15.19　子曰："君子疾没世而名不称焉。"（P237）

15.20　子曰："君子求诸己，小人求诸人。"（P233）

15.21　子曰："君子矜而不争，群而不党。"（P237）

15.22　子曰："君子不以言举人，不以人废言。"（P237）

15.23　子贡问曰："有一言而可以终身行之者乎？"子曰："其恕乎！己所不欲，勿施于人。"

15.24　子曰："吾之于人也，谁毁谁誉？如有所誉者，其有所试矣。斯民也，三代之所以直道而行也。"

15.25　子曰："吾犹及史之阙文也，有马者借人乘之，今亡矣夫。"

15.26　子曰："巧言乱德，小不忍则乱大谋。"

15.27　子曰："众恶之，必察焉；众好之，必察焉。"

15.28　子曰："人能弘道，非道弘人。"（P61、263）

15.29　子曰："过而不改，是谓过矣。"

15.30　子曰："吾尝终日不食，终夜不寝，以思，无益，

不如学也。"（P225）

15.31 子曰："君子谋道不谋食。（P259）耕也，馁在其中矣；学也，禄在其中矣。君子忧道不忧贫。"（P237、259）

15.32 子曰："知及之，仁不能守也，虽得之，必失之；知及之，仁能守之，不庄以莅之，则民不敬；知及之，仁能守之，庄以莅之，动之不以礼，未善也。"

15.33 子曰："君子不可小知而可大受也，小人不可大受而可小知也。"（P235）

15.34 子曰："民之于仁也，甚于水火。水火，吾见蹈死者矣，未见蹈仁而死者也。"

15.35 子曰："当仁，不让于师。"

15.36 ˋ子曰："君子贞而不谅。"

15.37 子曰："事君，敬其事而后其食。"

15.38 子曰："有教无类。"

15.39 子曰："道不同，不相为谋。"（P106）

15.40 子曰："辞，达而已矣。"

15.41 师冕见。及阶，子曰："阶也。"及席，子曰："席也。"皆坐，子告之曰："某在斯，某在斯。"师冕出，子张问曰："与师言之道与?"子曰："然，固相师之道也。"

季氏第十六

16.1 季氏将伐颛臾。冉有、季路见于孔子曰："季氏将有事于颛臾。"孔子曰："求，无乃尔是过与? 夫颛臾，昔者先王以为东蒙主，且在邦域之中矣，是社稷之臣也，何以伐为?"冉有曰："夫子欲之，吾二臣者皆不欲也。"孔子曰：

"求，周任有言曰：'陈力就列，不能者止。'危而不持，颠而不扶，则将焉用彼相矣？且尔言过矣，虎兕出于柙，龟玉毁于椟中，是谁之过与？"冉有曰："今夫颛臾，固而近于费。今不取，后世必为子孙忧。"孔子曰："求，君子疾夫舍曰欲之而必为之辞。丘也闻有国有家者，不患寡而患不均，不患贫而患不安。（P199）盖均无贫，和无寡，安无倾。夫如是，故远人不服，则修文德以来之。既来之，则安之。今由与求也，相夫子，远人不服而不能来也，邦分崩离析而不能守也，而谋动干戈于邦内。吾恐季孙之忧，不在颛臾，而在萧墙之内也。"

16.2　孔子曰："天下有道，则礼乐征伐自天子出；天下无道，则礼乐征伐自诸侯出。（P260）自诸侯出，盖十世希不失矣；自大夫出，五世希不失矣；陪臣执国命，三世希不失矣。天下有道，则政不在大夫。天下有道，则庶人不议。"（P79）

16.3　孔子曰："禄之去公室五世矣，政逮于大夫四世矣，故夫三桓之子孙微矣。"

16.4　孔子曰："益者三友，损者三友。友直，友谅，友多闻。友便辟，友善柔，友便佞，损矣。"

16.5　孔子曰："益者三乐，损者三乐。乐节礼乐，乐道人之善，乐多贤友，益矣。乐骄乐，乐佚游，乐晏乐，损矣。"

16.6　孔子曰："侍于君子有三愆：言未及之而言谓之躁，言及之而不言谓之隐，未见颜色而言谓之瞽。"（P230）

16.7　孔子曰："君子有三戒：少之时，血气未定，戒之在色；及其壮也，血气方刚，戒之在斗；及其老也，血气既

衰，戒之在得。”（P236）

16.8　孔子曰：“君子有三畏：畏天命，畏大人，畏圣人之言。（P266）小人不知天命而不畏，狎大人，侮圣人之言。”

16.9　孔子曰：“生而知之者，上也；学而知之者，次也；困而学之，又其次也；困而不学，民斯为下矣。”（P225）

16.10　孔子曰：“君子有九思：视思明，听思聪，色思温，貌思恭，言思忠，事思敬，疑思问，忿思难，见得思义。”（P237）

16.11　孔子曰：“见善如不及，见不善如探汤。（P263）吾见其人矣，吾闻其语矣。隐居以求其志，行义以达其道。（P263）吾闻其语矣，未见其人也。”

16.12　齐景公有马千驷，死之日，民无德而称焉。（P82）伯夷、叔齐饿于首阳之下，民到于今称之。其斯之谓与？

16.13　陈亢问于伯鱼曰：“子亦有异闻乎？”对曰：“未也。尝独立，鲤趋而过庭。曰：‘学《诗》乎？’对曰：‘未也。’‘不学《诗》，无以言。’（P193）鲤退而学《诗》。他日，又独立，鲤趋而过庭。曰：‘学礼乎？’对曰：‘未也。’‘不学礼，无以立。’（P193）鲤退而学礼。闻斯二者。”陈亢退而喜曰：“问一得三。闻《诗》、闻礼、又闻君子之远其子也。”

16.14　邦君之妻，君称之曰夫人，夫人自称曰小童，邦人称之曰君夫人；称诸异邦曰寡小君，异邦人称之亦曰君夫人。

阳货第十七

17.1　阳货欲见孔子，孔子不见，归孔子豚。孔子时其亡也而往拜之，遇诸涂。谓孔子曰："来，予与尔言。"曰："怀其宝而迷其邦，可谓仁乎？"曰不可。"好从事而亟失时，可谓知乎？"曰不可。"日月逝矣，岁不我与。"孔子曰："诺，吾将仕矣。"（P89、90）

17.2　子曰："性相近也，习相远也。"（P73）

17.3　子曰："唯上知与下愚不移。"

17.4　子之武城，闻弦歌之声。夫子莞尔笑曰："割鸡焉用牛刀？"子游对曰："昔者偃也闻诸夫子曰：'君子学道则爱人，小人学道则易使也。'（P230）"子曰："二三子，偃之言是也。前言戏之耳。"

17.5　公山弗扰以费畔，召，子欲往。子路不悦，曰："末之也已，何必公山氏之之也？"子曰："夫召我者，而岂徒哉？如有用我者，吾其为东周乎？"

17.6　子张问仁于孔子。孔子曰："能行五者于天下为仁矣。"请问之。曰："恭、宽、信、敏、惠。恭则不侮，宽则得众，信则人任焉，敏则有功，惠则足以使人。"（P244）

17.7　佛肸召，子欲往。子路曰："昔者由也闻诸夫子曰：'亲于其身为不善者，君子不入也。'佛肸以中牟畔，子之往也，如之何？"子曰："然，有是言也。不曰坚乎，磨而不磷；不曰白乎，涅而不缁。吾岂匏瓜也哉？焉能系而不食？"（P110）

17.8　子曰："由也，女闻六言六蔽矣乎？"对曰："未也。""居，吾语女。好仁不好学，其蔽也愚；好知不好学，其蔽也荡；好信不好学，其蔽也贼；好直不好学，其蔽也绞；好勇不好学，其蔽也乱；好刚不好学，其蔽也狂。"（P226—227）

17.9 子曰："小子何莫学夫《诗》?《诗》可以兴,可以观,可以群,可以怨。迩之事父,远之事君;多识于鸟兽草木之名。"

17.10 子谓伯鱼曰："女为《周南》《召南》矣乎?人而不为《周南》《召南》,其犹正墙而立也与?"

17.11 子曰："礼云礼云,玉帛云乎哉?乐云乐云,钟鼓云乎哉?"(P153、255)

17.12 子曰："色厉而内荏,譬诸小人,其犹穿窬之盗也与?"

17.13 子曰："乡原,德之贼也。"(P227)

17.14 子曰："道听而涂说,德之弃也。"(P259)

17.15 子曰："鄙夫可与事君也与哉?其未得之也,患得之;既得之,患失之。苟患失之,无所不至矣。"

17.16 子曰："古者民有三疾,今也或是之亡也。古之狂也肆,今之狂也荡;古之矜也廉,今之矜也忿戾;古之愚也直,今之愚也诈而已矣。"

17.17 子曰："巧言令色,鲜矣仁。"(重出,参见1.3)

17.18 子曰："恶紫之夺朱也,恶郑声之乱雅乐也,恶利口之覆邦家者。"

17.19 子曰："予欲无言。"子贡曰："子如不言,则小子何述焉?"子曰："天何言哉?四时行焉,百物生焉,天何言哉?"(P144、251)

17.20 孺悲欲见孔子,孔子辞以疾。将命者出户,取瑟而歌,使之闻之。

17.21 宰我问:"三年之丧,期已久矣。君子三年不为礼，礼必坏；三年不为乐，乐必崩。旧谷既没，新谷既升，钻燧改火，期可已矣。"子曰："食夫稻，衣夫锦，于女安乎？"曰："安。""女安，则为之。夫君子之居丧，食旨不甘，闻乐不乐，居处不安，故不为也。今女安，则为之！"宰我出，子曰："予之不仁也！子生三年，然后免于父母之怀，夫三年之丧，天下之通丧也。予也有三年之爱于其父母乎？"

17.22 子曰："饱食终日，无所用心，难矣哉！不有博弈者乎？为之，犹贤乎已。"

17.23 子路曰："君子尚勇乎？"子曰："君子义以为上。君子有勇而无义为乱，小人有勇而无义为盗。"

17.24 子贡曰："君子亦有恶乎？"子曰："有恶。恶称人之恶者，恶居下流而讪上者，恶勇而无礼者，恶果敢而窒者。"曰："赐也亦有恶乎？""恶徼以为知者，恶不孙以为勇者，恶讦以为直者。"（P238）

17.25 子曰："唯女子与小人为难养也，近之则不孙，远之则怨。"（P131）

17.26 子曰："年四十而见恶焉，其终也已。"

微子第十八

18.1 微子去之，箕子为之奴，比干谏而死。孔子曰："殷有三仁焉。"

18.2 柳下惠为士师，三黜。人曰："子未可以去乎？"曰："直道而事人，焉往而不三黜？枉道而事人，何必去父母之邦？"（P263）

18.3 齐景公待孔子曰："若季氏，则吾不能，以季、孟之间待之。"曰:"吾老矣,不能用也。"孔子行。

18.4 齐人归女乐,季桓子受之,三日不朝。孔子行。

18.5 楚狂接舆歌而过孔子曰:"凤兮凤兮!何德之衰?往者不可谏,来者犹可追。已而已而!今之从政者殆而!"(P125)孔子下,欲与之言。趋而避之,不得与之言。

18.6 长沮、桀溺耦而耕。孔子过之,使子路问津焉。长沮曰:"夫执舆者为谁?"子路曰:"为孔丘。"曰:"是鲁孔丘与?"曰:"是也。"曰:"是知津矣。"问于桀溺。桀溺曰:"子为谁?"曰:"为仲由。"曰:"是鲁孔丘之徒与?"对曰:"然。"曰:"滔滔者天下皆是也,而谁以易之?且而与其从辟人之士也,岂若从辟世之士哉?"耰而不辍。子路行以告。夫子怃然曰:"鸟兽不可与同群,吾非斯人之徒与而谁与?天下有道,丘不与易也。"(P125)

18.7 子路从而后,遇丈人,以杖荷蓧。子路问曰:"子见夫子乎?"丈人曰:"四体不勤,五谷不分,孰为夫子?(P125)"植其杖而芸。子路拱而立。止子路宿,杀鸡为黍而食之,见其二子焉。明日,子路行以告。子曰:"隐者也。"使子路反见之。至则行矣。子路曰:"不仕无义。长幼之节,不可废也;君臣之义,如之何其废之?欲洁其身,而乱大伦。君子之仕也,行其义也。道之不行,已知之矣。"(P126)

18.8 逸民:伯夷、叔齐、虞仲、夷逸、朱张、柳下惠、少连。子曰:"不降其志,不辱其身,伯夷、叔齐与?"谓柳下惠、少连,"降志辱身矣,言中伦,行中虑,其斯而已矣。"谓虞仲、夷逸,"隐居放言,身中清,废中权。""我则异于是,无可无不可。"

18.9　大师挚适齐，亚饭干适楚，三饭缭适蔡，四饭缺适秦，鼓方叔入于河，播鼗武入于汉，少师阳、击磬襄入于海。

18.10　周公谓鲁公曰："君子不施其亲，不使大臣怨乎不以。故旧无大故，则不弃也。无求备于一人。"

18.11　周有八士：伯达、伯适、仲突、仲忽、叔夜、叔夏、季随、季骠。

子张第十九

19.1　子张曰："士见危致命，见得思义，祭思敬，丧思哀，其可已矣。"

19.2　子张曰："执德不弘，信道不笃，焉能为有？焉能为亡？"

19.3　子夏之门人问交于子张。子张曰："子夏云何？"对曰："子夏曰：'可者与之，其不可者拒之。'"子张曰："异乎吾所闻：君子尊贤而容众，嘉善而矜不能（P238）。我之大贤与，于人何所不容？我之不贤与，人将拒我，如之何其拒人也？"

19.4　子夏曰："虽小道，必有可观者焉，致远恐泥，是以君子不为也。（P207）"

19.5　子夏曰："日知其所亡，月无忘其所能。可谓好学也已矣。"

19.6　子夏曰："博学而笃志，切问而近思，仁在其中矣。"（P226、241）

19.7　子夏曰："百工居肆以成其事，君子学以致其道。"

19.8　子夏曰："小人之过也必文。"（P234）

19.9　子夏曰："君子有三变：望之俨然，即之也温，听其言也厉。"

19.10　子夏曰："君子信而后劳其民，未信则以为厉已也；信而后谏，未信则以为谤己也。"

19.11　子夏曰："大德不逾闲，小德出入可也。"（P244）

19.12　子游曰："子夏之门人小子，当洒扫应对进退，则可矣，抑末也。本之则无，如之何？"子夏闻之曰："噫，言游过矣！君子之道，孰先传焉，孰后倦焉，譬诸草木，区以别矣。君子之道，焉可诬也？有始有卒者，其惟圣人乎？"

19.13　子夏曰："仕而优则学，学而优则仕。"（P81、226）

19.14　子游曰："丧致乎哀而止。"

19.15　子游曰："吾友张也为难能也，然而未仁。"

19.16　曾子曰："堂堂乎张也，难与并为仁矣。"

19.17　曾子曰："吾闻诸夫子，人未有自致者也，必也亲丧乎！"

19.18　曾子曰："吾闻诸夫子，孟庄子之孝也，其他可能也，其不改父之臣与父之政，是难能也。"

19.19　孟氏使阳肤为士师，问于曾子。曾子曰："上失其道，民散久矣。如得其情，则哀矜而勿喜。"（P93）

19.20　子贡曰："纣之不善，不如是之甚也。是以君子恶居下流，天下之恶皆归焉。"

19.21　子贡曰："君子之过也，如日月之食焉。过也，人皆见之；更也，人皆仰之。"（P187）

19.22　卫公孙朝问于子贡曰："仲尼焉学？"子贡曰："文武之道，未坠于地，在人。贤者识其大者，不贤者识其小者，

莫不有文武之道焉。夫子焉不学？而亦何常师之有？"（P49）

19.23 叔孙武叔语大夫于朝曰："子贡贤于仲尼。"子服景伯以告子贡。子贡曰："譬之宫墙，赐之墙也及肩，窥见室家之好。夫子之墙数仞，不得其门而入，不见宗庙之美，百官之富。得其门者或寡矣。夫子之云，不亦宜乎！"（P187）

19.24 叔孙武叔毁仲尼。子贡曰："无以为也。仲尼不可毁也。他人之贤者，丘陵也，犹可逾也；仲尼，日月也，无得而逾焉。人虽欲自绝，其何伤于日月乎？多见其不知量也。"（P187）

19.25 陈子禽谓子贡曰："子为恭也，仲尼岂贤于子乎？"子贡曰："君子一言以为知，一言以为不知，言不可不慎也。夫子之不可及也，犹天之不可阶而升也。夫子之得邦家者，所谓立之斯立，道之斯行，绥之斯来，动之斯和。其生也荣，其死也哀，如之何其可及也？"

尧曰第二十

20.1 尧曰："咨！尔舜！天之历数在尔躬，允执其中。四海困穷，天禄永终。"舜亦以命禹。曰："予小子履，敢用玄牡，敢昭告于皇皇后帝：有罪不敢赦。帝臣不蔽，简在帝心。朕躬有罪，无以万方；万方有罪，罪在朕躬。"周有大赉，善人是富。"虽有周亲，不如仁人。百姓有过，在予一人。"谨权量，审法度，修废官，四方之政行焉。兴灭国，继绝世，举逸民，天下之民归心焉。所重：民食、丧、祭。宽则得众，信则民任焉。敏则有功，公则说。

20.2 子张问于孔子曰："何如斯可以从政矣？"子曰：

"尊五美，屏四恶，斯可以从政矣。"子张曰："何谓五美？"子曰："君子惠而不费，劳而不怨，欲而不贪，泰而不骄，威而不猛。"子张曰："何谓惠而不费？"子曰："因民之所利而利之，斯不亦惠而不费乎？择可劳而劳之，又谁怨？欲仁而得仁，又焉贪？君子无众寡，无小大，无敢慢，斯不亦泰而不骄乎？君子正其衣冠，尊其瞻视，俨然人望而畏之，斯不亦威而不猛乎？"子张曰："何谓四恶？"子曰："不教而杀谓之虐，不戒视成谓之暴（P93），慢令致期谓之贼；犹之与人也，出纳之吝谓之有司。"

20.3　孔子曰："不知命，无以为君子也（P71、236）；不知礼，无以立也；不知言，无以知人也。（P215）"

后 记

　　这本书的主体部分用时二十八天而完成。时值新
冠病毒肆虐荆楚，神州大地庚子年开年不利。在春节
前后的一个月时间里，我们生活的城市实行严格的疫
情管控，一家人足不出户，大部分时间待在楼顶的书
房和花园里。在忧虑中享受天伦之乐的同时，我决心
为刘之问同学和她的同龄人撰写这本书。

　　那段时间，之问担心疫情，也困惑于疫情期间发
生的各类事情。她为每一个在生死线上挣扎的病人而
揪心，为李文亮医生的英年早逝而伤心，也为"方方
日记"引发的各种人身攻击而痛心。之问那时读高中
二年级，逐渐萌生了家国情怀和天下视野，她担心天
灾人祸相互转化而不可收拾。但我知道，我们这个民
族在历史长河中历经艰险，有人筚路蓝缕，总能国难
兴邦，这次瘟疫也不会是过不去的坎。可是，我如何
将这种信心传递给处于青春期又有较强的社会批判意
识的之问呢？我想到了借助《论语》与她交流。

　　之问的中小学有一大半时间是在国际学校和另类
实验学校度过的，这些学校强调批判性思维，培养了
她独立思考的习惯。敢于独立思考固然是好事，但对

于青春期的孩子也有一些他们意识不到的问题。他们往往不会认同未经自己独立思考而批准的东西，无论这些东西是由怎样的权威颁布的。然而，青春期孩子的思维还需要持续成长，抽象强调独立思维有时无助于思维对自身的突破。"学而不思则罔，思而不学则殆"，整本《论语》之所以将"学"放在优先位置，不是没有道理的。青春期孩子所拥有的批判性思维意识，有时反而会构成他们思维发展的一个屏障，使他们不愿意去接触被自己的思维定式排斥的东西。确实，思维定式是需要通过思维对自身的批判来突破的，但意识到批判的重要性并不是有积极建构意义的批判得以发生的充分条件。何况，青春期的孩子还不一定能够意识到，思维对于人不是完全透明的，思维的发展离不开借助外力而自我否定的契机。

之问六岁多就能够一字不差地背诵半部《论语》，但太小的孩子没有办法理解那些言简意赅或背景复杂的文言语句。之问曾就读的国际学校和另类实验学校都不教《论语》，而她所读过的公立学校的老师对《论语》的讲解又不能使她满意，难以打动一个有独立思考意识的青春期孩子渴望真诚且拒绝套路化讲解的内心世界。孔子是圣人，中华民族很伟大，国学很重要，这些论断对他们而言多少有些外在，套路化地讲解这些对他们而言不切己的内容，往往收效甚微，有时还会起相反的作用。记得之问六岁多时曾给我讲过一个笑话。她问我：如果孔子的生日是9月28日，你知道10月28日是个什么日子吗？之问的问题让我一时没有反应过来，看到把当老师的父亲难倒了，她开心极了。之问然后调皮地告诉我，10月28日是孔子满月的日子！我当然也乐得不行，意识到孔子也曾经是一个婴孩，与所有人都一样有"吃喝拉撒睡"的生物行为。之问小时候的这个笑话有很强的解构作用，对于那些将孔子神化的人，是一副很好的解毒剂。

但当我还是一个孩子的时候，根本不需要这样的解毒剂，因为我们这一代人在小时候都习惯贬称孔子为"孔老二"。我们这代人生于"文革"中，成长于改革开放初期，"批林批孔批周公"的怒吼声好像还在耳旁回响。当我们还是孩子的时候，是没有办法理解那些口号的，但却留下了"孔老二"是个坏人的印象。我对孔子多少有些了解是成人以后，通过阅读、学习和交流才认识到被贬低丑化的孔子不是真夫子，但也不愿意接受被某些儒家学者神化的孔子。我们这代人大都没有从小熟读四书五经的基础，这颇为遗憾，从另一个角度来看也少了一些先入为主的桎梏。我们这代人见证了改革开放，亲身经历了当代中国社会的巨大变迁。随着经济的高速发展和社会多元性的增加，传统文化又热了起来，曾经被践踏的国学迎来了新一轮的传播与研究。经史子集，礼乐教化，诗词歌赋，琴棋书画，汉服唐装，哪一样不是传统呢？问题是，传统中的哪些内容在文明范式发生根本转变的人类现代性中只有可供观赏的特殊审美价值，如商业中心俊男俏女们身上的古装，哪些内容仍然对文明的延续和人的精神发展具有活生生的普遍意义呢？多年来，这些问题一直困扰着我。

今年疫情前，在异地读高二的之问回到了家中。因为疫情的缘故，她被迫放弃了海外旅行的计划，也使我们一家人有较长时间的团聚机会。那段时间颇为特殊，每天被真假难辨的信息冲击着，为医患人员的处境担心，也为一些情绪化的信息而忧心，但我坚信这一切都会过去的。我问自己，当生活恢复平静的时候，用什么来纪念这一段难忘的日子，用什么来回应之问及同龄人的社会文化关切以及他们精神成长的需要，又用什么来表达一直萦绕在我心中的那些大问题呢？毕竟这不是写学术著作，不允许我采用繁复的描述和论证方式。我很清楚，即将创作的这本书的主要阅读者是未成年的中学生或刚成年的大学生，他们的价值观和世界观都还未定型，他们需要独立思考，也需要切己的引导。思来想去，我决心将自己变成一个孩子，尽可能悬置关于孔子的历史文化观念，直接面对孔子及其弟子们的经历、爱恨与思想。我决心化身为之问的同龄人，穿越历史的迷雾，再将遭遇到的孔子师徒的精神世界，以一种恰当的叙述节奏展现出来。我想通过孔子师徒精彩的人生经历，并辅以春秋时期一些著名历史事件，同移动互联和人工智能时代的青少年一起感受《论语》的亲切动人，并据此获得无法通过大数据而获得的生活和思想的养料。

一鼓作气写完了前十八章后，我怀着忐忑的心情交给之问阅读。之问通读之后告诉我，她被孔子师徒的言行震撼了，想要进一步了解那个世界，也希望通过游历此前陌生的精神风景而更好地成长。是的，这本书若能变成一颗种子，种在渴望成长的青少年的精神土壤中，我心足矣。读者们是否也有类似的收获，则需要自行判断。如果确实是这样，那就印证了每一个成长着的精神都有"里仁为美"的需要，都有能力发现跨越时空的"德不孤必有邻"的神奇事实。

刘 荤

2020 年 12 月

图书在版编目（CIP）数据

《论语》引导：进入孔子的精神世界／刘莘著.—桂林：广西师范大学出版社，2021.1
（刘教授经典导读）
ISBN 978 – 7 – 5598 – 3285 – 6

Ⅰ.①论… Ⅱ.①刘… Ⅲ.①儒家 ②《论语》– 研究 Ⅳ.①B222.25

中国版本图书馆 CIP 数据核字（2020）第 193132 号

《论语》引导：进入孔子的精神世界
LUNYU YINDAO：JIN RU KONGZI DE JINGSHEN SHIJIE

出 品 人：刘广汉
策划编辑：刘美文
责任编辑：周 伟
装帧设计：李婷婷
广西师范大学出版社出版发行

（ 广西桂林市五里店路 9 号　　邮政编码：541004 ）
网址：http://www.bbtpress.com

出版人：黄轩庄
全国新华书店经销
销售热线：021 – 65200318　021 – 31260822 – 898
山东韵杰文化科技有限公司印刷
（山东省淄博市桓台县桓台大道西首　邮政编码：256401）
开本：890mm×1 240mm　1/32
印张：10.75　　　　　　字数：232 千字
2021 年 1 月第 1 版　　2021 年 1 月第 1 次印刷
定价：38.00 元

如发现印装质量问题，影响阅读，请与出版社发行部门联系调换。